KB242669

조직생태, 기업전략
그리고
투자기업 철수

조직생태, 기업전략

그리고

투자기업 철수

한병섭 저

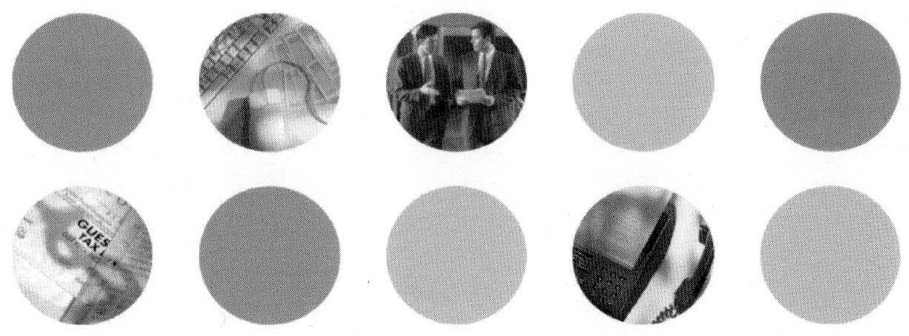

한국학술정보㈜

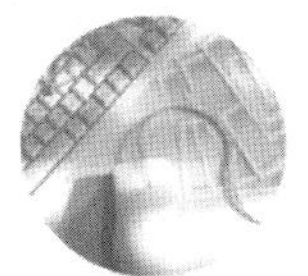

책머리에

세계 경제의 글로벌화가 급속히 진전되고 있으며, 한국경제도 이에 발맞추어 빠른 속도로 세계 경제에 편입되고 있다. 한국기업들이 점차 다국적기업화 됨에 따라 글로벌 경제에서 차지하는 한국기업들의 위상도 불과 몇 년전과 비교할 때 몰라보게 높아졌다. 또한 외국 다국적기업들의 한국시장 진출이 활발해 짐에 따라 이제 한국기업과 외국기업간 경쟁은 해외시장에서 뿐만 아니라 국내시장에서도 한층 격해지고 있다. 외국기업과의 강한 경쟁에서 살아남기 위해, 그리고 협소한 국내 내수시장을 탈피하기 위해 많은 국내기업들이 해외시장으로 적극 진출하고 있다. 어찌보면 해외시장으로의 진출은 이제 선택이 아닌 기업생존을 위한 필수 전략이라고 할 수 있다.

그러나 우리는 해외시장에 진출해서 성공한 기업들만을 접했을 뿐 실패한 기업들에 대해서는 많은 관심을 두지 않았다. 언론만 하더라도 해외시장 진출에 성공한 기업들의 사례는 집중 부각시키면서도 실패한 기업들에 대해서는 거의 다루지 않고 있다. 필자 역시 국제경영을 전공하면서 왜 기업들이 해외시장에 진출하게 되며, 어떻게 해외시장을 공략하는가 등과 같은 성공을 위한 전략을 중심으로 연구를 해 왔다. 인생사에서도 쓰디쓴 실패가 있듯이 기업도 필히 언젠가는 실패에 직면하게 된다. 우리는 성공보다는 아픈 실패를 통해 소중한 교훈을 더 많이 얻는다. 그러면서도 실패는 감추려고만 한다. 기업들도 마찬가지다. 성공은 자랑스럽게 내보이면서도 경영실패는 감추려고만 한다. 기업경영에서의 실패는 곧 기업 존망과 직결된다. 잘못된 판단 하나가 해당기업의 청산·파산으로 이끌 수 있다.

박사논문을 준비하면서 해외에 투자한 한국기업들은 어떤 이유로 실패하게 되는가에 대해 관심을 갖게 되었다. 해외에서 성공한 기업들이 있다면 그에 상응하는 정도의 실패한 기업들도 분명히 있을텐데, 왜 철수에 대한 연구가 많이 이루어지지 않고 있는가에 대해 의구심을 품게 되었다. 많이 다루어지지 않는 주제를 연구하다 보니, 어려움도 많았다. 그만큼 지식이 부족했기 때문이라고 밖에 말할 수 없다.

이같은 상황에서도 본서가 출판될 수 있었던 데에는 필자의 부족한 지식을 채워준 두 분이 계셨기에 가능했다. 석사과정부터 박사과정까지 관심을 갖고 지도를 해주신 김익수 교수님 그리고 학자로서의 역할모델이 되어주신 장세진 교수님께 깊은 감사의 말씀을 드린다. 본서는 두분 외에도 많은 분들의 도움과 희생으로 빛을 보게 되었다. 특히 어려운 박사과정 동안 묵묵히 본인을 뒷바라지하면서 본인을 믿고 따라준 사랑하는 아내와 항상 일에 빠져 자주 놀아 주지 못했어도 올바르게 커가고 있는 든든한 아들 태희, 태어난 지 얼마 되지 않아 말은 못하지만 늦게 들어온 아빠를 보며 해맑은 웃음을 선물해주는 사랑하는 딸 강희에게 이 책을 바치고자 한다.

2006년 9월

순천대 연구실에서

저 자

목 차

Ⅲ. 해외투자 자회사의 철수 결정요인 분석 / 57

I
서문

1.1 연구의 배경

그 동안 시장의 글로벌화 진전에 따른 수요의 동질화 및 경쟁 격화 등에 대응하기 위해 많은 국내 기업들이 활발한 해외투자 활동을 행하였다. 특히 90년대 들어서면서부터 중국의 개방정책과 맞물려 수많은 국내 중소업체들이 중국을 포함한 아시아권 국가에 상대적으로 많은 해외투자를 해왔다. 그러나 최근 구제금융 이후 국내경제의 악화와 맞물려 해외투자 활동도 주춤세를 보이고 있다. 특히 기업 구조조정의 일환으로 수익성이 안 좋거나 경쟁력이 없는 해외 자회사를 매각 혹은 완전 청산하는 등 과거의 양적 팽창형 투자형태에서 점차로 질적 고도화를 추구하는 방향으로 투자가 바뀌어 가고 있다.

한편 그 동안 국제경영의 학문적 흐름을 살펴보면, 대부분의 실증적·이론적 연구들이 해외투자 진입방식이나 자회사의 역할 규명 등에 초점을 두고 있는 반면, 해외투자 철수에 관한 연구는 상대적으로 그리 많지 않은 실정이다. 연구가 있다 하더라도 실증분석보다는 이론적 골격 제시나 몇몇 기업들을 대상으로 한 사례 조사 중심으로 이루어지고 있다.

철수에 관한 실증분석이 잘 이루어지고 있지 않은 가장 큰 원인으로는 자료 확보상의 어려움을 들 수 있다. 철수에 관한 연구는 일반적으로 시계열적인 기업 내부자료를 요구하는 데 이에 대한 자료를 구하기가 힘들다.

또한 철수 자체를 경영활동 실패로 간주하는 경향이 있어, 많은 기업들이 철수에 관해서는 기업비밀로 취급하기 때문이다. 철수에 대한 경영의사 결정은 상위 의사 결정자에 의해 전적으로 이루어지기 때문에 연구를 위한 직접적인 접근이 힘들다. 따라서 투자연도(投資年度)는 파악할 수 있어도 철수가 언제 발생했는지, 그리고 어떠한 요인에 의해서 발생했는지 등을 파악하기가 매우 어렵다.

그러나 국내 업체들의 해외투자 양적 증대와 함께 해외철수 또한 점차 증가하는 추세에 있다는 점을 고려하면, 철수가 어떠한 결정요인들에 의해 발생하게 되는지 심도 있게 분석해야 할 필요성이 제기되고 있다. 기업사멸에 대한 연구에서 McGrathe(1999)는 "실패에 대한 연구로부터 얻을 수 있는 혜택이 있다"라고 주장하고 있다. 성공한 기업보다 실패한 기업들에 대한 세심한 분석을 통해 보다 나은 기업 가치창출 분석모델에 대한 체계적인 진보를 이룰 수 있다는 것이다(1999: 28).

이와 유사하게 Sitkin(1992)도 "실패는 학습을 위한 필수 선결조건이다"라고 주장하고 있다(1992: 232). 생존과 철수에 대한 분석을 통해 해외투자 성공과 지속성에 영향을 미치는 결정요인들에 대한 보다 많은 지식을 획득할 수 있고, 이는 잠재적 해외투자 계획을 보다 잘 평가할 수 있도록 할 것이다. 이에 따라 본 연구에서는 어떠한 조건 하에서 해외철수가 발생하는지를 실증 분석하고자 한다.

1.2 연구 목적

본 연구는 중국에 투자한 한국기업 자회사의 철수에 영향을 미치는 요인이 무엇인가를 규명하는 것이다. 본 연구를 통해 얻고자 하는 답은 다음과 같다.

첫째, 중국의 각 성·시에 투자한 한국기업의 자회사 철수에 영향을 미치는 요인은 무엇인가? 경쟁강도·기업 밀도 등의 외적요인과 다각화전략·진입전략 등의 내적 요인이 자회사 철수에 어떠한 영향을 미치는가를 살펴보고자 한다. 특히 외적 요인과 관련하여 국내기업과 외국기업, 중국기업의 존재성이 자회사 철수에 어떠한 영향을 미치며, 어떠한 역할(경쟁원으로서의 역할 vs 학습원으로서의 역할)을 하는가를 규명하고자 한다.

둘째, 조직생태학(Organizational Ecology) 관점에서 본 대중투자(對中投資) 한국기업의 자회사 철수요인은 무엇인가? 조직군 생태학 모형은 생태계의 장기적인 변화에 따른 조직군의 변화, 즉 중국시장에 투자한 한국기업군의 변화를 예측하고 이에 대한 조직들의 대응을 평가하는 데 유용성을 갖고 있다. 중국시장을 하나의 생태계로 이해하고 생태계의 발전과 결부시켜 한국 투자기업들의 활동상의 특성을 살펴보고자 한다.

셋째, 모기업과 자회사 자원이 자회사 철수에 어떠한 영향을 미치는가를 살펴보고자 한다. 그동안 국제경영분야에서 모기업 자원의 역할에 대해서는 많은 연구가 있어 왔다. 그러나 연구의 주된 초점은 진입방식 선택이나 다각화 전략 선택시 모기업 자원의 역할에만 초점을 맞추어 왔다. 본 연구에서는 진입 이후 자회사 실질 경영 활동 과정중 모기업 자원의 역할이 자회사 철수에 어떠한 영향을 미치는가를 동태적으로 살펴보고자 한다.

넷째, 시기별 진입 시차가 자회사 철수에 어떠한 영향을 미치는가? 일반적으로 중국시장에 대한 한국기업의 투자는 기반 구축기, 성장기, 성숙기 등의 단계로 구분할 수 있다. 시기별 중국시장 진입 전략이 선발진입자 우위를 제공하는지 아니면 후발 진입자 우위를 제공하는가를 살펴보고자 한다. 중국시장에 대한 외국기업의 투자패턴을 보면, 70년대 말과 80년대 초만 해도 극히 일부의 기업들이 중국시장에 진입했었으며, 대부분의 기업들은 80년대 말부터 본격적인 투자를 행한 것으로 나타나고 있다(Pan & Chi, 1999). 국내 기업들의 경우, 80년대 말부터 92년까지는 극히 일부의 기업들만이 투자를 행했으며, 대부분의 기업들은 한국기업들의 대중투자(對中投資)가 안정적으로 인식되기 시작한 94년 이후부터 본격적으로 투자를 행한 것으로 나타나고 있다.

대중투자(對中投資)기업을 대상으로 한 그동안의 연구를 보면 진입시기보다는 진입방식 선택이나 입지선택에 주된 초점을 두어 왔다. 본 연구에서는 대중투자(對中投資)에 있어 선발기업의 이익이 존재하는가 아니면 후발기업의 이익이 존재하는가에 대해 심도 있는 분석을 하고자 한다.

다섯째, 본 연구에서는 산업별로 철수 결정요인상의 차이를 보이는가를 분석하고자 한다. 기존 국제경영 분야에서의 기업 철수에 대한 연구에서는 제한된 산업만을 대상으로 하고 있기에 일반화가 어렵다는 문제점을 안고 있다. 투자동기나 진입 전략 등이 산업별로 차이가 있고 산업별로 경영환경상의 차이가 분명히 존재하고 있기 때문에 철수에 있어서도 산업별 차이가 분명히 있을 것이다(Audretsch, 1991)[1].

본 연구에서는 산업별 분석을 통해 철수에 영향을 미치는 요인들이 산업별로 차이를 나타내는가를 살펴보고, 차이가 있다면 왜 그러한 차이가 발생하는가를 추정해 보고자 한다.

여섯째, 자회사 철수에 대한 분석에 있어 완전철수와 부분철수 간의 결정요인에 대한 분석을 시도하고 있다. 기존 해외투자 회사의 철수 관련 연구는 부분철수와 완전철수를 구분하지 않고, 모두 같

---

1) Audretsch(1991)은 실증분석을 통해 산업별로 기업 생존율의 차이가 두드러지게 나타난다는 주장을 하면서, 설명 가능한 이유로 규모의 경제, 높은 자본 집약도 등의 산업 특유적 요인과 혁신활동(기업 특유적 요인)을 제시하고 있다. 그러나 Audretsch(1991)의 연구는 기업단위가 아닌 산업단위의 생존율에 대해 분석하고 있다는 한계점을 안고 있다. 때문에 소유권 형태, 기업 규모 등과 같은 기업 특유적 요인들을 고려치 못하고 있다.

은 범주로 처리하여 분석을 해왔다. 그러나 부분 철수와 완전 철수는 의미상 완전히 다른 것이며, 각기 다른 의사 결정을 요하는 선택 대안이라 할 수 있다. 따라서 부분 철수와 완전 매각이 어떠한 조건하에서 발생하는가를 실증 분석하고자 한다.

1.3 기존연구와의 차별성

본 연구와 기존 연구와의 차별성을 제시하면, 먼저 본 연구에서는 조직생태학이라는 이론적 배경하에, 중국에 투자한 한국기업 자회사의 철수가 어떠한 조건에서 이루어지는가를 살펴보고 있다. 그 동안 해외투자 철수에 관한 연구들은 특정한 이론적 배경에 의하기보다는 결정요인 규명에 주된 초점을 두고 있다. 그러나 철수나 생존에 대한 연구가 어느 정도 진전된 시점에서 단순 결정요인에 대한 분석보다는 체계적인 이론적 배경에서 모델 정립이 이루어져야 한다고 본다. 이에 따라 본 연구에서는 조직생태학이라는 조직이론을 도입하여 자회사 철수요인을 규명하고자 한다.

둘째, 모기업의 자원 역할에 대한 분석을 시도하고 있다는 점이다. 기존 연구에서는 투자방식 결정, 투자지분 결정 등과 같은 제한적 주제에 한해 모기업 자원의 중요성을 강조해 왔다. 그러나 실제로 진입 이후 자회사 성과 결정요인으로서의 모기업 자원 역할에 대한 분석은 거의 없는 실정이다. 본 연구에서는 모기업 자원기반에 대한 시계열 데이터를 갖고, 모기업 자원이 특정 해당 자회사 철수에 어떠한 영향을 미치는가를 실증 분석하고자 한다.

셋째, 철수에 대한 신뢰성 있는 2차 자료를 바탕으로 분석을 시도하고 있다는 점이다. 현재까지 국내에서 진행된 철수 관련 연구는 주로 은행에서 발간한 거시적 통계자료나 기업 사례분석 위주로 이루어졌기 때문에,

기업 내외적 여러 결정요인들의 역할에 대한 체계적인 분석이 없었다. 그러나 본 연구에서는 수출입은행에서 확보하고 있는 투자·철수관련 데이터와 신용정보기관이 보유하고 있는 투자 모기업 관련 데이터를 바탕으로 통계적 실증분석을 시도하고 있다.

이미 서술한 바와 같이 자회사 철수를 직접적으로 측정하는 데 있어서 가장 큰 장애물은 기업 생성부터 기업 사멸시점까지의 패널자료 확보상의 어려움에 있다(Audretsch, 1991). 특히 해당 기업들의 시계열적인 성과 데이터를 확보하기가 쉽지 않다. 국제경영 분야에서도 해외투자기업의 생존·사멸을 분석함에 있어 자회사관련 자료 확보상의 어려움으로 인해 모기업 요인이나 환경요인 등만을 갖고 분석을 하거나, 철수기업에 대한 사례조사만을 주로 행하고 있다. 중국에 대한 한국기업들의 투자는 1988년을 기점으로 시작되었기에 중국시장을 대상으로 한 연구는 특정기업의 생성시점부터 사멸 시까지의 경로를 살펴볼 수 있는 기회가 될 수 있다. 특히 본 연구는 공식적인 2차 자료를 통해 모기업 자원기반에 대한 자료를 활용하고 있기에 기존 연구에서 한계점으로 지적된 문제점을 극복하고 있다.

다섯째, 자회사 철수에 대한 분석에 있어 완전철수와 부분철수 간의 결정요인에 대한 분석을 시도하고 있다. 일반적으로 철수에는 세 가지 유형, 즉 인수합병과 자발적 청산, 그리고 파산이 있다. 이들 세 가지 유형들은 각기 다른 경제적 차이를 갖고 있다. 그러나 기존의 연구 흐름은 철수를 형태별로 세분하지 않고 모두 동질적인 것으로 분석하고 있다(Schary, 1991). 경제적 차이와 관련해서 보면, 인수합병의 경우 생산능력의 상당부분이 산업 내에 남아 있게 되고 투자자는 매각에 따른 프리미엄(혹은 디스카운트)을 획득할 수 있다. 자발적 청산의 경우, 생산능력은 산업 내에서 제거되지만 채권자는 청산에 따른 채무를 변제받을 수 있다. 그러나 파산의 경우에는 생산능력이 완전히 소멸되는 동시에 채권의 일부만을 변제받을 가능성이 크다. 이와 같은 단순한 경제적 논리만 따지더라도 철수 형태별로 상당한 차이가 있게 되지만, 기존 연구에서는 형태별로 구분치 않고 모든 유형을 철수라는 동질적 카테고리에 포함시켜 분석을 행하고 있다.

1.4 연구의 구성

본 연구는 크게 7장으로 구성되어 있다. 제1장에서는 본 연구의 배경과 목적 그리고 기존연구와의 차별성에 대해 서술하고 있다. 제2장에서는 생존과 철수에 대한 연구 흐름을 개괄적으로 살펴본 후, 조직생태학 관점에서의 조직사멸에 대해 보다 자세히 살펴보고 있다. 그리고 해외투자 자회사의 생존과 철수에 대한 최근의 연구흐름을 살펴본 후, 최근까지 발표된 주요 철수 및 생존 관련 연구들의 한계점에 대해 제시하고 있다. 제3장에서는 기업전략 측면, 조직생태학 측면, 그리고 자원기반 측면에서 자회사 철수와 관련된 연구가설을 제시하고 있다. 제4장에서는 중국에 투자한 한국기업들의 투자상 특징과 함께 철수상의 특징에 대해 개괄적으로 살펴보고 있다. 제5장에서는 연구방법론과 자료에 대한 소개 및 각각의 변수들에 대한 측정방식을 소개하고 있다. 제6장에서는 기본통계분석 결과와 함께 자회사 철수 결정요인에 대한 통계분석 결과를 제시하고 있다. 마지막으로 제7장에서는 연구의 주요 결과와 한계점 및 향후 연구방향에 대해 서술하고 있다.

Ⅱ
문헌연구

2.1 생존과 철수의 정의

생존에 대한 정의는 철수 관련 연구에서 제시된 정의와 구별하여 사용할 수 있다. 해외직접투자의 생존은 해외직접투자 실행 후 매각 혹은 청산을 통해 철수하기까지의 기간으로 정의할 수 있다. 즉 생존은 현지국에서 사업을 수행하고 있는 자회사의 지속적인 존재로 정의하며, 자회사 철수를 실패(사멸)로 정의한다.

그 동안 해외투자의 철수에 관한 연구는 해외투자의 생존에 관한 연구라는 새로운 시각에서도 진행되고 있다. 생존에 관한 연구들은 해외직접투자가 사람의 생존기간과 유사한 모습을 보인다고 주장하면서, 해외직접투자를 결정하고 실행하는 것을 사람의 탄생에 비유하였으며, 해외투자의 종결 또는 철수를 죽음에 비유하였다. 최근의 연구들은 해외 자회사들이 모두 같은 요인에 의해 철수를 결정하는 것은 아니며, 또한 해외 자회사의 생존의 문제가 반드시 철수의 형태로 종결되는 것도 아니라고 주장하고 있다.

2.1.1 철수에 관한 관점 비교

일반적으로 해외철수[1]란 해외투자사업에 대한 소유관계 해제를 의미한다.

철수에는 강제적 철수와 신중한 철수가 있다. 강제적 철수란 국유화 등과 같이 투자 대상국에 의한 외국인투자기업 소유재산 몰수에 따른 철수를 말한다(Akhter and Choudhry, 1993). 이에 반해 신중한 철수란 전략적 고려하에서 자발적으로 청산하거나 현재 운영활동의 전부 또는 대부분을 매각하는 것을 의미한다(Boddewyn, 1979).

철수에 관한 기존 연구 중 Chow & Hamilton(1993)은 세 가지 주요 흐름, 즉 산업조직, 재무, 기업 전략적 측면의 연구를 제시하고 있다. 산업조직관련 연구에서는 철수의 인센티브와 철수의 장애물에 대해 살펴보고 있다(Siegfried and Evans, 1994). 철수의 주된 인센티브는 낮은 수익률 또는 명백한 저수익성 등으로 이는 공격적인 신규 진입자에 의한 시장진입, 수요감소, 고비용 등의 요인 때문에 발생하게 된다. 또한 가치 있게 대안적으로 사용할 수 없는 자산과 같은 특정 자산의 존재성은 철수의 중요한 장애요인으로 작용하게 된다. 회수불능비용 또한 퇴출장벽으로 작용하게 된다. 이와 같은 투자는 종종 진입장벽의 역할을 하기도 하지만 퇴출장벽 역할도 조건으로 작용하게 된다(Caves and Porter, 1976).

특정자산은 유형과 무형의 자산으로 구분할 수 있다. 일반적으로 기계 등에 대한 높은 회수불능비용과 같이 특화자산은 퇴출을 저해하는 것으로

---

1) 철수에 대한 정의는 학자마다 약간씩 다르다. Boddewyn & Torneden(1974)은 적극적인 해외직접투자에서 소유비율의 자발적 혹은 비자발적인 감소로 현지 정부의 수용, 국유화뿐만 아니라 판매나 청산이 된 것이라고 정의하였다. Sachdev(1976)는 현지국으로부터 적극적인 해외투자의 자발적인 혹은 비자발적인 철수로 보았다. Solomon(1978)은 해외자회사의 완전소유에서 부분적인 소유로의 전환 혹은 현지기업으로의 완전한 이전으로 보았다. Grunberg(1981)는 사업활동의 폐업, 완전 또는 부분적인 수용 또는 국유화 등으로 정의하였다. Boddewyn(1983)은 해외생산시설의 전부 혹은 일부의 종결로 정의하였다. 상기 정의들을 살펴보면, 자발적인 해외투자의 철수란 사업실적의 부진, 불합리한 환경 조건 등의 철수요인에 대해 자발적으로 철수할 것인가를 평가하여 수행한 의사결정이며, 비자발적인 철수란 현지정부에 의한 수용, 국유화, 또는 내국화에 의해 강제로 당한 철수를 의미한다. 이러한 철수의 방법에는 매각(sale), 청산(liquidation), 국유화(nationalization), 현지국 정부에 의한 수용(expropriation) 등이 있다.

22

작용하게 된다. 이와 마찬가지로 광고 및 연구개발집약도, 기업특유적 인적 자본 등도 퇴출에 대한 인지된 비용을 상승시킴으로써 퇴출장벽의 역할을 하게 된다. 공동생산 및 공동 유통망 활용 등과 같은 단위조직간 상호 연관성 또한 퇴출장벽 역할을 하는 바, 퇴출산업부문 입장에서는 수익성이 없지만 기업 전체적으로 보면 기업전체 수익성에 기여할 수도 있으며, 때문에 퇴출이 어려운 경우도 있다.

마지막으로 퇴출은 다각화 정도에 달려 있다(Caves and Porter, 1976). 독립된 공장의 소유자는 보다 낮은 기회비용을 갖게 되며, 따라서 多공장·多산업에 속한 기업보다 상대적으로 낮은 수익률을 받아들이게 된다. 또한 단일 사업부 운영기업보다는 多사업부 운영 다각화 기업이 보다 수월하게 철수할 수 있다.

전략적 관리 관점에서 철수문제를 다룬 연구로는 다음과 같다. 먼저 Harrigan(1980)은 PLC관점에서 철수를 분석하였다. 철수는 사양산업에서의 여러 전략적 옵션중의 하나라는 것이다. 그는 향후 수익성과 관련된 높은 불확실성으로 특징 지워지는 최종게임(End game)하에서는 철수가 적당한 루트라고 주장하고 있다. 두 번째 전략적 견해는 기업 포트폴리오 관점이다. 기업은 자산, 제품, 활동 등의 포트폴리오로 간주되어지며, 재무적·전략적 관점 속에서 지속적으로 검토되어져야 한다. 특히 기업수준의 재무적 성과가 철수에 영향을 미친다. 또한 Rumelt(1974)의 연구에 따르면 관련 산업분야로의 기업확장은 보다 나은 성과로 이끌며 비관련 산업분야로의 확장보다 더 나은 생존율을 보이는 것으로 나타나고 있다. 또한 사업단위간 낮은 상호의존성도 중요 철수요인인 것으로 제시되고 있다(Pennings, Barkema, and Douma, 1994).

마지막으로 철수에 관한 재무적 관점에서는 주로 철수 의사결정이 주가에 미치는 영향에 대해서 살펴보고 있다. 해외철수에 대한 실증자료 분석의 한계가 있으나, 일반적으로 철수는 기업의 시장가치를 증가시키는 것으로 나타나고 있다. 왜냐하면 철수사업단위의 성과가 저조하기 때문에 이들 사업부문 철수 시 기업의 전체적인 시장가치가 증대되기 때문이다. 또한 일반적으로 해외활동에 대한 감시비용과 결속비용은 국내사업의 그것보다 높기 때문에 철수를 할 경우 이들 비용의 감소에 따라 주주의 부가 긍정적으로 향상되게 된다(Fatemi, 1984).

2.1.2 해외투자 철수에 관한 실증연구

Boddewyn(1979), Wilson(1980), Casson(1986) 등에 의해 이루어진 해외투자 철수관련 연구는 해외자회사의 퇴출과정에 대한 여러 가지 시사점을 제공해 주고 있다. 경제이론 측면에서 보면 해외철수는 최소 두 가지 면에서 해외진입과 차이를 보이고 있다. 첫째, 투자기업이 소유권, 입지 또는 내부화 우위 중 어느 하나를 상실했을 때 철수가 발생한다는 점이다(Dunning, 1988:22). 둘째, 진입방벽과 일치하지 않는 어떤 퇴출장벽이 존재한다는 점이다(Porter, 1980; Harrigan, 1982).

Boddewyn(1979)은 실증연구를 통해 해외자회사의 철수에 영향을 미치는 요인들을 규명하였다. 주요 요인은 다음과 같다.

① 재무적 고려: 자회사가 오랜 기간동안 저조한 재무성과를 보이고 있으며, 향후에도 성과 개선의 여지가 없는 경우 철수를 고려하게 된다. 특히 저조한 성과를 보이더라도 모기업이 추가적인 손실을 감당할 수 없거나 생존에 필요한 (재무적)자원 지원 여력이 없는 경우 철수를 고려하게 된다.

② 철저하지 못한 사전 투자 타당성 분석: 주의 깊은 사전 분석 없이 행해진 투자의 경우 (조기)철수가 발생할 가능성이 높다.

③ 투자환경 변화: 자회사 성과는 향후의 경제적, 정치적, 문화적, 사회적 조건 등과 연계되어 있다. 예를 들면 모기업 주력산업의 쇠퇴로 인해 해외자회사 철수가 발생할 수 있다.

④ 전략적 적합성과 여유자원(slack)의 부족: 모기업의 사업기회와 자원

에 대한 고려하에 전략적 견지에서 선별적으로 해외철수를 결정하게
된다. 관리적 자원의 결여 또한 중요 결정요인으로 작용하게 된다.
급속한 기업확대나 다각화 기간동안에는 규모와 복잡성에 대응할 기
업 능력에 제한이 있을 수밖에 없다.

⑤ 구조적·조직적(structural and organizational) 요인: 기업 목표·정
책·운영조건 등에 대한 본사와 자회사간 의사소통에 있어서의 문제
들이 투자 철수 결정으로 이어질 수 있다.

Wilson(1980)은 "하버드대학 다국적기업 프로젝트" 데이터를 이용하여,
미국에서 활동하고 있는 다국적기업들의 철수에 대해 분석하였다. 그는 먼
저 해외투자를 두 가지 종류로 구분하였다. ① 경쟁우위를 활용하기 위한
능동적 투자, ② 산업안정성을 유지하기 위한 수동적 투자가 그것이다. 능
동적 투자에 있어서는 경쟁우위가 잠식당했을 때 철수가 발생할 가능성이
높은 것으로 나타났다. 수동적 투자에 있어서는 산업구조의 특성이 변함에
따라 철수 가능성이 높아지는 것으로 나타났다. 또한 Wilson(1980)은 인수
기업보다는 신설투자기업의 철수 가능성이 낮다는 것을 밝혀냈다. 그는 또
한 철수장벽에 대해서도 검토하였다. 주요 장벽으로는 모기업과 자회사 간
상호의존성, 자회사 특유적 자산의 정도, 철수에 대한 관리자의 태도 등이
있다.

특히 관리자 특성에 주목할 필요가 있다. 많은 관리자들에 있어 철수결
정은 가장 내리기 힘든 결정 중의 하나일 것이다. 철수는 자회사 관리자에
있어 실패의 오명으로 남게 된다(Sutton & Callahan, 1987). 이외에 관리
층 자체의 이해관계도 철수에 부의 영향을 미치게 된다. 모기업 전체 성장
에 있어 초기 상당히 큰 기여를 한 자회사는 모기업에 의해 과도하게 보호
될 가능성이 높다는 것이다(Caves & Porter, 1977).

Shapiro(1986)는 다국적기업은 기업 내에서는 비교적 싸게 이전할 수 있
으면서 다른 기업이 쉽게 획득할 수 없는 기업특유의 자산을 가지고 있다
는 Hymer(1976)의 이론을 바탕으로, 이런 자산을 소유한 다국적기업은 해

외에서도 이러한 우위를 활용할 수 있고, 따라서 내국기업에 비해 더 이동적이고 진입과 철수가 쉽다는 것을 검증하였다. 즉 외국기업은 해외에 진출할 만큼 우위를 가지고 있고, 이러한 우위를 바탕으로 현지기업에 비해 진입장벽과 철수장벽을 극복하는 데 있어서 우위를 확보하고 있다는 것을 밝혀냈다.

Benito(1997)는 해외투자 철수를 해외에서의 소유권 제거라고 정의하고, 철수를 강제적 철수와 자발적 철수로 구분하여 연구를 하였다. 연구에 따르면 기업은 철수장벽이 낮고 철수유인이 높을 때 철수를 감행하게 된다고 주장하였다.

해외투자 철수에 관한 최근의 실증분석으로는 Li(1995)와 Barkema et. al..(1996)의 연구가 대표적이다. 이들은 해외투자 확장과 철수에 대한 문화적·경험적 측면 간의 관계에 대해 검토하고 있다. 연구의 기본적 주장은 다음과 같다. 문화적으로 먼 국가에 투자하는 경우 해외활동에 따른 여러 어려움이 상대적으로 더 많이 발생하게 된다. 이때 기업은 합자투자나 인수방식을 통해 시장진입을 하게 된다. 합작투자와 인수는 "Double layered acculturation"을 포함하는 바, 여타 기업문화와 외국문화 양자를 모두 다루어야 한다. 그러나 이러한 과정은 매우 힘든 것이며, 이러한 요인 때문에 열등한 성과가 나타나게 된다. 이때 철수의 가능성이 상대적으로 높게 나타나게 된다. 또한 국제적 다각화는 모기업의 핵심사업라인을 통한 해외사업과 비교할 때 상대적으로 높은 후속적 철수위험을 수반하게 된다.

2.2 조직사멸에 관한 이론 검토: 조직생태학 관점

2.2.1 조직생태학 관점 개관

최근 들어 조직적응에 초점을 맞춘 이론들은 조직생태학[2]이라는 새로운 이론적 패러다임에 의하여 도전받고 있다. 조직생태학은 조직의 환경에 대한 적응보다도 환경에 의한 선택에 초점을 맞추고 있다.[3]

Hannan & Freeman(1977)은 조직생태학이라는 이론 틀을 정립하는 초기 논문에서 "왜 많은 종류의 조직이 존재하고 있을까?"라는 근본적인 질문을 던진다. 이 질문에 대한 답이 곧 조직생태학적 이론 틀의 기본이 되는데, 이들에 의하면 조직유형의 다양성은 환경적 특성과 조직 간의 적합에 근거한 환경의 분별적인 선택에 의하여 나타난다. 더구나 환경에 의한 선택행위는 환경에 적합한 새로운 조직유형의 생성, 성장, 쇠퇴 그리고 부적합한 조직유형의 사멸과 같은 생태적인 결과로 표출된다(Carroll, 1988; Singh & Lumsden, 1990; Hannan & Carroll, 1992). 이러한 선택 시각(視

---

2) 조직생태학이라는 이론적 시각에 대한 이름 매김은 Hannan & Freeman(1977), 그리고 Aldrich(1979)의 학문적 업적과 그 궤를 함께 한다. Hannan & Freeman(1977)에 의하여 제시된 초기 이론 틀은 개체군 생태학이나 조직군 생태학(population ecology)으로 불리었으며, Aldrich(1979)의 포괄적 이론 틀은 자연선택모델이나 자연도태모델이라고 칭하여졌다. 이후 이론 틀을 정리한 논문들(Carroll, 1984; Singh & Lumsden, 1990)에 의하여 그리고 경험적 연구들을 편집한 Hannan & Freeman(1989) 등의 저작들에서는 조직생태학 (organizational ecology)이라는 명칭이 사용된다. 조직생태학은 개별조직, 조직군(population), 조직공동체(community) 등의 다양한 분석수준에서 논의되는 생태학적인 접근을 포괄한다.
3) 그러나 조직생태학이 개별조직들의 적응 측면을 아예 무시하는 것은 아니다. 조직생태학은 불확실하고 급변하는 환경조건 하에서 조직적응을 평균적으로 무작위적인 것으로 간주한다. 또한 조직생태학은 개별 조직들이 지니는 구조적 관성(inertia)이나 루틴으로 인하여 급격히 전략을 수정하거나 또는 구조를 변화시키기가 어렵다는 입장을 취한다(Hannan & Freeman, 1984).

覺)을 적용하는 경험적인 연구들은 환경특성과 생태적 과정 간 상관분석에 초점을 맞추고 있다.

조직생태학이 지니는 이론적인 중요성은 조직변화의 동인으로 환경에 대한 적응보다 환경에 의한 선택을 강조하였다는 점 이외에도 두 가지 중요한 방법론적인 전환을 꾀하고 있다.

첫째로, 선택 시각(視覺)에 입각한 조직생태학은 개별적인 조직보다 거시적인 조직군에 초점을 맞춤으로 분석수준에서 방법론적인 전환을 꾀하고 있다.4) 둘째로, 조직생태학은 조직의 생성 및 사멸, 그리고 조직유형의 변화를 설명하기 위해 정태적이고 횡단적인 시간 틀보다는 동태적이며 종단적인 시간 틀에 기초함으로써 연구설계에서 방법론적인 전환이 이루어지고 있다.

이러한 방법론적인 전환이 이루어짐으로써 조직생태학은 특정 조직유형을 모양새 지우기보다는 거시적인 사회, 정치, 경제체계의 제반 세력들에 대한 분석의 폭을 넓힐 수 있으며 또한 개별조직군들의 형성과 변화에 대한 역사적이며 종단적인 분석을 수행할 수 있게 된다.

한편 조직생태론자들은 조직이 내부적 관성과 외부적 관성의 압력에서 발생하는 구조적인 관성(structural inertia)의 힘 때문에 그 스스로는 변화할 수 없다고 주장한다(Hannan & Freeman, 1977: 930-932; Hannan & Freeman, 1984). 즉, 내부적으로는 매몰비용(sunk cost), 정치적인 역학관계, 그리고 제한된 정보 때문에, 외부적으로는 조직을 둘러싼 법체계, 재정제도, 정당성 확보의 문제, 그리고 관련된 환경에 대한 제한된 정보로 인하

---

4) 조직생태학의 주된 분석수준은 동일하거나 유사한 형태의 집합체인 조직군이다. 그러나 조직군이라는 분석수준 이외에도 조직생태학은 개별조직, 조직공동체, 조직부문 등과 같은 다양한 분석 수준에 대하여도 생태적인 시각을 적용하고 있다(Carroll, 1984; Hannan & Freeman, 1989). 개별조직을 중심으로 하는 연구는 조직군내 개별조직의 생성률, 사멸률, 합병률 등에 대하여 초점을 맞추고 있다. 조직군에 기반을 둔 연구는 조직군들 간의 상호작용에 따른 조직군의 생성과 사멸률을 분석한다. 마지막으로 조직공동체에 기반을 둔 연구는 유사한 조직군들의 집합체에 관한 것으로 조직분야나 사회분야 또는 산업분야 등의 역학을 분석한다.

여 구조적인 관성을 갖게 된다는 것이다.[5]

　따라서 조직구조의 변화는 기본적으로 조직군의 수준에서 환경이 변함에 따라 적자생존의 법칙에 의하여 한 종류의 조직형태가 다른 종류의 조직형태로 대체되면서 진행되는 것이어서 개별조직의 의지와는 무관하게 결정된다는 것이다. 이런 점에서 조직생태론은 조직관리자의 전략적인 선택과 합리성을 강조하는 전략적 상황이론과는 대조적이다.[6]

------

5) 관성은 내적관성과 외적관성으로 나누어 볼 수 있다(Huff, Huff & Thomas, 1992). 내적관성은 주로 관료적 풍토나 상명하복의 권위주의적인 조직풍토 등 자체의 관료화·경직화 문제를 가리키는데 권한의 집중, 과도한 공식화 등으로 창의성을 저해하고, 변화에 대한 요구를 억제하는 현상을 말한다. 또한 내적관성은 기업이 변화에 대한 필요성을 인식하지 못하고 정체에서 벗어나지 못하게 하는 원인을 제공한다. 이에 반해 외적 관성은 과거에 고도로 성장한 기업이 변화된 환경 속에서 이를 인식하지 못하고 과거의 경영관행이나 방식을 답습하는 현상을 말한다.
　　한편 조직생태학에서는 조직이 변화하지 않도록 하는 구조적 관성에 주목하며 또한 잘 변화하지 않는 조직이 살아남을 가능성이 많다고 주장한다. 조직생태학에서는 개별조직은 환경의 위기 발생에 대하여 상대적으로 늦게 반응할 가능성이 높다고 보는데 그 이유는 구조적 관성 때문이라는 것이다. 즉 조직생태학에서는 조직구조상에 발생하는 변화의 대부분은 새로운 조직 및 조직형태의 생성과 이를 통한 기존 조직의 대체를 통해 이루어진다고 보고 있다. 여기서 한 가지 유의할 점은 조직구조가 높은 구조적 관성을 가지고 있다는 것은 결코 조직이 변화하지 않는다는 것을 의미하는 것은 아니라는 것이다. 오히려 환경의 위협과 기회의 발생보다 조직이 상대적으로 늦게 반응한다는 것이다. 한편 Aldrich(1986)는 이러한 관성의 특성을 진화론적 관점에서 변이, 선택, 보존의 세 단계를 통하여 진화과정을 설명하고 있다.
6) 사회적 다위니즘의 조직적 응용으로서의 개체군 생태학이론은 전략적 선택이나 집단적 행동의 중요성을 간과한다는 점에서 극단적으로 결정론적 내지는 비관론적인 관점으로, 개체군생태학이론은 Lamarckian 적응(조직이 환경에 적응하는가?) 관점으로부터 Darwinian선택(환경이 특정조직을 선택하느냐?) 관점으로의 전환을 가능하게 한다.
　　개체군생태학이론의 가정은 ① 분석단위는 개별 조직 혹은 개체군이며, ② 조직론의 지배적 관점인 적응관에 대한 대안이자 도전이다. ③ 조직은 구조적 관성에 빠지기 쉬우며, 적응능력을 제한하는 구조적 관성개념이 바로 적응관점을 도태관점으로 대치하는 근거를 제공한다. ④ 조직변화는 종단분석에 의해서만 검증가능하다. ⑤ 조직구조는 조직구조와 환경적소 간에 일대일의 상관관계가 존재한다는 동일성 원칙에 입각하여 환경적소로 편입되거나 도태된

　이들은 조직변화에 대한 외부환경의 절대적인 영향을 강조하면서 조직의 자발적인 변화 능력의 가능성을 대체로 배제하고 있다. 그러나 생태론자들은 급변하는 조직환경의 변화에 적절히 대처하고 조직의 생존능력을 향상시키기 위해서는 조직 내 餘裕자원 (slack resources)과 융통성 있는 비공식적인 업무과정을 확보해야 한다고 주장하고 있다(McKelvey & Aldrich, 1983:101-128).

2.2.2 조직생태학의 이론적 틀

　조직연구에서 생태학 이론은 Campbell(1969)에 의해 제시되고 Hennan & Freeman(1977, 1984. 1989) 그리고 그 밖의 조직론자(Aldrich, 1979; Carroll, 1988)들에 의해 체계화되었다. 조직생태학자들은 조직군 변화를 장기간에 걸친 조직생성, 기존 조직의 성장과 쇠퇴, 그리고 조직실패나 흡수

다(Carroll, 1988). 이러한 가정에 입각하여 개체군 생태학자들은 조직변화가 외부환경의 선택(도태)에 의해서 좌우된다고 주장한다. 자연선택모델은 변이, 선택, 보존이라는 세 가지 동시다발적인 단계로 설명될 수 있다(Aldrich, 1979). 환경이 다양한 조직으로부터 특정조직을 선택하기 위해서는 확산과정을 통해 조직군에 파급되는 조직구조상의 변이가 존재해야만 한다. 변이의 원인으로 구조적 상황이론이나 자원종속이론은 환경에 대한 적응이나 전략적 선택 등과 같은 계획적 변화만을 강조하나, 개체군 생태학 이론은 이외에도 우연한 사건이나 행운 등과 같은 우연적 변화를 추가한다. 일단 변이가 발생하면 여러 조직구조는 환경과의 적합도 수준에 따라, 즉 동일성 원칙에 입각하여 환경적소로부터 도태되거나 선택된다. 보존이란 선택된 특정 조직이 환경에 제도화되고, 그 구조를 유지하는 것을 의미한다. 보존 메커니즘의 하나인 관료제화는 구조적 관성을 유발시켜 조직의 적응성을 저하시킨다.
　한편 개체군 생태학 이론의 핵심 이슈중의 하나는 왜 그렇게 많은 조직구조가 존재하는가 하는 것이다. Hannan & Freeman(1984)은 신뢰도와 책임성의 개념을 제시하면서, 조직구조는 선택기준의 함수라는 동일성 원칙에 입각하여 신뢰도와 책임성이 낮은(환경에 비동질적인) 조직은 조직개체군으로부터 도태되고, 신뢰도와 책임성이 높은(환경에 동질적인) 조직은 개체군에 편입될 가능성이 높다는 주장을 하고 있다.

통합을 통한 기존 조직의 사멸 등과 같은 생태적인 과정의 결과로 간주한다. 이들은 수정 다윈주의에 기초하여 조직변화를 변이, 선택, 보존이라는 세 단계 진화과정으로 파악한다(Campbell, 1969; Aldrich, 1979). 보다 구체적으로, 조직변화를 위하여 우선적으로 어떠한 조직유형에 변이가 발생하며, 다양하게 나타나는 조직유형들 중에서 환경적 적소[7]에 적합한 조직유형이 환경에 의하여 분별적으로 선택되며, 마지막으로 선택된 조직유형은 조직자체의 보존 메커니즘에 의하여 유지, 존속된다.

여기서 변이, 선택, 보존이라는 일련의 진화적인 과정 속에서 조직은 환경과 동형적인 관계를 취하게 된다. 따라서 조직은 환경에 의한 선별적 선택에 따라 그 유형적 특성을 나타낸다.

조직생태학자들은 이러한 이론 틀을 기초로 하여 조직군내의 조직생성과 조직사멸과 관련된 일련의 생태적인 과정에 대한 인과적인 요인들을 찾고자 한다. 그들은 생태적인 과정에 대한 요인들을 대체로 두 가지로 대별한다. 첫째로, 조직군내의 조직들 간의 경쟁도, 조직군 또는 조직유형 자체에 대한 정당화 정도, 그리고 조직연령 등과 같은 조직군 내적인 요인들이 있다.

둘째로, 조직군 외적인 요인으로 조직군이 처하고 있는 다양하면서도 광범위한 사회·정치·경제적인 요인들이 있는데, 이에는 대표적으로 정치적 변혁, 경제적 불황, 사회적 불안 등이 있다.

---

7) 조직환경의 연구와 관련하여 인구생태론자들이 발전시키고 있는 또 하나의 핵심개념은 適所(niche)이다. 적소는 생물학에서 유래한 개념으로 자원을 보유하고 있는 환경의 영역들 중에서 특히 아직 어떤 종에 의해서도 점유되지 않은 부분을 말한다. 환경이론에 의하면 조직의 생존전략은 크게 나누어 두 가지 형태를 생각해 볼 수 있다. 즉, 직접적인 생존경쟁을 통해 승리하는 방법과, 아직 다른 조직에 의해 점령되지 않는 새로운 적소를 찾아 자기 자신을 거기에 재빠르게 적응시키는 전략이 있다. 조직생태학에서의 적소 개념은 어떠한 조직유형이나 형태를 존속하도록 하는 정보, 물질, 고객 등과 같은 환경자원들의 조합으로 정의된다. 이러한 추상적인 적소개념은 N−차원이라는 다차원적인 자원공간으로 구성되며, 각 차원은 적합한 환경조건을 나타낸다.

2.2.2.1 조직군 내적 제약요인

조직생태학은 조직생성과 사멸 또는 조직유형의 변화와 관련된 요인으로 조직이 처한 환경의 본질과 특성을 강조한다. 조직생태학은 개별조직의 경영, 전략, 그리고 조직구조와 같은 조직자체의 내적인 요인보다는 개별조직체들의 집합인 전체 조직군의 특성이나 이들 조직군이 처한 보다 거시적인 환경특성을 생태적인 과정의 요인으로 간주하고 있다.

구체적으로 조직생태학은 조직생성과 사멸이라는 생태학적인 과정을 설명하기 위해 내적인 제약요인으로 개별조직군의 밀도의존과 이와 관련된 조직군의 경쟁강도[8]와 정당화[9] 정도에 초점을 맞추고 있다.

생태적인 과정을 결정 지우는 중요한 메커니즘으로 경쟁 정도와 정당화 정도는 조직군 내의 자원이용과의 함수관계에 있는 조직밀도에 의해 측정된다. 어떠한 조직군 내에서 초기단계인 조직 생성은 조직환경의 적극적인 활동의 장(場)을 나타내며, 동시에 긍정적이고 지속적인 조직생성의 기틀과 조직유형의 정당성을 부여한다. 그러나 조직군의 적정 수용능력을 초과하는 조직밀도 하에서는 조직유형에 대한 환경의 정당성 부여효과는 줄어드는 반면, 조직생존을 위한 자원환경은 더욱 더 심화된다. 지속적인 조직

---

8) Hannan & Freeman(1977)은 그들의 초기 논문에서 비슷한 규모를 지닌 조직들 간에는 경쟁정도가 높게 나타난다고 주장하고 있다. 이에 대한 근거로 규모가 다른 조직들은 각기 다른 경영전략과 조직구조를 지님으로써 다른 자원환경에 의존한다는 점을 지적한다. 따라서 그들은 "조직의 경쟁도는 조직규모 간의 거리와 함수관계에 있다"고 밝히고 있다.

9) 정당화에 대한 대부분의 논의는 제도화 이론에 근거하고 있다. 정당화가 나타내고자 하는 것은 기존의 사회제도와 관련한 규범이나 사회적인 기대치에 조직이 보다 더 적절히 대응할 수 있는 경우 조직의 생존력이 향상된다는 점이다. 보다 구체적으로 제반 사회제도나 공공조직과의 공고한 연계는 조직생존의 정당성을 높여줌으로써 조직의 안정성, 공적인 가시성, 지역사회의 지위를 확보할 수 있다는 것이며, 이외에도 제도적인 연계를 지닌 조직이 인허가, 보조금 등과 같은 자원을 쉽게 확보할 수 있다는 것이다. 따라서 제도환경과의 연계와 이에 따른 정당성의 확보는 조직의 생존율과 직접적인 관련이 있게 되는 것이다(DiMaggio, 1988; Baum & Oliver, 1992).

32

생성은 경쟁적이며 포화된 시장구조를 가져오고, 이는 곧 후속적인 조직생성을 가로막는다. 따라서 조직 생성률은 수용능력[10]이라 불리는 조직밀도 지점까지 정의 상관관계를 지니지만 수용능력을 초과한 다음부터는 증가하는 밀도와 부의 상관관계를 지니게 된다.[11]

반면 조직 사멸률에 대해서는 정반대의 관계가 설정된다. 조직 사멸률은 조직밀도가 수용능력에 이를 때까지 감소하나, 수용능력을 초과한 계속적인 밀도증가하에서는 조직 사멸률이 증가하게 된다. 또한 조직생성과 사멸 간의 관계를 보면, 초기 조직사멸은 새로운 조직생성을 위한 자원을 제공함으로써 조직생성을 촉진하나, 계속적인 조직사멸은 불안정적이고 비협조적인 환경을 의미하여 궁극적으로 조직 생성률을 저하시킨다.

이러한 논의를 기반으로 조직생태학은 조직 밀도, 조직 생성률, 조직 사멸 간의 비단조적(nonmonotonic)인 관계를 제시하고 있다.

다음으로 조직생태학은 조직사멸에 영향을 미치는 중요한 변인으로 조직연령을 강조하고 있다. Stinchcombe(1965)은 조직생태학과 관련한 그의 초기 논문에서 신생조직이 오래된 조직보다 조직사멸 가능성이 높다는 신생조직의 불리성 가설을 주장한다.

조직사멸과 관련하여 신생조직의 불리성이 생기는 이유로는 신생조직이 대체적으로 기존의 조직들보다 낮은 협조, 낮은 정통성, 불리한 경쟁, 그리고 새로운 조직군 참여자 또는 사회적 행위자로서의 조정 능력 부족 등을

---

10) 환경수용력의 개념은 생태학적 개체군 성장 곡선에서부터 나왔다. 환경의 수용능력은 환경 내에서의 가용자원 수준을 나타내주는 것으로, 이것이 높을 때는 사멸비율을 낮추게 된다. 즉 환경의 수용능력 확대는 경쟁압력을 감소시키게 된다(Ginsberg & Bulchholz, 1990). 또한 가용자원 획득의 용이함은 기업의 주요한 지탱물로 작용하며 존립의 근거가 된다. 이러한 환경의 수용능력을 통해 기업이 어느 정도 성장가능한가와 어느 정도의 자원을 제공받을 수 있는가를 예측할 수 있다.

11) 조직생태학의 조직생성률에 대한 실증 연구들은 아르헨티나와 미국의 신문산업, 포도주 산업, 미국의 반도체 산업과 노동조합(Delacroix & Carroll, 1983; Carroll, 1988; Hannan & Freeman, 1987, 1989) 등에서 이전 조직 생성률과 현 조직생성률 간의 곡선관계, 즉 조직생성률은 조직밀도와 역의 U자형 함수관계가 있다고 주장한다.

강조한다. 신생기업의 불리성을 가져오는 또 다른 이유로는 기존 조직이 더 높은 구조적 관성을 가지고 있다는 점이다(Hannan & Freeman, 1984). 여기서 구조적 관성이란 환경적 선택의 전조적인 현상이 아니라 환경선택의 부산물로 간주한다. Hannan & Freeman(1984)에 의하면, 조직이 오래될수록 그리고 규모가 클수록 조직은 그 조직에 적합한 특정기술을 습득하며, 적당한 루틴과 타성을 갖추게 된다(Nelson & Winter, 1982). 따라서 이러한 조직은 환경에 의한 선택과정에서 선호를 받게 되며, 조직은 이를 위하여 구조적 재생산을 하게 된다. 결과적으로 구조적 재생산은 연령과 함께 구조적 관성으로 나타나며, 이는 곧 조직사멸과 역의 상관관계를 갖게 된다.

2.2.2.2 조직군 외적 제약요인

밀도의존, 경쟁 그리고 연령 등과 같은 조직군 내적인 제약요인에 대한 이론적인 주장과는 달리 조직군 외적인 환경요인에 대한 논의는 아직 체계적이지 못하다. 이는 개별조직이나 조직군이 처하고 있는 조직환경이 이질적이기 때문이다. Scott(1987:126)은 이러한 이질적인 조직환경을 기술환경과 제도환경으로 구분한다.

조직생태학은 특히 조직군 외적 환경요인으로 제도환경에 관심을 둔다. 여기서 제도환경[12]이란 조직생존과 조직활동을 위하여 지켜야 하는 사회규범 및 공적기관으로부터의 취하여야 하는 정당성 그리고 지역사회의 지위 또는 보조금 등을 총칭한다.

제도환경을 다루는 조직생태학의 경험적 연구들은 일반적으로 조직군 외부에서 작동하는 정치적이며 경제적인 변인들에 초점을 두고 있다(Carroll,

---

12) 제도적 연계성(institutional linkages)과 조직 생존 간 관계에 대한 보다 자세한 내용은, Joel A. C. Baum & Christine Oliver(1991), "Institutional Linkages and Organizational Mortality," *Administrative Science Quarterly*, Vol.36, 1991, pp.187-218.을 참조

1988; Baum & Oliver, 1992). 이들 연구에 의하면 사회적인 위기상황이나 정치적인 변혁기에는 자원이용에 있어서의 법적·제도적인 환경들이 재구조화되며, 이 과정을 통해 기존 조직들 간의 권력관계에 변화가 생긴다. 이러한 권력관계의 변화는 새로운 기회구조를 가져오며(DiMaggio, 1988), 이의 결과로 변화된 환경적소에 적합한 조직군이 새롭게 나타난다. 또한 경제적인 불황과 관련된 경험적인 연구에서는 경제환경의 변화가 조직의 자원환경과 직결된다는 점을 지적한다. 여기서 경제적인 불황과 같은 자원환경의 변화는 조직의 자원 동원 능력에 제한을 가져옴으로써 조직사멸을 높이며, 반면에 조직생성을 낮추게 된다.

2.2.3 조직생태학 관점에서 본 조직사멸 요인

2.2.3.1 신생기업의 불리성

신생조직의 불리는 조직의 사멸을 연구하는 데 있어서 대표적인 설명변수로 사용되어져 왔다. 신생기업의 불리성이란 새로운 조직이 보다 오래된 조직에 비해 상대적으로 더 높은 사멸률을 갖는다는 것을 의미한다. 신규 조직의 경우 새로운 역할을 배워야만 하며, 이러한 역할을 배우는 데는 상당한 시간과 노력 그리고 자원이 소요되기 때문에 불리성이 나타나게 되는 것이다(Singh & Lumsden, 1990).

Stinchcombe(1965)는 신생기업의 불리성에 대한 세미나 페이퍼를 통해 신생조직이 보다 오래된 기업이나 보다 안정된 기업들보다 사멸률이 높게 나타날 수밖에 없는 이유 네 가지를 제시하고 있다.[13] ① 신생조직은 구성

---

13) Hannan and Freeman (1984)은 조직변화가 신생조직의 불리성을 창출한다고 주장하고 있다. 이러한 신생조직의 불리성은 높은 사멸 가능성을 내포하고 있으며, 변화의 불리성이라고도 불린다(Amburgey, Kelly, & Barnett, 1993). 왜냐하면 조직의 변화는 신생조직과 마찬가지로 새로운 규범과 새로

원들이 새로운 특정 역할과 기능을 학습할 때까지 일반화된 지식을 획득해야 한다. ② 역할 규명과 역할 형성과정 동안 갈등과 비효율성이 존재할 수 있다. ③ 외부구성원이나 조직과의 관계성을 형성해야 하는데, 초기 트러스트(trust)의 부족이 불리성(liabilities)으로 작용하게 된다. ④ 새로운 조직은 그들이 서브하고자 하는 고객과의 안정된 연계(ties)를 갖지 못하고 있다.[14)]

이러한 요인들은 신생조직이 초기에 안정적인 성장을 위한 기반 구축에 장애 요인으로 작용하게 된다. 따라서 신생조직은 오래된 조직보다 사멸할 가능성이 더 높으며, 이를 신생조직의 불리성이라 한다.[15)]

운 관계 형성 등을 요구한다. Amburgey, Kelly, & Barnett (1993)는 핀란드 신문업자들을 대상으로 한 실증분석을 통해 조직변화가 사멸률을 높이는 요인으로 작용한다고 주장하였다. 그러나 이러한 사멸 위험은 시간이 지남에 따라 점차 하락하게 된다.

14) Stinchcombe(1965: 148-149)의 주장을 원문 그대로 축약하면 다음과 같다. (a) New organizations, especially new types of organizations, generally involve new roles, which have to be learned …… (b) The process of inventing new roles, the determination of their mutual relations and of structuring the field of rewards and sanctions so as to get the maximum performance, have high costs in time, worry, conflict, and temporary inefficiency …… (c) New organizations must rely heavily on social relations among strangers. This means that relations of trust are much more precarious in new than old organizations …… (d) One of the main resources of old organizations is a set of stable ties to those who use organizational services. Old customers know how to use the services of the organization, have built their own social systems to use the old products or to influence the old type of government, are familiar with the channels of ordering, with performance qualities of the product, with how the price compares, and know the people they have to deal with-whom to call up to get action, for instance.

15) 여러 실증분석들이 이러한 논리를 뒷받침하고 있지만, Hannan & Freeman은 사멸률에 대한 연령의 실질 효과는 불확실한 것이며 허상(spurious variables)일 가능성도 있다고 주장하였다. Hannan & Freeman은 기간효과(period effect)와 기업 규모를 통제한 상태에서 연령 의존성(age dependence)

신규조직을 운영할 때, 운영자가 사업 자체나 산업 또는 환경 등에 대한 경험이나 지식이 부족하다면 사업실패에 직면할 가능성이 높다(Dyke, Fischer & Reuber, 1992). 기업운영자나 기업 소유주는 종종 일반적 관리 능력, 재무·운영전략 등에 있어서의 역량, 사업계획·수행 능력 등과 같은 사업 특유적 역량을 갖추지 못하고 있는 경우도 있다(Shonesy & Gulbro, 1998). 사업실패의 주된 요인으로 꼽히고 있는 것이 바로 잘못된 기업관리이다. 이에는 관리적 부적절, 무능력, 비효율성, 무경험 등이 있다.

기업차원에서 보면 신규기업은 고객, 금융기관 등의 자본원, 기타 외적 네트워크16)와의 외적 정당성을 설정해야만 한다(Singh & Lumsden, 1990).

을 테스트하기 위해 세 가지 유형의 조직퇴출(disbanding, absorption, and equal-status merger)에 대해 다섯 가지 모델(exponential, Weibull, gamma, generalized gamma, and log-logistic 모델)을 통해 실증분석을 하였다. 분석결과 Weibull, generalized gamma, log-logistic 모델에 있어서 퇴출률이 연령 증가에 따라 낮아짐을 알 수 있었다. Hannan & Freeman은 세 가지 종류의 퇴출에 대해 분석하였다. 해체(Disbanding)는 여타 기업으로 귀속되지 않고 해당 기업 자체의 조직구조를 분리시키는 것을 의미하며, 흡수(absorption)는 여타 기업의 일원이 됨으로써 기업이 조직을 상실한 것을 말한다. 인수(equal-status merger)는 두 조직체가 새로운 조직형태로 합치는 것을 의미한다. 노조와 반도체산업을 대상으로 한 실증분석에서 Hannan & Freeman은 분석모델에 조직규모를 포함시킨 상태에서 연령과 퇴출 간의 관계에 대해 분석하였다. 분석결과 조직규모가 유의한 효과를 갖는 것으로 나타났지만, 그것이 퇴출에 대한 연령의 효과를 줄이지는 못하는 것으로 나타났다. 따라서 조직의 연령이 증가함에 따라 조직의 생존율 또한 증가함을 알 수 있었다. 즉 신생조직은 보다 오래된 기설정된 기업보다 사멸할 가능성이 더 높은 것으로 나타났다.

16) 조직생존에 대한 외부조직의 중요성은 자원보호효과 측면에서도 살펴볼 수 있다. 일반적으로 보호효과란 환경의 나쁜 영향세력들을 차단시키는 것을 말한다. 자원보호효과란 조직이 물리적 자원, 정보 그리고 기술 등에 용이한 접근을 함으로써 환경의 압력을 차단시키는 것을 말한다. 조직은 자금, 인적자원, 기계, 정보, 기술, 제품, 그리고 서비스 등을 쉽게 제공해주는 다른 조직과 관계를 맺음으로써 보호효과를 가질 수도 있으며, 외부의 영향력 있는 세력들과 관계를 맺음으로써 환경의 압력을 차단시킬 수도 있다. 외부조직과의 연계성이 조직사멸에 미치는 영향에 대한 보다 자세한 내용은, Anne S. Miner, Terry L. Amburgey and Timothy M. Stearns(1990), "Interorganizational Linkages and Population Dynamics: Buffering and Tra-

보다 오래된 조직은 주주 및 고객, 공급업체, 기타 외적 네트워크 구성원들과 기설정된 관계를 갖고 있기 때문에 상대적으로 쉽게 우위를 점할 수 있다. 그러나 신생조직은 이러한 안정적인 관계성이 결여되어 있다. 이는 네트워크 구성원 간에 필요한 신뢰를 아직까지 구축하지 못했기 때문이다. 안정적인 관계성 결여와 신뢰성 부족으로 인해 신규조직이 능력 있는 노동자들을 고용하고 재무자원을 끌어들이는 데 있어 제약을 받게 된다.

한편 높은 신뢰성[17]과 예측가능성[18]을 지닌 조직은 환경의 도태과정에서 유리한 지위를 가지며 또한 재생산 가능성을 높여준다(Hannan & Freeman, 1984). 조직은 조직 내적으로는 학습과정, 조정과정 그리고 사회화과정 때문에, 그리고 조직외적으로는 정당화와 교환관계의 복잡성으로 인해서 조직구조의 재생산 가능성은 조직의 연령이 증가함에 따라 증가한다.

그러나 더 높은 재생산 가능성을 가진 조직구조는 더 큰 구조적 관성을 낳기 때문에, 조직은 연령이 증가함에 따라 관성도 높아진다. 그리고 환경의 도태과정은 구조적 관성을 지닌 조직을 선호하기 때문에 조직의 사멸률은 연령이 증가함에 따라 감소하며 결국 연령이 낮은 신생조직은 사멸률이 높아진다.

2.2.3.2 성장기의 불리성

개인 또는 조직뿐만 아니라 많은 사회관계는 다양한 형태의 자원인 신념, 신뢰, 재무적 자원, 심리적 몰입 등을 가지며 이와 같은 다양한 자원에

---

nsformational Shilds," *Administrative Science Quarterly*, Vol.35, 1990, pp.689-713.을 참조

17) 신뢰성(reliability)이란 "조직이 정해진 품질의 상품을 반복적으로 생산해 내는 고유한 능력"을 말한다. 환경이 불확실한 상태에서는 신뢰성이 효율성보다도 더 높이 평가받을 수 있다고 한다.

18) 예측가능성(accountability)이란 "조직이 자신의 자원 활용방식에 대한 의사결정과정을 재구축할 수 있는 능력"을 말한다. 즉 합리적 자원배분과 적절한 조직활동을 재생산할 수 있는 일관된 규칙과 절차가 있어야 한다는 것이다. 이는 특히 조직 창립기의 자원동원과정에서 분명히 나타난다고 한다.

맞는 다양한 형태를 가지고 조직의 활동을 시작한다.

많은 실증연구들은 조직의 연령과 사멸 간의 관계가 단조적인 부의 관계가 아니라고 주장하면서 연속적인 위험의 감소에 반론을 제기하고 있다. Bruderl & Schussler(1990)은 조직의 사멸률은 그 조직의 초기자원상태에 따라 설립 후 1년에서 15년 사이에 최고점에 이르며, 조직의 사멸과 연령은 역 U 자의 관계를 띤 성장기의 불리를 낳는다고 주장한다.[19]

그 외의 연구에서도 비모수의 위험률이 비단조적인 관계를 띠고 있음을 밝히고 있다(Singh, House, & Tucker, 1986; Fichman & Levinthal, 1991). 성장기의 불리는 조직이 활동을 시작하는 초기에는 사멸위험이 증가하고 그 이후에는 감소한다. 사멸위험의 감소는 신생조직의 불리와 비슷한 논리에서 가정될 수 있다. 그러나 초기의 사멸률의 증가는 초기자원이나 조직의 합리적인 행동에서 비롯된다.

즉 대부분의 조직은 새로운 관계를 형성하거나, 새로운 기술적 또는 행정적 구조를 형성하거나, 또는 체계적인 성과와 무작위적인 성과와의 차이를 구별하는 데는 상당한 정도의 기간이 소요된다는 것이다.

한편 초기자원은 새로운 조직이 그들의 기반을 확립하고 새로운 이해관계자들이 그들의 성과를 평가하는 데 도움을 준다. 그러므로 조직의 사멸률은 조직생애의 초기에는 거의 발견되지 않는다. 왜냐하면 첫째, 조직은 초기자원으로 얼마 동안은 살아갈 수 있는 힘을 가지고 있다.[20] 둘째, 조

---

19) 성장기의 불리성 개념과 이의 실증분석에 대한 보다 자세한 내용은, Josef Bruderl & Rudolf Schussler(1990), "Organizational Mortality: The Liabilities of Newness and Adolescence," *Administrative Science Quarterly*, Vol.35, 1990, pp.530-547.의 내용을 참조

20) Fichman & Levinthal(1991)은 신생조직이나 소규모조직들이 초기에 겪는 높은 사멸률은 조직의 초기 부존자원이나 조직 내 여유자원의 활용도에 의해 감소될 수 있다고 주장한다. 이들이 제시하는 자원 형태는 신념(beliefs), 신뢰(trust), 재무적 자원, 심리적 몰입(commitment) 등이 있다. 이러한 자원은 초기 사멸률을 줄여주는 역할을 하며, 조직에 밀월기(honeymoon period)를 제공한다. 밀월기의 지속성은 이러한 자원의 초기 보유정도에 달려 있다. 성장기의 불리성(liability of adolescence)에 대한 보다 자세한 내용은, Mark Fichman & Daniel A. Levinthal (1991), "Honeymoons

직은 그들의 나쁜 성과가 합리적인 이해관계자들에게 전달되기까지는 어느 정도의 시간이 소요되기 때문이다. 그러므로 초기의 조직 사멸률은 거의 발견되지 않는다.

Leblibici & Salancik(1982)은 거래관계를 시간과 관련지어 설명하면서 거래관계 초기에는 거래관계의 사멸률이 거의 없다고 주장한다. 즉 거래관계에서 교환의 결과가 실현되고 상대방에게 전달되는 데는 최소한의 시간의 경과를 내포하고 있기 때문에, 이 기간 동안에는 어떤 나쁜 결과에 의해서 체계적으로 영향을 받지 않으며 따라서 교환관계의 사멸률에도 영향을 거의 미치지 않는다.

2.2.3.3 성숙기의 불리성

신생기업의 불리성이나 성장기의 불리성에서는 조직 생애의 초기단계 이후 조직연령이 증가함에 따라 조직 사멸률이 단조적으로 감소함을 내포하고 있다. 조직의 연령과 사멸간 관계에 대한 또 다른 핵심주장은 성숙기의 불리성과 관련된 것이다.

이는 조직연령이 증가함에 따라 조직의 사멸률도 같이 증가하게 된다는 것이다. 성숙기의 불리성은 다음의 두 가지 이유 때문에 발생하게 된다 (Barron, West, & Hannan, 1994). 조직의 관성은 시간이 지남에 따라 조직의 변화하는 환경에 대한 적응 능력을 제한하게 되며, 이는 곧 "The liability of obsolescence"[21]로 나타나게 된다. 두 번째로 높은 간접비(over-

---

and The Liability of Adolescence: A New Perspective on Duration Dependence in Social and Organizational Relationships," *Academy of Management Review*, Vol.16. No.2, 1991, pp.442-468.을 참조

21) 성숙기의 불리성(liability of obsolescence)에서는 기업 연령이 증가함에 따라 기업 사멸률이 증가한다고 주장하고 있다. 이는 관성과 환경에 대한 초기 적합성이 잠식당하기 때문이다(Baum 1989). Baum(1996)은 환경에 대한 적합성에 대해 다음과 같이 설명하고 있다. "관성은 개별기업이 계속해서 환경에 대한 적합성을 갖도록 하는 데 있어 걸림돌이 된다. 환경변화는 신규기업의 진입기회를 제공하며 기존기업의 경쟁지위를 잠식하게 된다. 아이러니하게

head costs)와 축적된 규범과 루틴에 따른 증가된 마찰은 조직을 덜 효율적으로 만들게 되고, 이는 결국 "The liability of senescence"로 나타나게 된다.

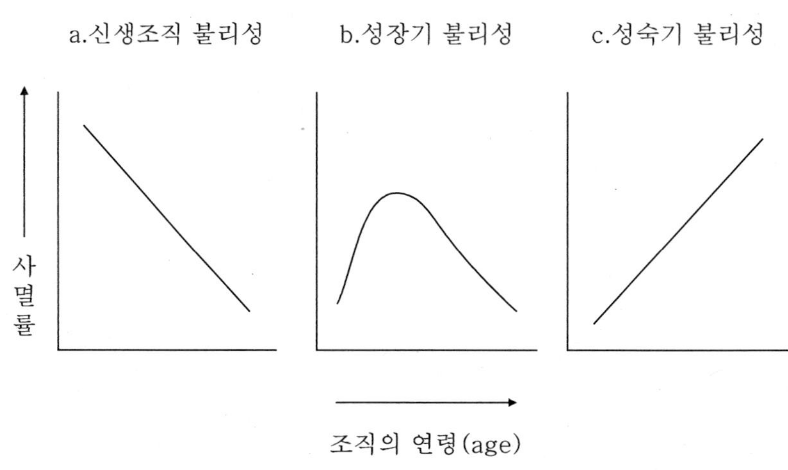

<그림 Ⅱ-1> 연령의존성과 사멸률간 관계

2.2.3.4 소규모조직의 불리성

신생조직의 불리와 더불어 조직사멸에 대한 중요한 연구는 조직의 규모는 조직의 사멸률에 체계적인 영향을 미친다는 것이다. 구조적 관성은 조직의 규모가 클수록 증가한다. 현대사회에서 환경도태과정은 구조적 관성이 큰 조직을 선호하게 되고, 구조적 관성이 큰 조직이 사멸률이 낮다. 그러므로 규모가 작은 소규모 조직은 사멸률이 높고 환경도태과정에서 불리한 위치에 있다(Aldrich & Auster, 1986; Hannan & Freeman, 1984).

소규모 조직은 규모가 큰 조직에 비해 몇 가지의 불리한 점을 가지고 있다. 첫째, 대규모 조직에게 더 유리한 세법은 소규모 조직을 불리하게 만들

도 조직이 환경에 대해 적합성을 갖기 위한 노력은 부가적인 위험을 수반하는데, 이러한 변화노력은 조직성과에 대한 신뢰성을 낮추며 주요 외적 관계성을 해치는 결과를 가져오게 된다(1996: 83)."

고, 둘째, 정부규제는 소규모 조직이 정부기관과 거래하는 데 있어서 더 많은 규제를 가하게 되며, 마지막으로 노동인력의 공급측면에서 볼 때 소규모 조직은 대규모 조직에 비해 장기적인 안정성이나 내부 노동시장의 결여 측면에서 불리한 위치를 가지고 있다(Aldrich & Auster, 1986).

규모와 사멸 간 관계에 대한 실증분석을 보면, Hannan & Freeman(1984)은 신뢰성에 대해 언급하면서 대규모기업들은 사멸가능성이 낮기 때문에 이로부터 우위를 갖게 된다고 주장하고 있다.

March & Simon(1958)은 기업의 성장속도, 조직의 크기에 따른 사회구조에서의 구별정도 등과 관련지어 설명하면서 사회에서의 기업의 위치를 설명하고 있다. 즉 시장에서 기업의 위치는 기업의 크기나 성장 등에서 나타난 객관적인 척도에 의해서 형성된 명성으로 결정되므로 규모가 큰 조직은 객관적인 명성을 획득하는 데 유리하다. 또한 Shrum & Wathnow(1988)는 수익성, 시장가치, 기업과 관련된 관계기관, 배당 수익률, 사회적 책임정도 등과 관련지어서 시장에서 형성된 객관적인 명성을 측정하고 있다.

Aldrich & Auster(1986)는 소규모기업들은 대규모기업들과 같은 성과를 잘 내지 못하며, 자본조달·높은 이자율 지급·높은 관리 비용·종업원 고용·훈련 등에 있어서의 상대적 불리점 때문에, 대규모기업들보다 사멸률이 높다고 주장하고 있다. Baum(1996)은 기업 규모가 대기업에게 장래의 의존성(dependability) 우위를 제공한다고 주장하고 있다.

Mahmood(1992)는 산업을 로우테크산업과 하이테크산업으로 분류하여 투자규모와 생존율 간의 관계에 대해서 살펴보았다. 연구 결과 양 산업 모두에 있어 초기투자규모가 생존율에 유의한 정의 효과를 갖는 것으로 나타났지만, 하이테크산업의 경우에 있어서 초기투자규모의 영향력이 더 큰 것으로 나타났다. 조직 진화론 관점을 취하는 연구들도 조직의 사멸률이 조직의 규모가 증가함에 따라 감소하고 있음을 주장하고 있다(Baum & Oliver, 1991).

Bercovitz & Mitchell(2002)에 따르면 보다 큰 기업의 경우 소규모 기업들에 비해 상대적으로 생존율이 높은 것으로 나타나고 있다. 이는 이들 기

42

업이 보다 풍부한 재무자원 가용성과 조직루틴 그리고 외적 연계성을 갖기 때문인 것으로 해석하고 있다.

Honjo(2000)는 신생기업의 사멸률에 대해 연구를 하였다. 연구 결과, 충분한 자본력이나 규모를 갖추지 못한 기업은 사멸 가능성이 높은 것으로 나타났다. 또한 높은 진입률을 보이는 산업에서는 생존이 상대적으로 더 어려운 것으로 나타났으며, 기업의 연령도 사업 실패율과 관계성을 갖는 것으로 나타났다.[22]

2.2.3.5 설립 시 조건

기업은 항상 사멸의 위험성을 안고 있으며, 환경변동성이 큰 시기에는 더욱 그러하다. 그러나 특정 유형의 기업들이 여타 유형의 기업들보다 사멸률이 높게 나타나기도 한다. 예로 신생기업은 상당히 높은 사멸률을 나타내는 것으로 알려져 있으며, 상당수의 연구들이 왜 이러한 현상을 보이는가를 규명하는 데 초점을 두고 있다(Romanelli, 1989[23]; Dune, Roberts & Samuelson, 1989; Mata & Portugal, 1994[24]; Sharma & Kesner, 1996).

---

22) Yuji Honjo (2000), "Business failure of new firms: an empirical analysis using a multiplicative hazard model," *International Journal of Industrial Organization*, Vol. 18, 2000, pp.557-574.

23) 설립 시 조건과 조직생존간 관계에 대한 가장 대표적인 연구로는 Romanelli(1989)의 연구가 있다. Romanelli(1989)는 조직설립 시 해당 조직의 생존가능성에 영향을 미치는 두 가지 요인들의 효과에 대해 분석하였다. 두 가지 요인은 ① 조직설립 시 환경적 자원과 경쟁의 조건, ② 환경적 조건을 활용하기 위한 조직의 전략이다. 연구결과, 신생조직은 환경적 조건에 적합한 전략을 구사함으로써 초기 사멸 위험을 극복하는 것으로 나타났다. 예로 산업매출이 증가할 때에는 일반주의 전략을 사용하는 기업이 생존가능성이 높으며, 산업매출이 하락할 때에는 공격적 조직보다는 효율적 조직이 더 높은 생존가능성을 보이는 것으로 나타났다. 설립 시 조건과 조직생존 간 관계에 대한 보다 자세한 내용은, Elaine Romanelli (1989), "Environments and Strategies of Organization Start-up: Effects on Early Survival," *Administrative Science Quarterly*, Vol.34, 1989, pp.369-387.의 내용을 참조

한 가지 흥미로운 추측은 기업 설립조건이 해당 기업의 생존가능성에 상당한 영향을 미치며, 이러한 조건의 유효성이 지속된다는 것이다(Romanelli, 1989; Hannan, 1998). Stinchcombe(1965)는 조직의 설립될 당시의 역사적 시기와 사회구조를 관련지어 설명하고 있다. 즉 조직의 설립 시에 사회구조의 특징은 이후의 조직과정에 영향을 미치며 이러한 과정을 통해서 조직은 제도화과정을 거치고 변화에 저항하게 된다.

이와 같은 설립당시의 조직마다의 차이가 나는 조건은 이후의 조직의 행동양상에 차이를 일으키는 주요 요인이 되며 또한 조직의 사멸에 영향을 미치게 된다. 조직설립 당시의 조건과 관련하여 Hannan & Freeman(1990)은 조직설립 시 조건이 다음 두 가지 형태로 영향을 미친다고 주장한다.[25]

---

24) Romanelli(1989)의 연구가 조직 설립당시의 환경적 조건과 경쟁조건이 조직 생존에 어떠한 영향을 미치며, 조직 생존가능성을 높이기 위한 조직의 전략으로는 무엇이 있는가에 연구의 초점을 두고 있다면, Mata & Portugal(1994)는 조직설립 당시의 산업조건에 분석의 초점을 두고 있다. 이들은 연구를 통해 신생기업의 사멸률이 산업성장률, 초기투자규모와는 좀의 관계를 가지며, 산업 내 여타기업의 진입 정도와는 正의 관계를 갖는다는 주장을 하였다. 이에 대한 보다 자세한 내용은, Jose Mata & Pedro Portugal (1994), "Life Duration of New Firms," *The Journal of Industrial Economics*, Vol.42, Issue.3, 1994, pp.227-245.의 내용을 참조

25) Hannan & Freeman(1977)은 조직의 도태과정을 논하면서 두 가지 쟁점을 주장하였다. 하나는 경쟁이론으로서 조직은 최적화과정을 추구하는데 이러한 과정을 통해서 조직의 형태는 조직환경에 동일성을 유지하며, 다른 하나는 적소폭 이론으로서 조직은 적소가 제공하는 조건에 따라 스페셜리스트 전략을 추구하거나 제너럴리스트 전략을 추구하며, 이러한 전략은 조직에 진화의 장점을 제공한다. 스페셜리즘은 한정된 범위의 자원을 이용하여 좁은 활동영역을 그리고 제너럴리즘은 광범위한 환경자원을 이용하여 상대적으로 넓은 활동영역을 가진다(Aldrich, 1979).
제너럴리스트 조직은 스페셜리스트 조직에 비하여 환경변화에 적용할 수 있는 여유자원을 더 많이 가지고 있다. 적응이론들은 대개 변화가 심한 환경하에서는 제너럴리스트 조직이 더 유리하다고 주장한다. 그러나 적소폭이론은 적응이론의 위 주장은 환경변화의 빈도가 낮은 경우에는 타당하지만 환경변동의 폭이 크더라도 빈도가 높은 경우에는 달라진다고 주장하고 있다. 즉 활용하는 적소들의 중첩되는 정도가 클 때에는 제너럴리스트가 유리하나, 활용되는 적소들의 중첩정도가 낮을 때는 역으로 스페

첫째, 결핍의 불리로서 설립 시에 강한 경쟁은 새로운 조직에게 더 강한 환경도태의 압력을 가하게 된다. 환경도태의 과정에서 살아남은 생존조직은 조직구조나 루틴을 공식화하는 데 불필요하게 자원을 투입하지 않아도 되며 또한 연령이 증가함에 따라 더 강한 조직으로 만든다. 둘째, 빽빽한 적소로서 밀도가 높을 때 적소는 빽빽하게 되며, 이때 새로운 조직은 기존의 조직들과 직접 경쟁할 수 없기 때문에 주변으로 물러나게 된다. 그 결과 새로운 조직은 주변의 낮은 환경에 적응하는 조직이 되고 그러한 환경에 계속 존속할 수 있는 조직구조를 지니게 되지만 이와 같은 과정은 조직의 사멸률을 높이는 원인이 된다.

2.3 해외투자기업의 생존과 철수에 관한 실증연구

2.3.1 경험과 학습

Li(1991)는 미국에 투자한 외국인투자기업과 미국기업간 생존율을 비교 검토하였다. 분석 결과, 미국 현지기업들보다 외국계기업의 생존율이 더 높은 것으로 나타났다. Li(1991)는 또한 외국계기업의 생존에 영향을 미치는 요인들에 대해서도 검토하였다. 미국에 처음으로 투자하는 기업들은 보다 오래 활동을 한 기업들보다 사멸률이 높은 것으로 나타나, 신생조직에 불리성이 있음을 확인하였다. 특히 외국계기업의 경우 신생 미국계기업들보다도 상당히 크게 신생조직의 불리성을 경험하는 것으로 나타났다. 기타 자회사 연령 요인 외에 진입방식, 소유권 유형, 문화적 거리감 등의 요인들

셜리스트가 더 유리하다고 주장한다(Davis & Powell, 1992: Free-man & Hannan, 1983).

도 외국인투자기업의 생존에 영향을 미치는 것으로 나타나고 있다.

Li(1995)는 또한 미국에 투자한 컴퓨터·제약회사들을 대상으로 생존과 성과에 대해 분석하면서, 초기 연구에서는 측정치 못한 다각화 요인과 학습요인을 추가하여 보다 세밀한 분석을 행하였다. 특히 다각화전략과 진입전략, 그리고 조직의 경험과 학습요인이 투자기업의 생존가능성에 어떠한 영향을 미치는가를 분석하고 있다. 분석 결과, 진입전략 측면에서는 신설투자보다는 인수나 합작투자를 통해 진입한 경우 퇴출률이 높은 것으로 나타났으며, 다각화측면에서는 모기업의 핵심사업라인과의 유사성이 낮을수록 퇴출률이 높게 나타났다. 또한 경험과 학습요인이 기업의 생존에 긍정적인 영향을 미친다는 주장을 하고 있는데, 처음으로 투자를 행하는 기업(first-time entrants)은 여러 번 투자를 행한 기업(repeated entrants) 보다 실패 가능성이 높음을 실증 분석하였다. 이를 통해 특정 투자 대상국에서의 투자경험을 지니고 있는 기업들은 처음으로 투자를 행하는 기업들보다 생존가능성이 높다고 주장하고 있다.

그러나 Li(1995)의 연구는 외적환경요인과 자회사 성과요인을 고려치 못하고 있으며, 경험요인 측면에서도 투자기업의 활동경험만을 고려하고 있다는 한계점을 안고 있다.

해외투자기업의 생존분석에 대한 여러 연구들 중에 경험요인을 보다 세분화한 연구로는 Shaver et. al..(1997)의 연구가 있다. Shaver et. al..(1997)는 생존에 대한 경험요인의 영향 분석을 통해, 투자 대상국에서 활동하고 있는 외국기업이 후발 투자기업에게 잠재적 가치를 가져다줄 수 있는 정보 유출효과(information spillover)를 발생시킨다고 주장하고 있다.[26)]

---

26) 투자기업의 생존에 관한 여러 실증분석에서는, 투자를 행하는 기업이 목표산업에서 이전 진입기업의 경험으로부터 혜택을 받을 수 있다는 점에 많은 주의를 기울이지 않았다. 후발투자기업들은 종종 초기 투자기업의 활동으로부터 학습을 할 수 있다. 왜냐하면 선행투자 기업의 활동으로부터 발생하는 정보의 상당부분이 공공지식화(public knowledge)하기 때문이다. 여타 후발기업들은 이러한 지식을 활용할 수 있게 된다. 이와 같은 비전유적 지식으로는 제품 시장 세그먼트에 대한 지식, 공급자에 대한 지식, 마케팅 관행, 유통체계 등

이 있다.

이전 선발 진입자의 경험은 여타 후발 해외투자기업이 모방할 수 있는 청사진 역할을 할 것이며, 지도역할을 하게 된다. 즉 후발 투자기업은 선행 투자기업의 성공과 실수로부터 학습을 하게 된다. 이와 같은 예로는 미국시장에 투자를 행한 혼다社의 사례를 들 수 있다. 혼다社는 미국시장에 투자를 행하기 전에 이전 투자 기업, 즉 폭스바겐의 미국시장 내 경영활동에 대해 철저히 분석을 하였다. 이러한 분석을 통해 혼다는 폭스바겐이 미국시장에서 실패를 하게 된 원인을 규명하였고, 이를 직접투자 시 활용하였다. 또한 혼다는 폭스바겐의 성공적 전략도 분석을 하여 이를 직접투자 시 충분히 활용하였다.

한편 이전 선발 투자기업의 경험으로부터의 혜택은 다음의 두 가지 경우에 발생할 수 있을 것이다. 첫째, 여타 투자기업의 경험으로부터의 혜택(benefit)은 목표산업 내 외국투자기업의 존재 정도에 따라 증가하게 될 것이다. 외국투자기업(foreign presence)들이 많이 존재하면 할수록, 성공 또는 비성공 관행(practice)의 예가 더 많을 것이다. 여타 외국진입기업 경험의 시사점을 이해할 수 있는 투자기업(investing firms)에 있어서, 정보유출은 더욱 정교해질 것이다. 또한 외국투자기업들이 많이 존재할수록, 새로이 진입하는 외국기업과 현지기업 간의 의사소통 갭이나 거래상의 어려움 등이 덜할 것이다.

두 번째는 여타기업의 경험으로부터 발생하는 정보유출(spillover)을 활용할 수 있는 기업의 능력과 관계된 것이다. 이 경우에는 다음의 두 가지 상황을 상정할 수 있다. 첫 번째 상황은 투자대상국에서의 경험이 없는 기업 간에는 관계가 없거나 관계가 약하다는 것이다. 왜냐하면 투자기업이 정보유출 우위를 이용·평가하기 위해서는 어느 정도 이상의 국가지식(above a country-knowledge threshold)을 소유해야 하기 때문이다. 두 번째, 투자기업이 투자대상국내에서 정보유출로부터 부가적인 혜택을 획득하기 위해서는 목표산업에 대한 적은 지식(below an industry-knowledge threshold)을 가지고 있어야 한다는 것이다.

첫 번째 상황의 경우, 투자대상국에서 이전 경영활동 경험을 가지고 있는 투자기업(investing firm)은 투자대상국에서의 경영활동이 없는 기업과 비교할 때, 정보유출로부터의 혜택을 더 많이 받을 수 있을 것이다. 투자대상국에서의 이전 활동은 정보유출(information spillover)을 해석하기 위해 필요한 투자대상국 환경에 대한 일반적 지식을 제공하기 때문이다. 이에 반해 투자대상국에서의 이전 경영활동 경험이 없는 기업은 투자대상국 내 여타 외국기업(other foreign firms)의 행동(action)을 잘 인식하지 못할 수 있다. 이들 기업들이 이전 투자기업의 행동에 대한 정보를 획득했다 하더라도 경영활동 환경에 대한 제한된 지식은 이러한 정보를 잘못 해석하게 할 수도 있다. 따라서 투자대상국에서의 경영활동 경험이 없는 기업들은 여타 외국기업의 존재성(presence)으로부터의 혜택을 거의 받지 못할 것이다.

여타 기업의 존재성이 투자기업의 생존에 미치는 영향은 다음과 같다. 첫째, 투자 대상국에서 이전 투자경험을 가지고 있는 투자기업은 해당국에 처음으로 투자하는 기업보다 생존가능성이 크다. 둘째, 해외투자는, 다음의 두 가지 상황에 따라, 투자 당시 목표산업에서의 외국인기업의 존재성이 클 경우 해외투자는 생존가능성이 크게 나타난다. ① 첫 번째 상황은 투자 대상국에서의 경험이 없는 기업 간에는 관계가 없거나 관계가 약할 것이다. 왜냐하면 이러한 기업들은 정보유출의 우위활용이나 정보유출의 평가 등에 있어서 어려움을 가질 것이기 때문이다. ② 두 번째 상황은 여타 외국기업의 존재는 이미 투자대상국에서 활동을 하고 있으며, 확장을 행하고 있는 기업들 간의 투자생존에 별다른 영향을 미치지 않는 다는 것이다. 왜냐하면 이들 기업들은 목표산업에 대한 일반적인 지식을 이미 소유하고 있으며, 정보유출로부터 부가적인 혜택을 획득을 획득할 수 없을 것이기 때문이다.

그러나 Shaver et. al..(1997)의 연구도 Li(1995)의 연구에서와 같이 자회사 특유적인 요인들을 고려치 못하고 있다는 한계점을 안고 있다. 연구의 초점을 경험요인에 두고 있기 때문이라 하지만, 자회사의 성과가 해당 자회사의 생존에 아주 중요한 영향을 미친다는 점을 고려했으면 하는 아쉬움이 있다. 또한 모기업의 무형자산의 정도를 파악하기 위해서는 광고집약도, 연구개발 집약도 등을 사용해야 하나, 자료의 제약성 때문에 모기업의 재무정보가 활용가능한지를 가지고 더미변수 처리하고 있다는 문제점을 안고 있다.

두 번째 상황은 투자대상국 목표산업에서 이미 활동을 하고 있는 기업은 여타 외국진입자들에 의해 발생된 정보유출(information spillover)로부터 새로운 지식을 거의 획득하지 못할 것이다. 이들 기업들은 이미 그들 자신만의 경험을 가지고 있기 때문에 여타 기업의 경험에 의존할 필요성이 없게 되는 것이다.

2.3.2 외국인비용

조직생태학 관점에 따르면 소규모기업이나 신생기업은 대규모기업이나 오랜 활동경험이 있는 기업들보다 상대적으로 높은 사멸률을 보이게 된다. 이와 같은 소규모조직의 불리성이나 신생기업의 불리성 외에도 외국인투자기업은 "외국인 비용"이라는 부가적 장벽을 극복해야 하는 내재적 문제점을 안고 있다. 외국인비용과 조직생태학과의 관계를 보면 외국인비용 개념은 조직생태학 관점 중 신생기업의 불리성과 깊은 연관성을 갖고 있다. 신생기업의 불리성은 자국기업뿐만 아니라 국제활동을 하는 기업에게도 적용된다.[27]

외국에서 활동하는 기업은 외국인 비용에 직면하게 되며, 이는 주로 환경적 비친숙성, 경제·정치·문화적 차이 등에 주로 기인한다. 외국인비용에 대한 대부분의 연구는 Hymer(1960)[28]와 Kindleberger(1969)의 연구, 즉 국제화 이론에 근간을 두고 있다. 국제화이론 관점에서는 외국기업의 거래비용이 국내 경쟁기업의 거래비용보다 상대적으로 크다는 점을 인식하고 있다. Caves(1971)와 Buckley & Casson(1976)은 외국인 기업이 투자대상국 시장에서 직면할 수 있는 특정 불리성을 극복할 수 있는 무형자산 규명에 연구의 초점을 두었다. 그러나 90년대 들어서부터 외국인비용에 대한 연구는 해당시장에서 특정 외국인비용을 직접적으로 규명하는 데 초점을 두고 있다(Zaheer, 1995; Zaheer & Mosakowski, 1997).

---

27) Deepak Sethi & Stephen Guisinger (2002), "Liabilities of Foreignness to Competitive Advantage: How Multinational Enterprise Cope with the International Business Environment," *Journal of International Management*, Vol.8, 2002, pp.223-240.

28) 외국인기업으로서 불리성을 갖는다는 아이디어는 Hymer(1960)의 연구에서부터 시작되었다. 하이머는 외국에서 활동하는 기업들은 모국에서 활동할 경우와 달리 피할 수 없는 비용에 직면하게 된다고 주장하였다. 외국에서의 활동에 따른 비용은 높은 조정비용, 현지문화와 여타 현지시장 특유적 요인에 대한 비친숙성, 정보네트워크의 부족 등의 요인으로부터 발생하게 된다. 따라서 외국기업은 현지기업 대비 경쟁적 열위에 놓일 수밖에 없으며, 이를 외국인비용(liability of foreignness)이라 한다.

　이들은 외국인비용의 한 요인으로 투자대상국의 제도적 측면을 강조하고 있다. 즉 투자대상국 시장의 제도적 규범(institutional norms)을 이해하지 못하거나 따르지 못하는 기업은 외국인비용을 경험할 가능성이 높다는 것이다. 외국기업이 투자대상국 환경에 적응하려 노력하지만 제도적 규범의 암묵적·국가 특유적 성격 때문에 사회·문화적 규범을 규명하고 이해하는 데 어려움이 따르게 된다.[29]

　일반적으로 외국인 비용은 다음의 네 가지 원천으로부터 발생하게 된다.[30] ① 공간적 거리와 관련된 직접적인 비용, ② 현지 환경에 대한 기초(roots)부족 및 현지환경에 대한 非친숙성에 기인한 기업특유의 비용, ③ 외국기업에 대한 합법성(legitimacy) 결여 등과 같은 투자대상국 환경으로부터 발생하는 비용, ④ 특정국가에 대한 고기술 판매 규제 등과 같은 투자국 환경으로부터 발생하는 비용 등이 그것이다.

　외국인 비용에서 주장하는 것은 여타 모든 조건들이 동일하다면 상기와 같은 요인들 때문에 외국기업은 현지기업보다 낮은 수익을 내게 되며, 심지어 낮은 생존율을 보일 것이라는 것이다. 외국인 비용을 극복하고 성공적으로 현지기업과 경쟁하기 위해서 다국적기업은 그들의 자회사에 기업특유의 우위를 제공해야 한다는 주장이 계속 제기되어 왔다. 이러한 기업특유의 우위는 주로 조직 또는 관리적 역량의 형태를 띠고 있다(Buckley & Casson, 1976; Caves, 1982; Dunning, 1977; Hennart, 1982). 특히 자원베이스 이론에서는, 실제적인(substantial) 경쟁우위를 제공하는 데 있어서 기업 특유의 자원과 조직역량의 중요성을 강조하고 있다.

---

29) Luo Yadong (2002), "Liabilities of Foreignness: Concepts, Constructs, and Consequences," *Journal of International Management*, Vol.8, 2002, pp.217-221.

30) 이와 유사하게 Zaheer(1995)와 Matsuo(2000)은 외국인 비용이 다음의 세 가지로부터 발생하게 된다고 주장하고 있다. ① 문화와 언어의 차이, ② 경제적·정치적 규제, ③ 모기업과 자회사 간 공간적(spatial) 차이. Eden & Miller(2001)는 환율변동, 상대적 생산비 차이 등은 외국인비용으로 고려될 수 없으며, 외국인비용은 투자대상국 환경에 대한 비친숙성이나 차별적 위험(discrimination hazard)으로부터 발생한다고 주장하고 있다.

2.3.2.1 현지기업과 외국기업간 퇴출률 차이

외국인비용과 관련된 대표적 연구로는 Zaheer(1995)의 연구가 있다. Za-heer(1995)는 경쟁적이면서도 글로벌하게 통합된 환경 속에서 활동하고 있는 기업이 실제로 외국인비용에 직면하는지, 그리고 이러한 외국인 비용을 극복하기 위해 어느 정도까지 본사의 조직 역량 또는 성공적 현지기업의 경영관행을 답습(Copying)하게 되는지를 살펴보고 있다. 연구를 위해 뉴욕과 동경에서 활동하고 있는 주요 서구 및 일본은행의 외환거래소를 대상으로 분석하고 있다.

연구결과 외국인 비용이 존재함을 확인할 수 있었고, 동시에 자회사가 직면하는 외국인 비용을 극복하는 데 있어 기업의 관리적 유산(모기업)이 중요한 역할을 함을 알 수 있었다. 그러나 여타 성공적 현지기업의 성공적 경영관행을 답습하는 데는 어려움이 존재하는 것을 알 수 있었다.

Zaheer(1995)의 연구가 외국인비용의 존재성과 외국인비용 극복을 극복할 수 있는 요인 규명에 초점을 두고 있다면, Zaheer & Mosakowski(1997)의 연구는 외국인비용과 기업의 생존에 대해 살펴보고 있다. 이들은 전 세계 은행간 외환거래소를 대상으로 외국인비용이 생존에 어떠한 영향을 미치는가를 분석하고 있다. 연구 결과, 외국인비용이 존재함을 알 수 있었고, 이러한 외국인비용이 시간의 흐름에 따라 변화하는 것으로 나타났다. 또한 조직요인과 전략적 요인, 그리고 입지관련 요인 등이 생존에 두드러진 영향을 미치는 것으로 나타났다.

현지기업과 외국기업간 퇴출률을 비교한 또 다른 연구는 Mata & Por-tugal(2002)의 연구가 있다. 이들은 포르투갈 내에서 활동하는 현지기업과 외국기업간 생존패턴을 분석하였다. 기업 수, 산업특성 등을 통제한[31] 분

---

31) Mata & Portugal(2002)은 신생 외국기업과 자국기업간 생존율 차이를 분석하였다. 즉 이들은 신생기업의 생존 결정요인에 대한 분석과 함께 외국인비용이 신생 자국기업과 신생 외국기업의 생존율 차이를 설명할 수 있는가에 대해 살펴보고 있다. 연구 결과, 기술집약도, 기업 규모, 진입방식, 모기업 다각화, 산업성장률, 산업집중도 등이 생존 결정요인으로 작용하는 것을 알 수 있

석에 따르면 외국기업과 현지기업간 총퇴출률에 있어서의 차이점을 발견하지 못했다.

Pennings et. al.(1994)은 상기 연구자들과는 약간 다른 연구디자인을 사용했는데, 네덜란드계 현지기업과 네덜란드계 다국적기업 자회사를 대상으로 비교 연구하였다. 이들은 분석을 통해 네덜란드 내에 있는 자회사들이 여타 외국에 있는 자회사들보다 상대적으로 낮은 퇴출률을 보임을 제시하였다. 그러나 이들은 퇴출 유형을 구분치 않고 전체 퇴출을 대상으로 하고 있으며, 대상 시장의 경제적 조건을 통제치 못하고 있다는 한계점을 안고 있다.

2.3.2.2 해외 자회사간 퇴출률 차이

이미 살펴본 바와 같이 외국인 비용의 주된 원인 중 하나가 바로 현지시장에 대한 투자기업의 지식 부족이다. 이러한 지식부족은 투자대상국과 모국 간 문화적 거리감에 따라 정도가 다르다(Johanson & Vahlne, 1977). 따라서 외국인비용이 존재하는지를 테스트할 수 있는 또 다른 방법은 특정 투자대상국내 특정국 투자기업들의 퇴출률 차이를 비교하는 것이다.

이러한 방법은 여러 연구에서 사용되어 왔지만 상이한 결과를 나타내고 있다. Barkema et al.(1996)은 네덜란드계 225개 해외자회사들의 퇴출률에 대해 분석하였다. 이들은 모국과 문화적 거리감이 큰 국가에 투자한 자회사들이 퇴출률이 높다는 결과를 얻었다.

Park & Park(2000)은 2,090개 한국기업 자회사의 퇴출률에 대해 분석하였다. 진입방식, 경제적 조건, 모기업 특성 등과 같이 퇴출에 영향을 줄 수 있는 여러 요인들을 통제한 상태에서 분석한 결과, 문화적으로 거리가 먼

었다. 그러나 외국기업과 자국기업간 생존율에 있어서는 양자간 차이가 존재치 않으며, 동일한 퇴출 패턴을 보이는 것으로 나타났다. 이에 대한 자세한 내용은 Mata, J., & Portugal, P.,(2002), "Survival of new domestic and foreign-owned firms," *Strategic Management Journal*, Vol.23, 2002, pp.323-343.을 참조.

국가에 투자한 기업과 문화적 근접성이 높은 국가에 투자한 자회사간 퇴출률에 있어 유의한 차이가 없는 것으로 나타났다.

Larimo(2000)은 50여 개국에서 활동하고 있는 덴마크, 핀란드, 노르웨이, 스웨덴계의 2,600개 해외자회사들의 퇴출률에 대해 분석하였다. 분석 결과, 문화적 거리감이 퇴출률에 실제로 영향을 미치는 것으로 나타났다.

외국인비용의 존재성을 알 수 있는 또 다른 분석 방법은 특정 대상국내 외국인 기업들의 퇴출률을 비교하는 것이다. Li(1995)는 미국 내에서 활동하고 있는 다국적기업들(제약회사와 컴퓨터업체)의 퇴출률 차이에 대해 살펴보고 있다. 그는 다른 모든 조건이 동일하다면 미국과 문화적 거리감이 큰 일본기업들이 여타국에서 온 자회사들보다 상대적으로 높은 퇴출률을 보일 것이라는 가정을 하였다. 분석 결과, 일본기업들의 총퇴출률이 여타국에서 온 자회사들의 퇴출률보다 통계적으로 높지 않은 것으로 나타났다.

Hennart et al.,(1997)은 미국 내 유럽계와 일본계 자회사들의 퇴출에 대해 비교 분석 하였다. 그는 미국과 문화적으로 거리감이 큰 일본계 기업의 퇴출률이 유럽계보다는 높을 것이라는 가정을 하였다. 퇴출에 영향을 줄 수 있는 여타 요인들을 통제한 상태에서 행한 분석 결과, 문화적 거리감과 퇴출률 간에는 아무런 연관성이 없는 것으로 나타났다. 즉 일본계 기업과 유럽계 기업 간 퇴출률상의 차이는 존재하지 않는 것으로 나타났다.

2.4 기존 연구 요약 및 한계점

지금까지 해외투자기업의 철수와 생존에 대한 기존 연구들을 살펴보았다. 특히 조직사멸에 대한 조직군 생태학이론에 대해 깊이 있게 살펴보았다. 이미 살펴보았듯이 조직군 생태학 이론은 조직학뿐만 아니라 경제학 분야에서도 최근 각광 받고 있는 이론이라 할 수 있다. 이를 통해 조직의 생존과 사멸, 조직의 발전을 설명할 뿐만 아니라 산업차원의 산업진화에 대해서도 설명하고 있다.[32]

이미 살펴본 조직군 생태학 이론과 최근에 국제경영분야에서 연구되어온

---

32) 경제학, 특히 산업조직 분야에서 기업생존에 대한 연구가 활발하게 진행되고 있다. 동 분야에 있어서 대표적인 연구들을 소개하면 다음과 같다. 우선 포르투갈 제조업을 대상으로 한 Mata & Portugal(1994)은 1982년도의 기업자료를 대상으로 해저드모델을 이용하여 분석함으로써 신생기업의 생존기간에 미치는 요인들을 처음으로 분석하였다. 또한 Mata, Portugal, & Guimaraes(1995)는 1983-89기간 7년간의 신규공장의 코호트를 이용하여 신생기업의 생존기간을 실증 분석하였다. Audretsch & Mahmood(1995)의 연구는 신생기업의 시장진입 후 성과를 기술·시장구조 환경뿐만 아니라 기업고유의 특성과 관련지어 분석하고 있다. 또한 Audretsch, Houweling & Thurik(1997)는 1978-92년간의 네덜란드 제조업 자료를 이용하여 신생기업의 생존을 기업효과와 산업효과로 구분하여 실증분석하고 있다. Agarwal & Gort(1999)는 3,435개의 불균형 패널자료를 이용하여 해저드율을 분석하였다. 기업생존의 결정요인을 기업특성과 산업특성으로 구분하고 제품수명주기의 각 국면에서 해저드율의 패턴을 설명하는 데 있어서 기업고유의 변수의 역할을 분석하였다. Honjo(2000)는 해저드모델을 이용하여 1986-1994년 기간 중 일본 도쿄에 소재한 신생 제조기업의 기업실패(business failure) 결정요인을 추정하였다.
　한편 특정 산업에 대해서 기업의 생존문제를 분석한 몇몇 연구가 있다. 이들은 컴퓨터산업, 정유산업, 은행산업 등 다양한 산업을 생존분석 기법을 이용하여 분석하였다. Das & Srinivasan(1997)은 인도 컴퓨터하드웨어산업의 기업의 생존기간을 분석하였으며 Chen(2002)의 연구는 산업전체가 원유시장의 통제해제에 따라 쇠퇴하고 있었던 1981-1986년 기간의 미국 석유정제기업의 생존기간을 실증분석하였다. 또한 Santarelli(2000)은 은행산업에 있어서 신생기업의 생존기간을 콕스해저드모델을 이용하여 실증 분석하였다.

해외투자 자회사의 생존과 관련된 연구를 중심으로 한계점을 제시하면 다음과 같다.

먼저 조직군 생태이론은 조직 생성과 사멸에 초점을 두고 있다. 따라서 조직성장과의 연계성이 부족하다는 문제점을 안고 있다. Barron et. al.,(1994)는 조직성장에 있어서의 자원의 중요성을 강조하고 있다. 즉 자원 획득·활용 정도가 조직성장 및 사멸에 영향을 미친다고 주장하고 있다.

그러나 기존 연구에서는 이러한 연계성의 중요성을 인식하면서도 실증분석을 하지 못하고 있다는 한계점을 보이고 있다. 본 연구에서는 조직생태이론과 함께 자원준거이론을 통해 기업의 성장과 사멸에 대한 자원의 중요성에 대해 분석하고자 한다.

둘째 조직생태학 관점은 특정시점(예로 진입 시점 또는 퇴출 시점)에 있어서의 정태적 조건(밀도, 조직연령, 조직 규모 등)에 주된 초점을 두고 있으며, 기업의 성장이나 자원 축적 등과 같은 동태적 요인을 고려치 못하고 있다는 한계점이 있다. 특정시점에 있어서의 초기조건이 투자기업의 전 생애를 결정한다는 관점도 중요하지만 시간의 흐름에 따라 환경에 대한 채택과 학습 또한 기업의 생존율에 결정적인 영향을 미친다는 관점도 고려할 필요가 있다. 이에 본 연구에서는 자원기반 이론에 근거하여 모기업의 자원기반이 자회사의 생존에 어떠한 영향을 미치는가를 살펴보고자 한다.

셋째, 조직생태학을 연구하는 학자들은 조직(population)내 기업들이 직면하게 되는 체계적 불리성(systematic liabilities)에 대해 연구해 왔으며, 이들이 연구하는 요인들은 연령(Stinchcombe, 1965: Freeman, Carroll & Hannan, 1983: Hannan & Freeman, 1989), 규모(Hannan & Freeman, 1977: Aldrich & Auster, 1986: Hannan & Freeman, 1989: Barnett & Amburgey, 1990) 등과 같이 통제 가능한 요인들이다. 이들 조직생태학 관련 연구의 대부분은 단일국 또는 반도체 산업(Hannan & Freeman, 1989) 등과 같이 글로벌 경쟁의 성격을 띠는 단일 산업을 대상으로 하고 있으며, 경쟁자가 외국기업인지 현지기업인지 구분치 않고 있다.

넷째, 조직의 사멸을 분석함에 있어 기업의 전략적 선택을 제대로 고려치 않고 있다는 점이다. 기업은 항상 사멸의 위험성을 안고 있으며, 환경변 동성이 큰 시기에는 더욱 그러하다. 그러나 특정 유형의 기업들이 여타 유형의 기업들보다 사멸률이 높게 나타나기도 한다. 예로 신생기업은 상당히 높은 사멸률을 나타내는 것으로 알려져 있으며, 상당수의 연구들이 왜 이러한 현상을 보이는가를 규명하는 데 초점을 두고 있다(Romanelli, 1989; Dune, Roberts & Samuelson, 1989; Mata & Portugal, 1994; Sharma & Kesner, 1996).

한 가지 흥미로운 추측은 기업 설립조건이 해당 기업의 생존가능성에 상당한 영향을 미치며, 이러한 조건의 유효성이 지속된다는 것이다(Romanelli, 1989; Hannan, 1998). 이들 대부분의 연구는 환경적 조건에 초점을 두고 있으며, 일부 연구만이 진입 시 전략선택에 초점을 두고 있다.

다섯째, 글로벌 시장에서의 조직생존에 대해서는 제한된 연구들만이 조직 수준의 요인, 즉 조직의 이전 경험, 진입방식 선택, 조직 생존에 대한 문화적 환경의 영향 등에 초점을 두고 있다(Mitchell, Shaver & Yeung, 1992; Li, 1995; Barkema, Bell & Pennings, 1996; Zaheer & Mosakowski, 1997; Delios & Beamish, 2001). 1904~1973년 동안 투자를 행한 미국계 유럽자회사에 대한 Delacroix(1993)의 연구 외에는 여러 분석 단위를 통합하여 조직의 생존에 대해 연구를 한 것은 거의 없는 실정이다.

여섯째, 조직생존에 대한 전략요인의 영향력을 분석함에 있어, 기존 연구들은 자기선택성을 고려치 못하고 있다. 생존과 관련해서 아직까지 진입방식별로 어떠한 방식이 보다 오랜 생존을 보장한다는 연구는 없는 실정이다. Li(1992)의 경우 완전소유 방식보다는 인수나 합작방식의 경우 퇴출률이 더 높다는 연구결과를 제시하고 있다. 그러나 이러한 연구결과는 투자기업의 자기선택성을 고려치 못하다는 한계점을 안고 있다(Shaver, 1997). 자기선택성을 고려할 경우 특정 투자방식이 다른 투자방식보다 더 우월하다고 할 수 없는 것이다. 따라서 자기선택성에 대한 고려 하에 진입방식별로 생존에 어떠한 영향을 미치는가를 살펴볼 필요가 있다.

Ⅲ
해외투자 자회사의
철수 결정요인
분석

3.1 이론적 배경

본 연구에서는 중국에 투자한 한국기업 자회사의 철수를 설명하는 데 있어 조직생태학 관점을 핵심 이론적 배경으로 하고 있다. 조직생태학 관점 이외에 전략적 관점과 자원기반관점을 도입하여 통합적 관점에서 자회사 철수를 분석하고 있다. 다음은 자회사 철수에 관한 각 관점의 핵심적 이론 배경을 제시하고 있다.

3.1.1 전략적 선택 이론(Strategic choice theory)

본 절에서는 해외투자 자회사의 생존과 철수를 결정짓는 주요 전략적 요인을 도출하기 위해 관련 문헌을 살펴보고 있다. 많은 국제경영 관련 연구들은 주로 국제적 확장 결정요인에 초점을 두고 있으며, 자회사 생존 결정요인 규명이나 생존에 대한 전략적 선택의 효과에 대한 연구는 극히 일부에 지나지 않는다(Delacroix, 1993). Johanson & Vahlne(1977)은 국제적 확장을 지식 개발 또는 점진적 실행의 과정으로 설명하고 있다. 지식의 결여는 국제적 활동에 있어 효율적 의사결정을 내리는 데 있어 장애물로 작용한다는 것이 국제화 모델의 기본 주장이다. 국제 활동과 관련된 지식은 해외시장에서의 활동경험을 통해서만 획득할 수 있다. 충분한 지식 확보는 효율적 전략선택으로 이끌며, 이는 곧 우월한 성과로 나타난다.

기업 활동이 국제화함에 따라, 기업 관리자는 동일 제품라인으로 진출할 것인가 아니면 다각화된 분야로 진출할 것인가를 결정해야 한다. 새로운 자회사의 사업라인은 모기업의 사업라인과 다를 수 있다. 자회사 제품라인이 모기업 핵심 사업라인과 연관성이 없으면 없을수록 불확실성은 더욱 커지게 된다(Caves, 1982).

Bane & Neubauer(1981)는 새로운 해외투자 활동의 실패에 대한 제품다각화의 영향을 검토한 결과 모기업 사업과 상이한 사업분야로의 다각화는 사업실패 가능성을 높일 수 있다는 주장을 하고 있다. 기존 연구결과들을 종합해 볼 때, 다각화 전략은 자회사 생존과 성과에 영향을 미치는 중요한 결정요인으로 작용함을 알 수 있다.

다각화 전략과 마찬가지로 진입전략 또한 중요한 생존·성과 결정요인으로 자리잡고 있다. 진입방식이 자회사 성과에 어떠한 영향을 미치는가에 대한 연구는 많지만, 성과에 어떠한 영향을 미치는가를 체계적으로 분석한 연구는 그리 많지 않은 실정이다. 적당한 진입전략 선택은 해외활동 성공 가능성의 중요한 결정요인이다(Root, 1987). 인수, 합작투자, 신설투자 등의 진입전략 선택은 해외자회사 생존과 관련되어 있다. 이는 진입방식 각각이 기대된 위험수준과 조정비용 등의 측면에서 각기 다르기 때문이다. Wilson(1980)은 하버드 대학 다국적기업 프로젝트 데이터를 이용하여, 진입전략 선택과 생존 간 관계에 대해 분석하였다. 분석 결과 신설투자기업이 인수기업보다 청산가능성이 낮다는 결론을 내렸다. Delacroix(1993)도 동일한 데이터를 이용하여 Wilson(1980)의 연구결과와 동일한 결론을 도출하였다. 이러한 연구들을 종합할 때, 진입전략 선택은 자회사 생존과 성과에 중요한 영향을 미치는 것을 알 수 있다.

진입시점 선택과 관련해서는 진입시점과 성공 간의 합의된 결론은 없지만 일반적으로 초기 진입 기업이 경쟁자보다 더 많은 혜택을 가질 수 있다는 가정이 지지를 받고 있다. 특정시장에 경쟁자들보다 먼저 진입하는 기

업은 자원 선취, 투자국내 구성원들에 대한 영향력 행사, 학습의 경제성 등
으로부터의 혜택을 향유할 가능성이 높다. 또한 초기 시장 진입 외국기업
의 경우 관계 설정뿐만 아니라 정책이나 제도 등이 그들에게 유리하도록
영향력을 행사할 수 있다. 물론 진입시점 선택과 생존·성과 간 관계에 대
한 분석을 위해서는 기업 특유적 요인과 산업 특유적 요인, 국가 특유적
요인들을 충분히 고려해야 한다.

3.1.2 조직생태학 이론(Organizational ecology theory)

자원준거관점에서 권력 최대화(power maximization)가 조직의 성공을
결정하고, 효율성 관점에서는 효율성이 조직의 성공을 결정하는 요인으로
보고 있다. 그러나 조직 생태학 관점에서는 조직의 성공을 생존으로 보고
있다.[1] 조직 생태학에서는 생존분석에 있어 두 가지 상호연계성을 갖는 개
념을 제시하고 있다. 분류(classification)와 선택(selection)이 그것이다. 첫
째, 조직생태학 관점은 개별 조직들이 공통된 조직 형태에 근거한 군집
(population)으로 분류할 수 있음을 가정한다. 군집으로 조직을 분류함으로
써 군집 내 또는 군집 간 조직행동을 보다 정확히 설명할 수 있다. 일단
조직이 군집으로 그룹화 되면, 군집, 적소, 환경 간 동태적 관계와 장기적
인 조직생존을 살펴볼 수 있다고 가정하고 있다,

둘째, 조직생태학 관점은 조직변화의 진화 이론을 포함하고 있다(Astley
& Fombrun, 1983). 즉 조직생태학은 기본적으로 환경선택과정(selection
processes)이 조직의 역동적인 다양성에 영향을 미치는 진화과정을 포함하
고 있다.

---

1) 각 조직이론들의 핵심주장과 논리 비교에 대한 자세한 내용은, David Ulrich
& Jay B. Barney (1984), "Perspectives in Organizations: Resource
Dependence, Efficiency, and Population," *Academy of Management
Review*, Vol.9. No.3, 1984, pp.471-481.의 논문을 참조

조직생태학 개념 내 조직선택과 변화의 진화모델은 조직군집과 그들의 적소 그리고 환경 간 관계성에 초점을 주고 있다. 환경은 조직이 생존하기 위해 그리고 선택되어지기 위해 따라야만 하는 전략적 경로(strategic path)를 규정한다.

적소는 생존하기 위해 필히 끌어 들여야만 하는 자원을 제공한다. 제한된 환경적 자원으로 인해 적소가 유지할 수 있는 조직 수가 제한받게 되며, 이의 결과 어떤 조직은 사라질 수도 있고 어떤 조직은 생존할 수도 있게 된다.

이러한 차별적 선택(differential selection)으로 이끌게 되는 환경조건과 군집 특성 간 관계성을 선택 메커니즘(selection mechanisms)이라 한다. 시간의 경과에 따른 조직과 군집의 진화는 선택 메커니즘에 의해 정의된다.

한편 조직군집(organizational population)의 성장은 진입률(설립)과 퇴출률(사멸)간 차이에 의한다. 조직사멸률은 연령에 의해 강하게 영향을 받는다. 즉 군집 내 평균 사멸률은 군집의 연령(age) 분포에 따른다. 조직 설립과 사멸에 대한 밀도의존 모델은 ① 정당성과 경쟁 과정이 사멸률과 설립률을 형성하며, ② 정당성과 경쟁의 과정은 군집 내 밀도에 의존한다는 가정을 취하고 있다(Hannan & Freeman, 1989). 밀도의존 모델은 Hannan & Carroll(1992)에 의해 보다 발전된다.[2]

---

2) Hannan and Freeman는 조직의 성장이 curvilinear한 형태를 따른다는 것을 보여주기 위해 밀도의존성의 개념을 사용하였다. 초기단계에 있어서는 창업률이 낮고 사멸률이 높은데, 이는 신생조직의 불리점과 제도적 경험의 부족 때문이다. 새로운 조직체는 신뢰성과 정당성이 부족하다. 그러나 유사한 형태의 조직체 수가 증가함에 따라 정당성이 증가하게 되고 창업률도 증가하게 된다. 따라서 조직밀도는 초기에 있어서 조직성장률에 정의 영향을 미치나 후반에 접어들면서부터는 부정적인 영향을 미치게 된다.
　밀도의존성은 조직의 사멸률이 조직군 내 조직의 수나 밀도에 의존적이라는 것을 말한다. Hannan & Freeman은 조직군 등장 초기에는 조직군 내 조직체 수가 적기 때문에 밀도가 낮다고 주장한다. 조직군 자체가 신규조직이기 때문에 정당성이 결여되어 있으며, 여타 조직들은 해당 조직군내로의 진입을 주저하게 된다. 그러나 정당성이 증가함에 따라 많은 조직체들이 조직군 내로 진입하게 되며, 이는 조직군 밀도를 증가시키게 된다. 밀도가 증가하고 자원

동 모델에 따르면, 경쟁과 정당성의 수준은 군집 내 조직체 수에 따라 그리고 환경조건에 따라 다양하게 나타난다. 정당성 과정은 밀도가 낮은 수준에서는 밀도 증가에 따라 퇴출률이 하락하도록 하는 요인으로 작용하지만 밀도증가에 따른 경쟁심화로 인해 사멸률이 증가하게 된다.

조직군집의 정당성은 다음의 두 가지 의미를 갖는다. 먼저 조직체 형태(organizational form)는 해당 조직구조와 루틴이 이미 제도권 내에서 수용된 제도적 규범을 따를 때 정당화된다. 이런 의미에서 보면 제도화는 일련의 규범 내지는 제도적 동질성(institutional isomorphism)[3]에 대한 순응을

가용성이 증가함에 따라 사멸률은 하락하게 된다. 그러나 자원의 유한성 때문에 높은 밀도를 유지할 수 없게 된다. 이때 자원에 대한 경쟁이 발생하게 되고 사멸률은 증가하게 된다. 따라서 밀도와 사멸률 간에는 비단조적(nonmonotonic)인 관계를 갖게 된다.

노조관련 데이터를 이용한 실증분석은 Hannan & Freeman의 가정을 지지하고 있다. 이들은 초기 설립유형이 해체율에 강한 영향을 미친다는 것을 밝혀냈다. 노조에 대한 법적 보호(법적보호는 정당성의 증가를 나타내는 지표임)가 증가함에 따라 노조원 수가 증가하게 되고, 해체율은 감소하게 된다. 더구나 기간, 환경조건, 설립조건 등의 강한 효과가 있는 상태에서 밀도 효과 추정치는 안정적이며 유의한 것으로 나타났다. 대부분의 노조에 있어 증가된 정당성 정도가 경쟁 정도를 압도하는 것으로 나타났다.

반도체 기업들을 대상으로 한 실증분석을 통해 사멸률에 있어 비단조적(nonmonotonic)인 밀도의존성이 존재함을 밝혀냈다. 자회사들의 높은 밀도는 독립기업들의 퇴출률을 증가시키는 것으로 나타났다. 이는 신생 독립기업에 있어 신생기업의 불리성과 경쟁 증가 효과가 결합된 결과로, 신생 독립기업들의 자원에 대한 낮은 접근가능성 등의 이유로 인해 기존 자회사들에 의해 퇴출당하게 된 것이다. Hannan & Freeman은 기존 자회사들에 의한 증가된 경쟁은 독립기업들로 하여금 제휴를 형성하도록 하는 유인이 될 수 있다고 주장하고 있다. 그러나 일단의 자회사들로부터의 약한 경쟁적 압력은 독립기업들로 하여금 기존의 거대 기업들과 경쟁하기보다는 자회사화 하도록 할 수도 있다. 따라서 독립기업들이 자회사화함에 따라 자회사들의 수가 증가하게 되고 독립기업들의 수가 감소할 수 있다. 전체적으로 보면 연령에 대한 의존성이 조직 사멸률을 결정하는 주요 요인이지만, 조직사멸률에 영향을 미치는 또다른 부가적 요인으로서 정당성과 경쟁요인이 존재함을 알 수 있다.

3) Hannan & Freeman은 조직이 환경의 변화에 탄력적으로 적응하지 못하는 몇 가지 이유를 지적하고, 이를 바탕으로 환경과 조직구조의 관계에 대한 이론을 제기하였다. 이들에 의하면 조직은 환경의 일방적인 선택에 대해 무능력한 존재이기 때문에, 환경의 다양성과 조직형태의 다양성 사이에는 소위 '構造

의미한다고 볼 수 있다(DiMaggio & Powell, 1983).

둘째, 조직형태는 당연한(taken for granted) 특성을 획득할 수 있는 정도까지 제도화된다. "제도논리(institutional argument)"는 정당성이 조직의 생존기회를 높인다는 주장을 하고 있다. 정당성4)은 환경으로부터의 자원 흐름 유지상의 문제점들을 완화시켜 주고, 외부도전 극복능력을 높여 주게 된다. 조직형태가 당연한 지위를 획득하기 위한 과정은 최소한 두 가지 종류의 활동을 포함한다.

첫째는 군집구성원들에 의한 집단적 행동(조직형태를 정의하고, 경쟁관계에 있는 라이벌 군집에 의한 공격을 방어하기 위한 행동)이다. 두 번째는 집단적 학습(효율적 루틴과 사회적 구조를 집단적으로 표방하기 위한 학습)이다(Scott, 1987; DiMaggio & Powell, 1983). 두 가지 종류 활동의 강도는 밀도에 따라 다르게 나타난다.

조직체 수의 증가는 제도적 확립을 주장할 수 있는 힘을 주며, 정치적·법적 행동에 있어 규모의 경제성을 제공한다. 집단적 행동을 위한 능력은 밀도증가와 비례적으로 늘어나게 된다. 집단적인 조직체를 만들고 상호 혜택적인 사회를 형성하게 되면서, 신규가입자들이 해당 시장에 진입하게 된다. 진입자는 협회나 구성원들이 유용한 가이드와 협조를 제공함을 알게 된다.

한편 해외투자기업이 투자대상국에서 정당화된다는 것이 무슨 의미를 갖는지 생각해볼 필요가 있다. 이를 살펴보기에 앞서 다음의 두 가지 측면을

同一性(isomorphism)'이 나타난다. 환경에 적응하려는 조직들의 노력과 상관없이 환경은 스스로 최적인 조직을 선택해 버리기 때문에 환경과 조직 간의 구조동일성은 필연적이라고 보는 것이다.

4) 조직생존과 성장에 대한 정당성(legitimacy)의 중요성에 대해 실증분석 한 연구로는 Zimmerman & Zeitz(2002)의 연구가 있다. 이들은 정당성을 여타 자원 획득을 위한 하나의 중요 자원으로 보고 있으며, 정당성은 신생기업의 전략적 행동에 의해 획득될 수 있다는 주장을 하고 있다. 이에 대한 보다 자세한 내용은 Monica A. Zimmerman & Gerald J. Zeitz (2002), "Beyond Survival: Achieving New Venture Growth by Building Legitimacy," *Academy of Management Review*, Vol.27, No.3, 2002, pp.414-431.의 내용을 참조

64

고려할 필요가 있다. 첫째, 조직형태의 제도화(정당화) 측면이다. 외국인 소유의 조직형태가 제도화되기 위해서는 당연하다고 여겨지는 특성을 얻어야 한다. 둘째는 투자 관행의 제도화이다. 이들 두 가지 측면은 상호 연관되어 있으며, 양자 모두 외국인투자 기업의 진입과 퇴출에 영향을 미치게 된다. 해외투자기업의 경우 두 가지 제도적 환경을 고려해야 한다. 해당 자회사가 활동하는 투자대상국과 모기업이 위치하고 있는 투자모국이 그것이다. 자회사는 투자대상국의 제도적 규범에 순응해야 하는 압력과 모기업의 조직·전략에 따라야 하는 압력 사이에 갈등하게 된다.

외국인소유 조직 형태의 정당성 문제를 살펴보면 다음과 같다. 중국 내 외국인 직접투자는 중국 내 외국인투자기업 수가 증가함에 따라 모멘텀을 얻게 되며, 외국인 소유기업에 대한 수용이 있게 된다. 외국인투자 기업의 제품 질과 경쟁력이 증가함에 따라, 중국 현지기업들도 그들을 정당한 경쟁자로 받아들이게 된다. 따라서 중국 내 외국인투자 기업들은 일할 수 있는, 사업을 같이할 수 있는, 그들로부터 제품을 구매할 수 있는 정당한 조직체로써 당연히 받아들여지게 된다. 따라서 중국 내 외국인투자 기업들은 "Taken for grantedness character"를 갖게 되며, 이는 이들 기업의 생존율을 높이게 되고, 이는 결국 또 다른 외국인투자 기업들의 진입을 촉진하게 된다.

특히 외국인투자 기업의 정당성 과정은 외국인투자 기업이 자국내 산업을 지배하고, 산업에서 자국기업을 축출하게 되는 점까지 이를 수 있다는 점에서 흥미를 갖게 된다(Li, 1992). 즉 특정산업에서 국내기업에 비해 외국인투자 기업 수가 상대적으로 많아짐에 따라 "탈제도화(delegitimation)" 과정이 발생할 수 있다는 것이다. 예를 들어, 1960년대와 1970년대 동안 거대 미국기업과 여타 다국적기업에 의한 저개발국 투자는 상기와 같은 효과를 가져왔기에 투자대상국 정부에서는 이를 막기 위해 이들 외국인투자 기업에 대해 규제와 통제를 행사한 바 있다.

중국 내 투자관행의 제도화는 각기 다른 과정을 포함한다. 이는 군집학습(community learning)과 모방의 형태를 취하였기 때문일 수 있다. 본 연구에서는 이와 관련해 중국 내 투자기업의 생존 가능성을 높여 주는 조직 학습에 대해서도 살펴보고 있다. 조직은 그들 자신의 경험뿐만 아니라 이전 외국인투자기업으로부터 혜택을 받게 되고, 군집(community) 수준에서의 학습으로부터도 혜택을 받게 된다. 해외투자 군집(community)에서의 정보 외부성이나 유출효과가 있게 되며, 이는 현지시장에서의 불확실성을 감소시켜 주는 역할을 하게 된다. 투자대상국에서의 운영 지식은 동일국 내지 동일 지역에서 온 투자자들에게 확산될 수 있으며, 신규 투자자는 이러한 정보 외부성으로부터 혜택을 받게 된다. 특히 군집 수준에서의 학습은 투자관행의 제도화와 확산으로 이끌게 되며, 이는 외국인투자 기업의 진입을 촉진시키고 사멸률을 줄여주게 된다.

3.1.3 자원기반 이론(Resource based theory)

기업은 가치 있는 생산물을 생산·판매하기 위해 여러 다양한 투입물들을 조합하는 하나의 실체물이다(Alchian & Demsetz 1972; Porter, 1980, 1985). 그 동안 기업 존재 이유와 기업이 시장에서 어떻게 작용하는가에 대해 설명하려는 여러 노력이 있어 왔다. 가장 많이 인용되고 있는 이론으로는 Bain의 IO이론, 행동적 이론, Coase의 이론, 자원베이스 이론 등이 있다.

기업의 존재성에 대한 행동적 이론 접근은 이윤 만족이라는 단기적 관점을 취하고 있다. 이러한 행동적 접근을 제외하고는 여타 모든 이론들이 '장기적 이윤 극대화'를 이루기 위해 기업이 존재한다고 주장하고 있다. 그러나 장기적인 목적과 목표를 달성하기 위해 기업이 시장에서 어떻게 작용하는가에 대해서는 이론마다 각기 약간씩 다른 접근방식을 택하고 있다.

자원베이스 이론은 가장 최근의 기업이론이라 할 수 있다. 동 이론은 기업의 자원부존 측면에서 기업 자체를 보고 있으며, 기업의 경쟁, 기업의 장기적 목적·목표, 그리고 기업의 목표 달성 등을 보고 있다. 자원베이스 이론은 기업특유의 자원을 기업의 현재 및 향후의 재화 시장 활동에서의 주된 결정요인으로 보고 있다. 자원 베이스 이론과 달리 IO이론이나 Coase의 이론 등에서는 시장을 기업의 장기적 목표 달성 결정요인으로 보고 있다. 예로 완전경쟁이론하에서는 기업의 재화시장 활동 결정요인으로 시장의 수요·공급조건을 들고 있으며, IO이론의 경우에는 시장의 불완전한 특성을, 그리고 Coase의 이론에서는 시장실패를 기업의 재회시장 활동 결정요인으로 보고 있다.

따라서 자원 베이스 이론에서는 기업의 재화시장 활동을 설명하는 데 있어 경쟁적 환경보다는 기업의 자원에 보다 많은 강조를 둔다고 볼 수 있다(Barney, 1991; Conner, 1991) 전략분야에서 자원에 대한 개념이 본격적으로 사용되기 시작한 것은 80년대 말부터라 할 수 있다. 자원베이스 이론의 발전에 두드러진 영향을 미친 연구들로는 Barney(1991), Conner(1991), Dierickx & Cool(1989), Wenerfelt(1984) 등의 연구가 있다.

한편 자원기반관점에서 제시하는 여러 부류의 자원 중 무형자산은 새로운 지리적 시장으로의 확대를 위한 근간으로 자리잡고 있다(Dunning, 1993). 무형자산은 해외시장에서 활용될 수 있는 우위를 발생시킨다. 무형자산은 기업으로 하여금 지리적 다각화를 하도록 동기화시키는데 이는 새로운 시장으로의 진출이 정보집약적 자산의 시장가치를 평가절하하지 않기 때문이다(Morck & Yeung, 1998). 무형자산의 공공재적 성격으로 인해 추가비용 없이 새로운 시장에서 활용될 수 있다. 무형자산 적용에 따른 범위의 경제성은 지리적 다각화 정도와 수익성 수준 간 관측가능한 정의 관계를 설명할 수 있는 주요 이론적 배경의 하나라 할 수 있다(Delios & Beamish, 1999; Geringer, Beamish & DeCosta, 1989; Tallman & Li, 1996). 지대창출적이며 지식기반적인 무형자산은 현지 투자대상국에서의 경쟁을 위해 사용될 때 수익성을 제공할 수 있다(Caves, 1971).

지식기반형 무형자산은 보다 높은 성과에 공헌할 수 있는데(Barney, 1991), 특히 다국적기업이 새로운 환경에서 자산가치 감소 없이 활용될 수 있을 때 그러하다. 해외자회사 설립을 통해 투자대상국에 진입하게 되면, 자회사는 무형자산 우위를 활용하기 위한 대리인으로 간주된다(Rugman,

1982). 이러한 우위는 해외자회사에게 현지시장에서의 보다 우월한 경쟁적 지위를 제공하게 된다(Isobe, Makino & Montgomery, 2000). 실증분석을 통해서도 이러한 관계성이 규명되고 있다. Morck & Yeung(1992)과 Mis-hra & Gobeli(1998)은 다국적기업의 무형자산 보유와 자회사 시장가치 간에는 정의 관계가 있음을 규명하였다. 따라서 모기업의 무형자산 보유와 자회사 생존 간에는 정의 관계가 있음을 가정할 수 있을 것이다.

또한 기업의 무형자원(생산 또는 마케팅 역량 등)은 낮은 한계비용(높은 고정비용 대비)으로 사용될 수 있기 때문에 규모의 경제를 실현하는 주요 요인으로 작용한다. 또한 무형자산은 해당기업의 특유적 지식 또는 기술에 기반하고 있기 때문에 완전한 전유가 가능하다(Magee, 1977). 이러한 논리는 내부화 이론과도 일치하는 것이다. Morck & Yeung(1992)는 무형자산을 측정하기 위해 연구개발집약도, 광고집약도, 소유권 정도 등을 사용하였다.

무형자산의 역할에 대해서는 그 동안 많은 연구가 있었다. 예를 들면 진입방식 선택이나 해외기업 인수에 따른 무형자산의 가치 변화(Morck & Yeung, 1992) 등이 있다. Delios & Beamish(2001)는 일본계 자회사들을 중심으로 자회사 생존과 성과에 대한 무형자산과 경험의 효과에 대해 분석하고 있다. 분석 결과, 현지시장에서의 경험이 해당 자회사 생존에 직접적인 영향을 미치는 것으로 나타났다.

3.2 가설 설정

3.2.1 전략적 요인과 자회사 철수

3.2.1.1 진입방식(Entry mode)

적당한 진입전략 선택은 해외활동 성공 가능성의 중요한 결정요인이다(Root, 1987). 인수, 합작투자, 신설투자 등의 진입전략 선택은 해외자회사 생존과 관련되어 있다. 이는 진입방식 각각이 기대된 위험수준과 조정비용 등의 측면에서 각기 다르기 때문이다. 위험에 대한 인식을 고려한다면, 인수를 통한 시장진입이 신규설립을 통합 시장진입보다 생존율이 높을 것이라 예상할 수 있다. 그러나 "하버드 다국적기업 프로젝트"를 통한 분석 결과, 이와는 반대로 나타났다. 인수를 통한 진입기업이 신규설립을 통한 진입기업보다 높은 퇴출률을 보이는 것으로 나타났다(Wilson, 1980). 이러한 결과는 투자대상국 시장에서 활동 중에 있는 기업을 인수하는 것이 해외기업 입장에서 보면 불확실성의 위험을 낮추게 될 것이라는 주장과 반대되는 것이다. 해외시장에 처음으로 투자하는 신생투자기업 입장에서 보면 기존기업을 인수함으로써 신생기업의 불리성과 관련된 불확실성을 완화할 수 있다. 그러나 이는 투자대상국 환경 측면만을 고려한 감이 없지 않다. 즉 해당 자회사와 모기업, 그리고 자회사간 관계성도 고려해야 한다.

인수기업을 모기업 시스템내로 통합하는 데 있어서의 어려움은 전략문헌에서 많이 제시되고 있다(Jemison & Sitkin, 1986). 기업문화, 조직구조, 기술 등의 측면에 있어서의 상이성(相異性) 때문에 인수기업을 모기업 체제 내로 통합하는 것은 하나의 도전이 되고 있다. 그러나 이러한 어려움은 기업관리자에 의해 종종 평가절하가 되기도 한다. 이는 곧 저조한 성과로 나타나며, 인수 자회사의 청산으로까지 이어진다.

신설투자기업의 경우 모기업 관리자와 해외자회사 관리자는 투자기업에 대해 강한 관리적(管理的) 애착을 갖게 된다. Wilson(1980)의 실증분석에서 보면 관리자들은 그들이 세운 조직에 대해 강한 애착을 가지며, 철수결정을 좀처럼 내리지 못함을 밝혀냈다. 인수기업의 경우에는 관리자들이 그러한 애착심을 갖는 데 상당한 시간이 걸릴 수 있다.

인수와 신설투자는 대안적 진입전략을 대표하는 것으로 고려될 수 있다. 인수와 신설투자 모두 합작투자의 형태를 띨 수 있다(Kogut, 1988; Caves & Mehra, 1986). 즉 설립방식이 아닌 투자방식을 고려한다면, 진입전략은 단독투자와 합작투자로 구분할 수 있다.

중국의 외국인투자 형태는 크게 합자(equity joint venture), 합작(contractual joint venture), 단독투자로 분류하고 있다.[5] 외국인투자기업의 투자방식별 패턴을 보면 개방개혁초기에는 합자투자가 많았으나, 최근에는 단독투자 경향이 두드러진 것으로 나타나고 있다. 다국적기업의 단독투자 현상은 중국의 개방화 정도와 맞물려 진행되고 있는 것으로 보인다. 중국의 외국인투자 건수 면에서 단독투자가 합자를 앞지르기 시작한 것은 1997년 하반기 이후부터로, 그 뒤 대체로 단독투자가 합자보다 많았으며 실제 유입금액으로 보더라도 2000년부터 단독이 합자를 추월하였다.[6]

---

5) 물론 인수를 통한 시장진입방식도 사용되고 있지만, 여타 방식과 달리 그리 많이 활용되고 있지는 않은 실정이다. 외국기업의 중국기업 인수합병 규모는 매년 15-25억 달러로 전체 외국인 직접투자 규모의 5% 정도에 불과하다. 지금까지 외국기업의 중국기업에 대한 인수합병이 저조했던 것은 ① 관련법규 부재, ② 다수 행정기관이 기업 관할, ③ 자본시장 미성숙, ④ 컨설팅 등 중개기구의 미비, ⑤ 국수주의적 사고로 인한 자국기업의 해외매각 비난 등에 기인한 것으로 분석되고 있다.

　　한편 중국 국가경제무역위원회는 2002년 7월 "외국기업의 국유 중대형 기업 인수합병 잠정 관리방법"의 초안을 작성하였다. 동 초안에 따르면 외국기업은 국유기업의 인수합병은 물론 상장회사의 지분도 인수할 수 있도록 허용하고 있다. 한편 2003년 4월부터 시행에 들어간 "외국인투자자의 중국 역내기업의 인수합병 잠정규정"에서는 인수합병의 원칙, 절차, 심사 등과 관련된 내용을 담고 있으며, 외국기업의 인수 최저비율을 25% 이상으로 하고 있다.

6) 단독투자가 합자보다 많은 이유로는 ① 중국시장에 대한 이해의 폭이 넓어진 점, ② 시장경제체제의 진행이 가속화되면서 종전처럼 중국 정부가 합자를 적

한편 시장진입 방식 선택과 성과 간 관계에 대한 분석에서 주로 제시되고 있는 이론적 고려로는 비용과 관리적 통제가 있다(Madhok, 1997; Oswald & Jahera, 1991). 비용과 관련된 이론적 논거에 따르면, 특정 진입방식의 자원소요 정도가 높을수록, 투자를 벌충하고 수익을 내기가 더욱 힘들다는 것이다(Chowdhury, 1992). 완전소유 자회사의 경우, 기업들은 특정 해외시장에서 성공적이었던 관행을 그대로 복사해서 사용하는 경향이 있다. 이들 기업은 이미 검증된 자원과 자산을 가지고 있기 때문에 최소한의 자원관련 비용에 부딪히게 된다(Woodcock et. al., 1994). 합작투자의 경우 기업은 적당한 현지 파트너 탐색을 위해 부가적 자원을 활용해야 하고 합작투자 파트너의 자원을 결합해야 하는 문제점이 있다. 또한 이해와 목표, 관리기법 등을 합작파트너와 결합해야 하는 부가적 문제점을 안고 있다. 따라서 여타 다른 요인들을 고정적인 것으로 볼 때, 합작투자의 경우 단독투자보다는 더 높은 비용을 요하게 된다.

관리적 통제 측면에서 보면, 완전소유 자회사 방식은 기업활동 초기부터 사멸시점까지 완전한 통제가 가능하다(Hill, Hwang and Kim, 1990). 때문에 합작투자 시 발생할 수 있는 이해상충, 수익배분, 관리적 갈등 등의 문제를 피할 수 있다.

그러나 합작투자의 경우 현지파트너의 기여도를 평가할 필요가 있다. 즉 합작투자의 경우에는 단독투자방식 선택 시 누릴 수 없는 여러 가지 현지시장 특유적 지식 획득의 혜택을 누릴 수 있다. 중국과 같이 시장 자체가 반시장경제주의적이고 꽌시가 중요성을 갖는 시장에서는 현지파트너의 역할이 두드러질 수밖에 없다. 특히 여러 가지 정부규제, 현지시장 보호주의, 사업네트워크관계 설정 등은 하나의 진입장벽 역할을 하게 된다.

이러한 시장환경에서는 현지 파트너와의 관계를 통해 보다 수월히 현지

극 권유하지 않는 점, ③ 합자가 기업문화의 차이로 의견 충돌이 잦은 등 쌍방이 적응하는 데 상당한 시간이 필요한 반면 단독투자기업은 이러한 제약에 없이 경제적 성과가 빨리 나타난다는 점, ④ 기술유출 억제 등 지재권(知財權) 보호가 용이한 점, 다국적기업 본사의 의도대로 산업 내 또는 산업간 분업이 용이한 점 등을 들 수 있다.

시장 특유적 지식을 획득할 수 있다. 중국시장을 대상으로 한 실증분석을 보더라도 보다 빠른 시장진입과 시장 접근성 제공, 현지 정부와 현지 네트워크에 대한 접근성 제공 등의 이유로 인해 합작투자 방식을 통해 중국에 진출한 기업들이 단독투자방식으로 진입한 기업들보다 더 우월한 성과를 내는 것으로 나타나고 있다(Pan & Chi, 1999).

지금까지 합작투자와 단독투자가 자회사 성과에 미치는 영향에 대해 살펴보았다. 기존연구를 종합하면 진입방식 선택이 자회사 성과에 미치는 영향은 아직까지도 일반화된 패턴을 보이지 못하고 있다. 특히 자회사 생존이나 철수와 관련된 연구가 그리 많지 않다는 점을 고려할 때, 특정 진입방식 선택이 자회사의 생존율을 높인다고 단언할 수는 없는 것이다. 또한 특정 진입방식 선택은 자기선택성의 문제이기 때문에, 자기선택성을 고려한 분석을 해야만 특정 진입방식이 자회사 생존율에 미치는 영향을 보다 정확히 측정할 수 있을 것이다. 그러나 본 연구에서는 자기선택성을 고려한 분석을 행하지 못하고 있다. 다만 특정 진입방식 선택이 퇴출률을 높일 것이라는 가설을 설정한 후, 가설이 기각되면 자연스럽게 대안적 진입방식이 생존율을 높이는 것으로 해석하고자 한다. 예로 가설에서 합작투자 방식 선택이 퇴출률을 높일 것이라는 가설을 설정한 후, 가설이 기각되면 단독투자방식이 생존율을 높여주는 방식으로 해석하고자 한다. 물론 진입방식과 철수 간 관계에 대한 본 연구의 결과는 자기선택성을 고려치 않고 있으며, 한국기업의 중국시장 투자라는 특정 상황만을 분석대상으로 하고 있기 때문에, 일반화가 어렵다는 한계점이 있다.

가설 1) 합작투자를 통해 중국시장에 진입한 기업들은 단독투자를 통해 시장에 진입한 기업들보다 상대적으로 높은 퇴출가능성을 보일 것이다.

3.2.1.2 진출시점(Entry timing)

진입시기에 대한 연구는 주로 특정시장(지역)으로의 진입에 초점을 맞추

72

고 있다. 때문에 미시적 시장 내 진입순서와 거시적 시장 간 진입순서를
통합치 못하고 있다. 국제시장 진입에 대한 연구는 주로 진입시기보다는
진입방식에 초점을 맞추고 있다(Mascarenhas, 1992). 초기 시장진입이 자
회사의 생존가능성을 높일 것인가에 대해 살펴볼 필요성이 있다.[7]

Rivoli & Salorio(1996)가 말했듯이, 그 동안 진입시기에 대한 문제는 국
제경영분야에서 그리 많은 주목을 받지 못했었다.[8]

---

7) 예로 합작투자는 정부규제, 시장지식 부족, 자원 제약 등의 이유로 특정시장에
   처음으로 진입하는 기업들이 주로 사용하고 있다. 그러나 이러한 합작투자가
   진입시기를 통제한 상태에서 볼 때 완전소유 자회사보다 성과가 좋을 것인가
   그리고 선발 진입자의 합작투자 방식 선택이 후발주자의 합작투자 방식 선택
   과 비교할 때 성과가 나을 것인가 등에 대해서는 아직까지도 결론 내리지 못
   하고 있다.
8) 국제경영분야에서 진입시기와 관련한 대표적 연구로는 다음과 같다. 제지산업
   을 대상으로 한 Nehrt(1993)의 연구에 따르면, 초기 채택자가 후발채택자보
   다 성과가 높은 것으로 나타나고 있다. 그러나 그의 연구는 순수한 외국기업
   들 또는 해외투자기업들을 대상으로 했다기보다는 국별기업(8개국의 현지기
   업)을 대상으로 하고 있다. 본 연구에서는 중국에 투자한 한국기업들을 대상
   으로 하고 있다.
     Buckly & Casson(1981)은 진입시기에 대해 연구했지만 이들 연구의
   주된 초점은 투자시기 선택보다는 수출에서 해외투자로의 전환시점에 대
   한 것이다. 이들은 전략적 변수에 대한 고려 없이 순수한 경제적 관점에
   서 단일 투자기업의 확장패턴에 대해 연구를 했다. Mitchell, et.
   al.(1992, 1993, 1994)은 신규 해외시장으로의 투자에 따른 기업성과를
   살펴보고 있다. 이들에 따르면 신규해외시장으로의 투자는 해외기업이나
   국내기업 모두에 있어 위험스러운 것이라 주장하고 있다. Mitchell, et.
   al.(1994)은 진입시점의 효과에 대한 연구를 했지만, 의료부문 24개 산
   업에 속한 31개 기업만을 대상으로 하고 있다는 문제점을 안고 있다. 이
   들의 연구에 따르면, 미국 의료부문시장에 진입한 캐나다 기업들의 경우
   에 있어서 시장 자체가 국내시장에서 국제시장으로 변화하는 단계에 있는
   산업에 진입한 기업들의 성과가 가장 좋은 것으로 나타났다. 즉 국내기업
   (미국기업)에 의한 시장점유율이 높은 경우에 외국기업의 시장진입 자체
   가 매우 힘든 것으로 나타나고 있으며, 외국기업에 의한 시장지배력이 높
   은 경우에도 신규외국기업의 진입이 어려운 것으로 나타났다. 그러나 후발
   진입자의 불리점이 초기 진입자의 불리점보다 두드러진 것으로 나타났다.
     한편 Boggs & Mitchell(1994)는 선발자 전략과 FDI연구의 통합을

국제경영 외의 분야에서 진입시기에 대한 연구는 상대적으로 활발한 편이다. 진입시기에 대한 지배적 관점은 선발 진입자가 후발 진입자보다 상대적으로 지속적인 우위를 향유한다는 것이다(Caves & Porter, 1977; Lambkin, 1988; Robinson, Fornell & Sullivan, 1992). 이러한 우위는 경제적, 선취적, 기술적, 행동적 요인들로부터 발생한다(De Castro & Chrisman, 1995).[9]

경제적 요인은 규모의 경제·경험곡선효과·마케팅비용에 있어서의 非대칭성 등과 같은 요인들로부터 발생하는 비용우위를 포함한다. 선취적 요인은 후발 진입자로 하여금 공급자·시장·고객 등과 같은 경제활동 구성원에 대한 접근을 못하도록 하는 것을 포함한다. 기술적 요인은 선발 진입자에 의한 표준확립과 혁신자산 유지, 지속적인 연구개발 선도 등을 포함한다. 행동적 요인과 관련해서, 선발 진입자는 후발 진입자들과 비교할 때 상대적으로 높은 고객 충성도와 고객선호도를 향유할 수 있다(Mitchell, 1991). 선발 진입자는 또한 전환비용, 명성, 정보, 소비경험 등의 측면에서의 비대칭성으로부터의 혜택을 누릴 수 있다(De Castro & Chrisman, 1995).

이와 같은 진입시기와 관련된 연구들을 중국시장에 대한 진입시기로 확

시도하였다. 이들은 경쟁자 대비 신규해외시장으로의 초기 확대와 관련된 특성 및 환경 규명에 초점을 두고 있으며, 특정 상황에 있어서는 초기 진입자가 후발 진입자보다 높은 시장점유율을 달성할 수 있다고 주장하고 있다. 이들의 연구는 전략과 마케팅 분야에서 개발된 개념들을 국제활동 기업으로 확장했다는 점에서 의미를 부여받을 수 있지만, 단지 개념적 골격만 제시했을 뿐 실증 분석은 행하지 못했다는 한계점을 안고 있다.

9) 참고로 Lieberman & Montgomery(1988)는 선도자 우위 발생원인으로 기술적 리더십, 자산 선취, 구매자 전환비용 등을 제시하고 있다. 기술적 리더십은 학습과 경험곡선으로부터 발생하는 우위와 특허나 연구개발 경쟁에서의 성공 등에 의해 획득될 수 있다. 또한 선도자는 희소자원(투입요소나 입지 등)을 경쟁자보다 빨리 획득함으로써 우위를 획득할 수 있다. 마지막으로 선도기업 우위는 구매자 전환비용으로부터 발생할 수 있다. 그러나 선도자는 무임승차 문제, 기술과 소비자 선호도 변화, 그리고 여러 가지 유형의 조직관성 등과 같은 선도자 열위에 직면할 수도 있다.

장한다면, 중국시장에 대한 초기 시장진입기업은 후발 진입 기업들보다 상대적으로 높은 재무적 성과를 나타낼 가능성이 높으며, 이의 결과 생존가능성도 높다고 볼 수 있을 것이다. 국가시장에 관계없이 진입시기는 중요하다고 간주되고 있지만, 중국의 독특한 특성에 대해서는 주의 깊게 고찰할 필요가 있다.[10]

약간 광범위하게 말하자면, 이러한 중국 특유적 특성은 높은 수준의 정부규제, 국유 부문의 역할, 계획경제에서 시장경제로의 전환, 폐쇄사회에서 개방사회로의 전환 등과 같은 요인들로부터 발생한다(Peng & Heath, 1996; Tan & Litschert, 1994). 진입시기와 관련하여 다음의 세 가지 요인들에 대해 깊이 있게 살펴보고자 한다.

먼저, 개방초기 중국시장에 진입한 외국인투자기업들은 후발 진입 기업들이 누리지 못한 각종 인센티브와 양허의 혜택을 누렸다. 개방초기 많은 외국인투자기업들은 대중투자(對中投資)에 대해 깊은 회의를 가지고 있었다. 그러나 개방초기 중국시장에 진입한 대부분의 기업들은 중국정부의 개방정책에 대해 깊은 믿음을 가진 기업들이었다. 이에 대한 보상으로 중국정부는 이들 기업에 대해 투자규모나 투자허가 품목 등에 대해 유연성을 부여해 주었으며, 세제, 토지사용, 시장접근 등의 측면에서 각종 인센티브를 부여했다(Child, 1994). 따라서 개방초기 중국시장에 투자한 기업들은 후발투자 기업들이 누리지 못한 각종 특혜를 부여받고 사업을 시작했다고 볼 수 있다(Yan & Gray, 1994). 이러한 특혜는 보다 우월한 재무적 성과로 나타났으며, 이는 곧 보다 높은 생존가능성으로 나타났다.

둘째, 초기 시장진입자들은 전략적 기회를 부여잡았다(Bowman & Hurry, 1993). 중국의 경우 산업의 각 부문을 순차적으로 개방하는 정책을 사용했다. 각 단계별로 중국정부는 어떠한 부문을 외국인투자기업에게 개방할 것인가에 대한 것뿐만 아니라 개방한다 하더라고 얼마만큼의 외국인투

---

10) Yigang Pan & Peter S. K. Chi (1999), "Financial Performance and Survival of Multinational Corporations in China," *Strategic Management Journal*, Vol. 20, 1999, pp.359-374.

자자를 유치할 것이며, 얼마만큼의 외국인투자금액을 유치할 것인가와 같은 문제에 대해서도 통제를 했다. 당시 각 산업부문별로 진입하지 못한 외국인투자기업은 중국시장진입에 대한 호기를 상실할 수밖에 없었다. 그러나 당시에 진입한 외국인투자기업들은 보다 수월히 시장을 공략할 수 있었고 경쟁적 지위를 선취할 수 있었다.

세 번째로, 초기에 중국시장에 진입한 기업들은 보다 오랜 시간 동안 현지시장에 대한 지식을 축적할 수 있었다(Kogut & Zander, 1993). 초기 시장진입기업들은 오랜 기간에 걸쳐 정부와 산업계, 그리고 고객과의 관계를 구축할 수 있었다.

이러한 관계성은 중국과 같이 반시장경제주의적인 국가에서는 더욱 중요한 것으로 알려져 있다. 상해 폭스바겐의 성공은 여러 지방정부와 현지 유통업체들과의 우호적 관계 형성에 주로 기인하는 것으로 분석되고 있다. 이처럼 정부당국, 산업 구성원, 고객 등과의 관계성 형성은 중국시장에서의 성공에 아주 중요한 요인으로 자리잡고 있다.

한편 진입시점과 성공 간의 합의된 결론은 없지만 일반적으로 초기 진입기업이 경쟁자보다 더 많은 혜택을 가질 수 있다는 가정이 지지를 받고 있다.[11] 특정시장에 경쟁자들 보다 먼저 진입하는 기업은 자원 선취, 투자국 내 구성원들에 대한 영향력 행사, 학습의 경제성 등으로부터의 혜택을 향

---

11) 일반적으로 새로이 부상하는 산업에 있어 초기 선발기업들은 후발기업들에 비해 지속적인 경쟁우위를 향유하는 것으로 알려져 있다. 이러한 아이디어에 대한 이론적 근거는 산업조직 경제학으로부터 나온 것이다.: 특히 진입 장벽 개념(Bain, 1956)과 소비자 정보획득 개념(Stigler, 1961)이 근간을 이루고 있다. 이외에도 산업조직, 전략마케팅(Robinson & Fornell, 1985), 소비자 행동론(Urban et al.,1984) 등에서도 선도자 우위가 존재하는 것으로 나타났다. 그러나 최근 일부 학자들을 중심으로 전통적인 진입시기 가정의 타당성에 대한 문제가 제기되고 있다(Wensley, 1982; Aaker & Day, 1986). 이들은 새로운 시장에 내재되어 있는 기술적, 경제적 불확실성 때문에, 그리고 시장기회를 활용(exploit)할 수 있는 기업들의 차이 때문에, 초기 진입자의 우위가 일반적으로 알려져 있는 것과 같이 자동적인 것은 아니라는 것이다. 이에 따라 우월한 기술과 자원을 갖고 있는 후발 진입자는 시장에 "Leapfrog" 할 수 있으며 초기사업자를 교체할 수 있다고 주장하고 있다.

유할 가능성이 높다. 또한 초기 시장 진입 외국기업의 경우 관계성 설정뿐만 아니라 정책이나 제도 등이 그들에게 유리하도록 영향력을 행사할 수 있다.

가설 2) 후발 진입 기업들은 중국시장 개방초기에 진입한 기업들에 비해 상대적으로 높은 퇴출가능성을 보일 것이다.

3.2.1.3 투자품목(Diversification strategy)

제품다각화와 성과 간의 관계에 대한 연구는 그 동안 전략분야에서 주로 연구되어져 왔다. 공동의 기술, 자원, 시장 또는 유통망이 여타 사업단위로 적용 가능할 적에 사업단위 간에는 연계성을 가진다고 한다(Rumelt, 1974). 이러한 연관성은 다각화의 혜택뿐만 아니라 조직비용에도 영향을 미친다. Rumelt는 관련다각화가 기업 성과와 정의 관계를 가진다는 주장을 하였다. 그러나 성과에 대한 관련성의 영향은 실증분석마다 약간 다르다 (Ramanujam & Varadarajan, 1989).[12]

새로운 자회사의 사업라인은 모기업의 사업라인과 다를 수 있다. 자회사 제품라인이 모기업 핵심 사업라인과 연관성이 없으면 없을수록 불확실성은 더욱 커지게 된다(Caves, 1982). 동일한 제품라인으로 해외시장 확대를 할 경우 해당 자회사는 모기업의 여러 가지 기술 및 무형자산 등을 적용·활용할 수 있는 기회의 폭이 넓어진다. 때문에 동일 제품라인으로의 해외시장 확대는 모기업과 해당 자회사 간의 내적 네트워크를 더욱 강화시키는 경향이 있다. 만약 해외 자회사가 진출하기 이전에 해당 시장에 모기업이 특정 제품을 생산 또는 수출하고 있었다면, 해당자회사는 모기업이 개척한 유통채널, 소싱 채널 등의 조직 간 네트워크를 활용할 수 있다.

그러나 기업이 제품 다각화를 통해 해외시장 확대를 할 경우, 새로운 해

---

12) 이는 주로 다각화 자체에 있어서의 차이와 성과 척도에 있어서의 차이 때문에 발생하는 것으로 알려져 있다.

외 자회사는 내적·외적 네트워크 구축에 따른 많은 어려움에 봉착하게 될 가능성이 높다. 특히 시장조건의 불확실성과 제품·기술 등에 대한 비친숙성 때문에 내·외적 네트워크 구축에 있어 어려움에 봉착하게 된다. 이는 결국 해외자회사의 저조한 성과 내지는 철수 가능성을 높이는 요인으로 작용하게 된다.

국제시장에 있어서의 높은 제품다각화 위험성은 많은 연구에서도 제시되고 있다. 예를 들어, Bane & Neubauer(1981)는 새로운 해외투자 활동의 실패에 대한 제품다각화의 영향을 검토한 결과 모기업 사업과 상이한 사업 분야로의 다각화는 사업실패 가능성을 높일 수 있다는 주장을 하고 있다. 국내시장에서는 제품다각화의 여력이 없는 기업의 경우에 있어서는, 해외시장에서의 비관련 다각화가 해당 기업의 국제화 전략을 반영할 수도 있다. 그러나 이러한 비관련 다각화는 해외시장에서의 생존가능성에 부의 효과를 미칠 수 있는 전략이기도 하다(Caves, 1982).

비관련 다각화는 각기 상이한 환경 불확실성 관리 측면에서 조직비용을 높이기 때문에 모기업의 핵심 사업라인과는 다른 제품다각화 자회사 경우에는 동일 제품 그룹에 투자한 자회사보다는 낮은 성과내지는 높은 철수 가능성을 보일 가능성이 높다고 가정할 수 있다.

가설 3) 중국시장 진입 시 모기업의 주력품목과 연관성이 낮은 부문으로 진입한 기업들은 모기업 주력품목과 연관성이 높은 부문으로 진입한 기업들에 비해 상대적으로 높은 퇴출가능성을 보일 것이다.

3.2.2 조직생태 요인과 자회사 철수

3.2.2.1 연령의존성(Age dependence)

3.2.2.1.1 자회사의 연령

조직의 연령과 조직 사멸 간의 관계에 대해서는 특히 생태학자들이 많은 관심을 갖고 연구를 진행해 왔다. 그러나 1980년대 말부터는 사회학과 행정학부문에서도 관심을 갖기 시작했고, 최근에는 조직분야에서도 활발한 연구를 진행해 오고 있다. Stinchcombe(1965)는 신생기업의 불리성에 대해 언급하면서 새로운 신생조직이 보다 오래된 조직보다 사멸률이 높다고 주장하였다.[13] 일반적으로 새로운 조직이나 개인들은 사회구성원으로서의 새로운 역할을 배워야 하는데, 상당히 많은 시간이나 노력이 이러한 활동을 조정하는 데 소요된다. 그리고 외부고객이나 이해관계자들과의 관계를 만들고 유지하는 데 있어서, 기존의 조직에 익숙해 있는 고객이나 이해관계자들에 대해서 기존경쟁자와 경쟁을 하는 데 있어서 불리한 위치에 있다(Stinlchncombe, 1965).[14]

높은 신뢰성과 예측가능성을 지닌 조직은 환경의 도태과정에서 유리한 지위를 가지며 또한 재생산 가능성을 높여준다(Hannan & Freeman, 1984). 조직은 조직 내적으로는 학습과정, 조직과정, 그리고 사회화 과정 때문에, 그리고 조직외적으로는 정당화와 교환관계의 복잡성으로 인해서 조직구조의 재생산가능성은 조직의 연령이 증가함에 따라 증가한다.

---

13) 최근에는 신생조직의 불리성에 대한 논쟁은 "liability of adolescence"(Bruderl & Schussler, 1990; Fichman & Levinthal, 1991) 라는 현상과 결합되어 논의가 진행되고 있다. "liability of adolescence"란 높은 사멸률이 진행되기 전에 조직은 일정기간의 밀월기(honeymoon period)를 갖는다는 것이다.

14) Dun & Bradstreet의 연구에 따르면 1980년에 기록된 모든 파산과 청산기업의 53% 정도가 설립 후 5년도 채 안되는 것으로 나타났으며, 설립 후 10년 내에 80% 정도의 기업이 사멸하는 것으로 나타났다. 이러한 분석지표만 보더라도 조직생존에 대한 연령 의존성, 특히 신생조직의 불리성이 상당히 크게 작용함을 알 수 있다.

일반적으로 현지국에서의 운영체계가 정립되기까지 해외자회사는 현지국에 대한 제도적 지식을 많이 얻어야 한다. 이러한 과정에서 해외 생산자회사는 진출 현지국의 조직화 원리에 보다 익숙해지며, 제도적 지식을 축적하게 되어 현지에서 독자적으로 생산시스템을 운영할 수 있는 여건을 갖추게 된다. 즉 진출 현지국의 기업경영 환경에 대해 보다 잘 이해할 수 있게 되는 것이다.

그리고 해외생산법인이 설립된 지 오랜 기간이 지나 생산시스템이 안정성이 높아지고, 자체적인 지식창출이 가능하게 되면 생산과 기술의 문제에 대해 모기업으로부터 일방적으로 도움을 받아야 할 필요가 줄어들게 된다.

해외 자회사 나름대로 독자적인 개발능력을 갖추기도 하고 생산관련 노하우를 축적하면서 모기업에 대한 의존에서 탈피하는 것이다. 설립이후 경과 년수(年數)는 자회사의 운영경험과 지식의 축적된 정도를 나타내는 척도로 사용된다. 따라서 설립 이후 경과 년수(年數)가 오래될수록 자회사의 생존가능성도 더 높아질 것이다.[15]

가설 4) 중국시장에서의 활동경험이 적은 기업들은 보다 오래 활동한 기업들에 비해 상대적으로 높은 퇴출가능성을 보일 것이다.

---

15) 미국 내에서 활동하고 있는 전체 기업을 대상으로 한 Altman(1983)의 연구에 따르면 사멸기업의 절반 정도가 설립후 초기 5년 이내에 사멸한 것으로 나타났다. 조직생태학 분야의 많은 연구들(Stinchcombe, 1965; Freeman, Carroll & Hannan, 1983)은 새로운 조직들이 신생조직의 불리성을 경험함을 보여주고 있다. 신생조직은 보다 오래된 조직들보다 사멸률이 높게 나타나는데 이는 이들 신생조직이 상대적으로 낮은 수준의 정당성을 갖고 있으며, 산업 내에서 이미 자리잡고 있는 기존 조직들과 효과적으로 경쟁하지 못하기 때문이다. Stinchcombe(1965)는 새로운 형태의 신규조직은 정당성을 부여받은 형태를 갖는 신규조직보다 사멸률이 높다고 주장하였다. 실증연구(Freeman et al.,1983)에서도 신생조직의 불리성이 존재함을 밝혀내고 있다. 이들 조직생태학자들은 신생조직의 불리성 효과가 소규모 불리성 요인과 분리될 수 있음을 밝혀냈다. Lupo et al.(1978)은 외국에 진출해 있는 미국계 다국적기업 자회사들의 수익률이 자회사들의 연령과 상당히 강한 상관관계를 가짐을 밝혀냈다. 또 다른 연구에서도 신생 해외자회사의 수익이 낮은 수준에 있지만 사멸률은 높은 것으로 나타났다(Caves, 1982).

"The liability of newness"나 "The liability of adolescence"[16]에서는 조직 생애의 초기단계 이후 조직연령이 증가함에 따라 조직사멸률이 단조적으로 감소함을 내포하고 있다. 여타 연구에서는 성숙기의 불리성(The liability of aging)에 대해 언급하고 있다. 이는 조직연령이 증가함에 따라 조직의 사멸률도 같이 증가하게 된다는 것이다. 성숙기의 불리성은 다음의 두 가지 이유 때문에 발생하게 된다(Barron, West, & Hannan, 1994). 조직의 관성은 시간이 지남에 따라 조직의 변화하는 환경에 대한 적응 능력을 제한하게 되며, 이는 곧 "The liability of obsolescence"로 나타나게 된다. 두 번째로 높은 간접비(overhead costs)와 축적된 규범과 루틴에 따른 증가된 마찰은 조직을 덜 효율적으로 만들게 되고, 이는 결국 "The liability of senescence"로 나타나게 된다.

가설 5) 중국시장에서 보다 오래 활동한 자회사들은 활동경험이 적은 기업들에 비해 상대적으로 높은 퇴출가능성을 보일 것이다.

3.2.2.1.2 선행투자(Prior entries)

특정 투자대상국에 처음으로 투자하는 기업은 높은 정보비용과 불확실성에 직면할 가능성이 높다. 각 국가별로 상이한 소비자 특성 및 기호에 대응해야 하며, 전혀 새로운 유통망과 소싱(sourcing) 채널 등을 구축해야 한

---

16) 조직생태학 분야에서는 1990년대 들어 신생조직의 불리성과 함께 성장기의 불리성이라는 개념을 제시하고 있다(Fichman & Levinthal, 1991). 성장기의 불리성은 조직의 사멸률이 역의 U형 패턴을 따른다는 것이다. 즉 초기의 일정한 단기간 동안에는 사멸률이 낮고 성장기 말쯤에는 사멸률이 최대가 되지만, 이후부터는 사멸률이 단조적으로 하락한다는 것이다. 새로이 설립된 조직은 어느 정도의 초기자원 스톡을 갖고 있다. 이러한 자원 스톡은 조직이 자리잡은 일정기간 동안 조직 생존을 도와주는 역할을 한다. 이와 같은 초기단계를 adolescence라 한다. 초기의 Adolescence 단계 동안에는 사멸률이 낮지만 Adolescence 마지막 단계에서는 사멸률이 최대점에 이르게 된다. 마지막 단계에서 사멸률이 높게 나타나는 것은 초기 자원 소진과 해당 조직에 대한 외부로부터의 평가가 마무리되기 때문이다. 때문에 조직의 연령에 따른 사멸률이 역의 U형 패턴을 갖게 되는 것이다.

다. 또한 산업환경 및 경기변동 등의 불확실성에도 대처해야 하며, 對정부 관계도 신경을 써야 한다.

반복적으로 수행되어지는 활동은 학습으로부터 혜택을 받게 되며, 이의 결과 경험축적에 따른 활동수행상의 효율성이 발생하게 된다(Nelson & Winter, 1982; Levitt & March, 1988). 특히 경험은 조직학습의 주요 원천이다(Penrose, 1959). 조직 내에서 발생하는 학습의 상당부분은 사회적인 것이다. 새로운 해외 자회사의 생존가능성은 외적 사회적 연계성(external social ties) 설정에 의해 영향을 받게 되며, 이러한 연계성은 조직구성원들이 외적 네트워크를 구축해 감에 따라 발전돼 나가게 된다(Pfeffer & Salancik, 1978). 새로운 조직은 초기에 느슨한 연계성을 갖게 되지만, 점차 공급자, 소비자 등과의 관계성을 발전시켜 가게 됨에 따라 이러한 문제는 해결된다.

후속투자 시에는 이전 해외 활동의 경험과 학습으로부터의 혜택을 누릴 수 있으며, 이미 활동하고 자회사가 구축해 놓은 부가가치 활동 네트워크도 활용할 수 있다. 따라서 중국시장에 초기 투자한 기업들은 후속투자기업들보다 철수 가능성이 높다는 가정을 할 수 있다.

가설 6) 중국시장에 처음으로 투자하는 신생투자기업(de novo)들은 선행투자(prior entries) 경험이 많은 기업들에 비해 상대 상대적으로 높은 퇴출가능성을 보일 것이다.

3.2.2.2 규모의존성(Size dependence)

조직생태학분야에서 신생조직의 불리성과 함께 제시되고 있는 중요한 개념이 소규모 조직의 불리성이다(Aldrich & Auster, 1986; Audretsch & Mahmood, 1994). 소규모 조직은 환경 불확실성이 높고 성과가 저조할 때 이를 견딜 수 있는 재무적 자원과 여타 자원들을 충분히 갖고 있지 못하기 때문에 상대적으로 높은 사멸률에 직면하게 된다고 조직생태학자들은 주장하고 있다(Aldrich & Auster, 1986; Levinthal, 1991). 많은 재무적 자원은 중요한 기반구축 기간 동안 신생조직의 생존가능성을 높여주는 요인으로 작용하게 되며 외부환경으로부터의 무작위적(無作爲的)적인 충격을 극복할 수 있도록 도와주는 요인으로 작용하게 된다. 이와 함께 새로운 시장으로 진입한 소규모 조직은 그들 종업원에 대한 커미트먼트(commitment)가 부족하고 그들의 사업환경에 대한 지식 그리고 고객 및 공급자와의 사업관계성 등이 상대적으로 부족하다(Stinchcombe, 1965). 소규모 조직은 또한 제한된 생산 경험을 갖고 있기 때문에 최적의 생산활동을 할 수 없다. 생산제품에 대한 일관된 품질수준 유지능력 부족도 사멸률을 높이는 요인으로 간주되고 있다(Hannan & Freeman, 1984). 신생기업의 불리성과 소규모조직의 불리성은 양자가 서로 얽혀 있다고 봐도 무방하다. 그러나 최근 연구에 따르면 불리성이 주로 소규모성에 의해 발생하게 된다는 주장이 제기되고 있다(Barron, West & Hannan, 1994).

많은 실증연구를 통해 생존과 규모간 명확한 상관관계가 있음이 밝혀졌다(Audretsch & Mahmood, 1995). 규모의 경제성이 생존장벽으로 작용하는가를 살펴본 Geroski(1995)의 연구를 보더라도, 보다 큰 초기 투자규모는 생존가능성을 증대시켜 주는 것으로 나타났는데, 이는 초기 투자규모가 準최적생산 규모 수준(suboptimal scale level of output)에서 활동하는 기업이 직면하는 비용상의 열위를 줄여주는 역할을 하는 것으로 나타났다.

신생 소규모기업이 직면하는 비용상의 열위는 규모의 경제성과 관련된 높은 생산성과 성장으로 극복될 수 있다. 또한 보다 큰 규모의 기업의 경우 생존하기 위해 그리고 규모의 경제성을 최대화하기 위해서 성장해야만 하는 필요성이 상대적으로 작다고 할 수 있다(Audretsch, Santarelli & Vivarelli, 1999).

한편 해외시장 진입과 관련하여 규모와 생존가능성 간의 관계를 살펴보면 다음과 같다. 큰 규모의 시장진입은 시장의 크기를 확대시킬 뿐만 아니라 투자기업의 시장 점유율도 확대시킬 수 있다.

큰 규모로 시장에 진입한다는 것은 여러 시장에 대한 보다 광범위한 공략을 의미한다. 공격적인 시장진입은 제품시장에 대한 실행(commitment)을 의미하는 것으로 향후 초과 생산능력을 통한 가격인하 가능성과 경쟁기업의 시장진입 가능성 저지 등의 가능성이 있다(Lieberman & Montgomery, 1988; McDougall et al.,1994). 대규모 투자를 통한 시장 진입은 절대비용이나 규모의 경제 등과 관련된 진입장벽 극복에 도움이 된다.[17] 따라서 초기투자규모가 작은 기업들은 대규모 투자기업들에 비해 상대적으로 높은 퇴출가능성을 보일 것으로 가설을 설정할 수 있을 것이다.

가설 7) 초기투자규모가 작은 기업들은 대규모 투자기업들에 비해 상대적
　　　　으로 높은 퇴출가능성을 보일 것이다.

3.2.2.3 밀도의존성(Density dependence)

　조직생태학에서는 밀도와 관련하여 다음과 같은 주장을 하고 있다. 산업진화의 초기단계에서는 군집밀도(population density)의 증가는 특정 조직형태에 대한 정당성(legitimacy) 확대에 기여(Hannan & Carroll, 1992)하며, 이의 결과 해당 조직의 생존가능성을 높여주게 된다. 그러나 진화의 후

---

17) 기업의 활동은 다음의 두 가지 본원적 활동으로 구성된다. 첫째는 자원의 활용이고 두 번째는 자원에 대한 탐사(exploring)이다(March, 1991). 해외직접투자는 현재의 자원을 활용하는 주요 방법이다. 때문에 해외 자회사는 모기업 자원 활용을 위한 통로 역할을 하게 된다. 전통적인 독점적 우위 이론과 국제화이론 모두 이러한 배경하에 이론적 기반을 두고 있다.
　　자원준거이론에서도 기업의 성장을 기업 내 잉여자원의 활용 측면에서 보고 있다. 모기업의 자회사를 통한 자원활용 의지는 자회사에 대한 투자실행(commitment)를 통해 간접적으로 추정할 수 있다. 만약 자원활용 의지가 크다면 자회사에 대한 투자실행정도가 높을 것이며, 자회사를 통한 자원활용 의지가 작다면 그리 높은 투자실행을 하지 않을 것이다. 때문에 모기업의 자원기반이 아무리 크고 기업규모가 아무리 크다 하여도 자회사를 통한 해외시장에서의 자원활용 의지가 작다면 자연히 해당 자회사는 낮은 성과를 보일 가능성이 높아지게 된다.

반기에서는 보다 많은 기업들이 해당산업에 진입하게 됨에 따라 경쟁이 증가하게 되고 이의 결과 기업의 생존율이 낮아지게 된다. 그동안 밀도의존성은 주로 특정국가내에 존재하는 현지국 기업들만을 대상으로 분석되어져 왔다. 본 연구에서는 밀도의존 모델이 중국에 투자한 한국기업 군집에도 적용되는지 살펴보고자 한다.

3.2.2.3.1 정당성과 경쟁

조직사멸에 있어 밀도의존성의 영향은 사회학, 조직학을 중심으로 그 동안 많이 연구되어 왔다. 조직생태학은 밀도와 관련하여 조직의 사멸률과 설립률을 연구함에 있어 제도화 이론과의 접목을 모색하고 있다. 생태학은 개체군 성장의 법칙을 설명하는 "Lotka-Volterra Equations"에 기초하여 사멸률은 조직군의 크기, 즉 밀도가 증가함에 따라 변화하는 것을 가정하고 있다.[18]

---

18) 조직생태학은 산업환경 전반에 대한 설명을 위해 생태학에서 널리 이용되고 있는 개체군 성장의 법칙에 따른 모델에 기초하고 있다. 하나는 "로지스틱"이라는 것으로 1849년 Pierre-Francois Verhulst라는 벨기에 과학자가 최초로 제안했으며, 단일 개체군의 성장을 설명하는 것이다. 또 다른 하나는 롯카-볼테라 등식"으로, 먹이사슬관계를 개체군의 예측 가능한 성장 폭을 통해 정리한 것이다. 조직군들이 일정한 산업 내에서 제한된 자원공급하에서 활동하고 있다면, 로지스틱 모형을 응용하여 다음과 같은 예측 가능한 유형을 얻을 수 있다. 기업들의 숫자가 적을 때는 자원은 제약요소가 될 수 없다. 따라서 기업들은 초기에는 비록 느리게 증가하지만 곧 지수적 증가율로 급속히 증가하게 된다. 그러나 기업들의 밀도가 자원공급의 정도를 넘어설 정도가 되면 산업에의 진입은 점점 덜 매력적인 것이 된다. 이에 따라 사멸률이 점점 늘어나 진입률과 같아지게 되고 그 산업은 안정된 규모(즉 환경이 조직군을 수용할 수 있는 능력)에 도달하게 된다. 이를 수학적 단순 등식으로 표현하면 S자형의 성장곡선이 된다. 이 로지스틱 모형은 만약 수용능력에 도달한 산업이 균형능력을 잃었을 때, 해당 산업은 곧 균형상태로 돌아가게 된다는 것을 보여준다.

이와 같은 내용을 정리한 롯카-볼테르 로지스틱스 방적식은 다음과 같이 도출할 수 있다(참고: 군집성장모델에서는 다음의 두 가지 가정을 하고 있다. 첫째, 주어진 자원환경으로 지지할 수 있는 조직군집 규모의 상한선이 있다. 둘째, 새로운 단위가 군집으로 부가되어지는 속도는 얼마만큼 고정능력(fixed capacity)이 소멸되었는가에 달려 있다.)

밀도의존성에 대한 최초의 실증분석은 미국의 노조를 대상으로 한 Hannan & Freeman(1988)에 의해 이루어 졌다. 이들의 분석 결과, 밀도와 해체(disbanding)간 U형의 관계가 있는 것으로 나타났다. Carroll & Hannan(1989)에 의해 이루어진 아홉 개 신문군집을 대상으로 한 실증분석에서도 아홉 개 모집단 중 여섯 개 군집이 U형의 패턴을 갖는 것으로 나타났다. 이외의 연구로는 은행과 보험회사, 의료정밀 이미징 처리기업(Mit-

---

$$\frac{dn}{dt} = rn\frac{(K-n)}{(K)}$$

이식에서 보면 조직규모(n)의 변화율은 자연증가율(r)과 수용능력(K)의 함수이다. 조직군집의 규모가 작을 때에는 n의 효과가 매우 미미하므로 상기 식은 다음과 같이 변환된다.

$$\frac{dn}{dt} = rn$$

이때 성장은 지수함수를 따른다. 따라서 r 조건은 조직군집의 초기 발전단계에서 가장 중요하다. 반대로 조직군집 규모가 커지게 되면 K조건이 중요성을 갖게 된다. 이러한 패턴 때문에 조직생태 학자들은 시기별 전략을 r-전략과 K-전력으로 나누어서 보고 있다. 상기 모델에 따르면 r-전략을 추구하는 기업은 군집이 소수의 구성원들만을 포함하고 있는 초기 단계에 진입하게 되고, K-전략을 추구하는 기업들은 군집이 보다 많은 구성원들을 포함하고 있는 후반단계에 진입하게 된다. 이를 다시 말하면 조직생태학에서는 전략의 성공확률이 밀도의존적임을 주장하면서 r-전략과 K-전략을 제시하고 있다. r-전략은 새로운 자원의 이용을 위해 빨리 새로운 영역(시장)으로 옮겨가는 전력이다. 이는 시장의 개척자가 누리는 이득을 얻고자 하는 것으로 이러한 종류의 전략을 가진 조직들은 자원 이용의 유형이 매우 불확실하고 자원들이 여러 지역과 시간에 걸쳐 널리 분포되어 있는 형성단계에 많이 퍼져 있게 된다. 이에 반해 K-전략은 개척자의 이득보다는 효율적인 운영에서 오는 이득을 노리는 전략이다. 따라서 형성단계에는 r-전략이 K-전략보다 우수하며(왜냐하면 더 빨리 자원을 이용할 수 있으므로) 밀도가 높아져서 최대 수용능력에 가까워져 가는 성숙단계에서는 K-전략이 r-전략보다 우수하다(왜냐하면 자원을 더 효율적으로 사용하므로). 참고로 이와 같은 시간의 흐름에 따른 밀도변화에 대한 반응함수로서의 전략 외에 장소개념에 따라 일반주위와 전문주의 전략도 제시되고 있다. 일반주의는 넓은 적소를 지향하는 전략이며, 전문주의는 좁은 적소를 지향하는 전략이다(Hannan & Freeman, 1977: 947).

chell, 1989), 맥주회사(Carroll & Swaminathan, 1991), 미국 내 외국계 은행(Li, 1992), 미국의 반도체 산업(Hannan & Freeman, 1989) 등이 있다.

밀도의존성 모델에서는 밀도가 퇴출률에 대해 비단조적인 효과를 가짐을 가정하고 있다. 밀도가 낮은 초기단계에서는 밀도 증가와 함께 정당성 과정으로 인해 퇴출률이 하락하게 된다. 그러나 밀도증가에 따른 경쟁 증가로 인해 퇴출률이 상승하게 된다. 이때 관련 자원이 중요 요인으로 작용하게 된다(Hannan & Freeman, 1989). 정당화와 경쟁이라는 두 가지 대립되는 개념이 있기 때문에 군집(population)의 전 역사(history)에 걸쳐 U형의 함수관계를 갖게 되는 것이다.

생태학적 개념에 따르면 조직들 간 공유된 운명(fates)은 상호의존성을 의미한다(Barnett & Carroll, 1987). 조직들이 상호간 부정적으로 영향을 미치게 된다면, 이들은 경쟁관계에 있는 것이다. 만약 조직간 상호 생존성(viability)를 향상시키면, 이는 상호주의적(mutualism)인 것으로 간주한다. 조직간 상호의존성은 여러 수준에서 존재한다. : 개별조직들 간, 조직군집 간, 조직의 Communities 간(Barnett & Carroll, 1987).

Hannan & Freeman(1989)은 주어진 형태의 조직(또는 군집밀도 population density)의 수는 상호의존성에 있어 아주 중요하다고 주장하고 있다. 이들에 따르면 밀도가 증가하기 시작함에 따라 상호주의가 나타나게 되는데, 이에 따라 밀도증가는 조직형태의 정당성(legitimacy)을 증가시킴으로 사멸률을 낮추게 된다.

또한 유사한 특성을 가진 조직들이 상호의 제도적 정당성을 향상시킴에 따라 상호주의 확산(diffuse mutualism)이 발생하게 된다(Hannan & Freeman, 1989; Hannan & Carroll, 1992). 중국에 투자한 한국기업과 마찬가지로 중국에 투자한 외자기업은 외국자본에 의해 설립된 기업이라는 동일한 특성을 갖는다. 중국 내 특정성시에서 외국계기업이 집적을 형성하려는 경향이 있는데, 이는 해당 지역에서의 외국계기업의 존재성이 여타 외국계기업의 정당성을 높여주기 때문이다.

중국 내 외국인 직접투자는 중국 내 외국인투자기업 수가 증가함에 따라 모멘텀을 얻게 되며, 외국인 소유기업에 대한 수용이 있게 된다. 수용도가 높아지면서 중국 내 외국인투자 기업들은 "Taken for grantedness character"를 갖게 되며, 이는 외국인투자기업의 생존율을 높이게 된다. 따라서 중국에 투자한 한국기업 자회사들의 퇴출률에 대한 외국기업 밀도의존성의 영향에 대해 다음의 가설을 설정하고자 한다.

가설 8) 중국에 투자한 한국기업 자회사의 퇴출률은 동일 산업 내 외국기업의 밀도와 부의 관계를 가질 것이다.

3.2.2.3.2 국지적 경쟁과 네트워크 외부성

경제학자들이 보통 시장에서의 기업간 경쟁이 무차별적으로 전개된다고 가정하는 데 반해(Hayek, 1996), 경제사회학자들은 시장과 같은 경제적 제도 또한 사회구조적으로 배태되어 있기 때문에 경쟁은 사회구조에 의해 굴절되어 전개되기 때문에 전면적이기보다 국지적이라고 주장한다(Granovetter, 1992).

조직생태학에서는 동일 환경에 의존하는 조직들은 모두 잠재적 혹은 현재적으로 경쟁관계에 놓인다고 본다. 이것은 결국 경쟁적 의도나 전략에 상관없이 객관적 조건이 갖추어지면 희소자원을 둘러싸고 경쟁이 벌어진다는 것을 의미한다. 이러한 객관적 조건 중에서 환경의 수용 능력을 초과한 조직의 수적 증가는 특히 중요하다.

조직생태학에서 조직간 경쟁에 대한 기본적 이론은 밀도의존이론이다. 이 이론의 요지는 앞서 살펴본 바와 같아 조직군의 밀도, 즉 조직군에 속한 조직들의 숫자가 환경의 수용능력을 넘어설 때 조직의 수적 증가는 경쟁을 빠른 속도로 강화시킨다는 것이다. 그런데 밀도를 계산할 때 아무런 가중치를 두지 않고 조직들을 동등하게 취급하여 이들의 숫자를 세기 때문에 밀도의존이론은 한 조직군(본 연구에서는 중국의 각 성·시)에 속한 모든 조직들 간에 경쟁가능성과 경쟁의 강도가 동등하다는 가정이 암묵적으로 깔려 있다.

　그러나 동일 조직군에 속하더라도 조직들 간에는 상당한 이질성이 존재하고, 이 이질성은 조직간 경쟁적 상호작용의 가능성과 강도에 영향을 미칠 수 있다. 조직생태학에서 국지적 경쟁(localized competition)이론은 밀도의존성이론에서 한 걸음 더 나아가 조직군 내의 이질성을 고려하여 조직간 경쟁을 설명하려는 시도이다. 이 이론에서는 서로 유사성이 높은 조직일수록 상이성이 높은 조직들에 비해 서로 경쟁적 관계에 놓일 가능성이 높다고 주장한다. 따라서 조직군에 속한 조직들 간에 경쟁은 광범위하게 무작위적으로 나타나기보다는 비슷한 특성을 보이는 조직들 간에 국지화되어 집중적으로 나타나는 것이다.

　경쟁을 국지화 시키는 변수는 크게 두 가지이다. 하나는 조직의 크기이고(Hannan, Ranger-Moore & Banaszak-Holl, 1990), 또 하나는 조직간 지역적 근접성이다(Baum & Mezais, 1992). 조직의 크기에 따른 국지화 경쟁은 비슷한 크기의 조직들에게 경쟁이 국지화 되어 나타날 경우 비슷한 크기의 조직들이 많을수록 조직들이 직면하는 경쟁의 압력 또한 커진다는 것이다.

　지리적 근접성에서는 응집의 경제에 의해 조직들은 특정지역에 몰리는 경향이 있다고 보는 것이다(Arthur, 1994). 그런데 일단 특정지역에 몰린 조직들은 서로간에 경쟁이 치열해져서 흥망성쇠의 순환은 더욱 빠르게 그리고 급격하게 경험하게 된다. 응집의 경제와 경쟁의 국지화가 서로 결합하여 복잡성의 격변을 낳게 되는 것이다.

　중국시장은 하나의 거대 국가라기보다는 31개 개별적인 성시로 이루어진 연합체로 보고 있다. 때문에 기업활동도 전체 국가시장을 대상으로 하기보다는 각 성시를 대상으로 활동하는 경향을 보이고 있으며, 경쟁 또한 국가보다는 성시 단위로 이루어지는 국지적 경쟁의 성격을 갖는다. 일반적으로 중국시장에 투자하는 다국적기업들은 특정 성시를 대상으로 경영활동을 펼치기보다는 중국시장 전체를 타깃(target)으로 활동으로 펼치는 경향이 있다. 이에 반해 중국 현지기업들은 그들의 경영 기반이 있는 특정 성시만을 대상으로 활동하는 경향이 있다.

  따라서 특정 성시에 투자한 한국기업들의 경우 현지 성시에 자리잡고 있는 중국기업들과 더욱 치열한 국지적 경쟁에 직면하게 될 것이다. 또한 중국기업들은 개혁개방 정책이 본격화된 시점 이전부터 존재하고 있던 기업들로 오랜 기간동안 그들 간의 치열한 경쟁과정을 거쳐 생존하게 된 생존력이 강한 기업들이 주를 이루고 있다. 이에 반해 한국기업들은 외국기업들보다도 훨씬 늦은 시점에 중국시장에 진출했기 때문에 현지시장에서 정당성을 갖는 데 있어 현지기업들보다 상대적인 불리점에 놓일 수밖에 없다.

가설 9) 중국에 투자한 한국기업 자회사의 퇴출률은 동일 산업 내 중국기업의 밀도와 정의 관계를 가질 것이다.

  그러나 한국기업들의 정당성 확보는 동종산업에 속한 한국기업들의 존재성이 많을수록 네트워크 외부성에 효과에 의한 상호주의[19) 확산효과에 의해 강화될 수 있다. 생태이론에서는 조직들이 서로의 생존에 영향을 미치게 되면 상호의존적인 것으로 본다. 경쟁과 마찬가지로 상호주위 또한 직접적이거나 확산적일 수 있다. 직접적 상호주의는 조직들이 상호간 혜택이 될 수 있도록 보완적 역량을 갖고 협력할 때 발생한다. 확산적 상호주의는 유사한 특성을 지닌 조직들이 상호간 제도적 정당성을 향상시킬 때 발생한다(Hannan & Freeman, 1989).
  상호주의 확산은 네트워크 외부성에 의해 확산될 수 있으며, 네트워크 외부성은 집적형성에 의해 더욱 효율화될 수 있다. 집적 형성을 함으로써

---

19) Hawley(1950:209)는 두 가지 종류의 상호주의를 제시하고 있다. 하나는 편리(片利) 공생(commensalism)으로 보충적(supplementary) 유사성에 근거한 상호의존성이며, 다른 하나는 보완적 차이(complementary difference)에 근거한 상호의존성이다. 상호주의는 조직 생태에 있어 매우 중요한데, 이는 조직군집(organizational communities)을 형성하기 때문이다 (Hawley, 1986; Barnett & Carroll, 1987). 예로 많은 산업에서 제조업자들은 공급자, 유통업자들과 지속적인 공생적 거래 관계를 갖게 되며, 또한 무역협회 등을 통해 유사기업 간 공생관계를 갖게 된다.

정보획득, 지식획득 등과 같은 정(positive)의 Spillover effect를 누릴 수 있다. 때문에 많은 해외투자기업들이 특정국내 특정 지역 내에서 집적을 형성하는 것이다.

실증연구를 보더라도 미국에 투자하는 일본기업들은 여타 많은 일본기업들이 존재하고 있는 지역으로 투자하려는 성향이 있음을 밝혀냈다(Head, Reis & Swenson, 1995; Shaver & Flyer, 2000; Chung & Song, 2003). 이와 같은 일본기업들의 집적형성 패턴은 정의 네트워크 외부성에 의해 설명될 수 있는 것이다. 물론 집적형성에 다른 부정적 효과도 존재할 수 있다. 예로 집적 형성을 함으로써 한정된 재화와 요소에 대한 경쟁이 강화될 수 있으며, 이는 기업활동상의 비용을 증가시키게 된다.

집적형성에 따른 네트워크 외부성과 밀도 간 관계를 살펴보면, 집적형성 초기에는 밀도수준이 낮을 수밖에 없으며, 기업들은 상호보완적인 정의 네트워크 외부성을 통해 정당성을 높이게 된다. 그러나 밀도가 일정 수준을 넘어 과집적화 상태가 되면 개체 간 한정된 자원에 대한 경쟁 증가로 인해 부의 네트워크 외부성이 강해지게 된다.

외국기업의 존재성은 정당성을 높여주기 때문에 자회사 사멸을 낮추는 것으로 가설을 설정했는데, 한국기업의 존재성도 이와 마찬가지의 가설을 설정할 수 있을 것이다. 즉 한국기업의 존재성이 많을수록, 정당성을 높여주기 때문에 자회사 사멸을 낮추는 요인으로 작용할 것이다. 그러나 한국기업의 존재성이 외국기업의 존재성보다 상대적으로 더 강하게 여타 한국기업 자회사의 생존가능성에 정의 영향을 미칠 것이다. 이러한 논리는 정의 네트워크 외부성이 발생한다 하더라도 동일국 기업 간에 외부성이 더 강하게 일어나기 때문이다. 예로 특정 투자대상국에서의 경영활동에 대해 지식과 경험을 획득할 경우, 여타국가로부터 온 외국기업들로 학습하는 것보다는 문화적 동일성이 있는 동일투자국 기업들로부터 더 많은 학습을 하게 된다.

가설 10) 중국에 투자한 한국기업 자회사의 퇴출률은 동일 산업 내 한국기
　　　　업의 밀도와 부의 관계를 가질 것이다.

3.2.3 모기업 자원 기반

무형자산은 새로운 지리적 시장으로의 확대를 위한 근간으로 자리잡고
있다(Dunning, 1993). 무형자산은 해외시장에서 활용될 수 있는 우위를 발
생시킨다. 무형자산은 기업으로 하여금 지리적 다각화를 하도록 동기화 시
키는데 이는 새로운 시장으로의 진출이 정보집약적 자산의 시장가치를 평
가절하하지 않기 때문이다(Morck & Yeung, 1998). 무형자산의 공공재적
성격으로 인해 추가비용 없이 새로운 시장에서 활용될 수 있다. 무형자산
적용에 따른 범위의 경제성은 지리적 다각화 정도와 수익성 수준 간 관측
가능한 정의 관계를 설명할 수 있는 주요 이론적 배경의 하나라 할 수 있
다(Delios & Beamish, 1999; Geringer, Beamish & DeCosta, 1989; Tall-
man & Li, 1996). 지대창출적이며 지식기반적인 무형자산은 현지 투자대
상국에서의 경쟁을 위해 사용될 때 수익성을 제공할 수 있다(Caves, 1971).
지식기반형 무형자산은 보다 높은 성과에 공헌할 수 있는데(Barney,
1991), 특히 다국적기업이 새로운 환경에서 자산가치 감소 없이 활용될 수
있을 때 그러하다. 해외자회사 설립을 통해 투자대상국에 진입하게 되면,
자회사는 무형자산 우위를 활용하기 위한 대리인으로 간주된다(Rugman,
1982). 이러한 우위는 해외자회사에게 현지시장에서의 보다 우월한 경쟁적
지위를 제공하게 된다(Isobe, Makino & Montgomery, 2000). 실증분석을 통
해서도 이러한 관계성이 규명되고 있다. Morck & Yeung(1992)과 Mishra
& Gobeli(1998)은 다국적기업의 무형자산 보유와 자회사 시장가치 간에는
정의 관계가 있음을 규명하였다. 따라서 모기업의 무형자산 보유와 자회사
생존 간에는 정의 관계가 있음을 가정할 수 있을 것이다.
또한 기업의 무형자원(생산 또는 마케팅 역량 등)은 낮은 한계비용(높은

고정비용 대비)으로 사용될 수 있기 때문에 규모의 경제를 실현하는 주요 요인으로 작용한다. 또한 무형자산은 해당기업의 특유적 지식 또는 기술에 기반하고 있기 때문에 완전한 전유가 가능하다(Magee, 1977). 이러한 논리는 내부화 이론과도 일치하는 것이다. Morck & Yeung(1992)는 무형자산을 측정하기 위해 연구개발집약도, 광고집약도, 소유권 정도 등을 사용하였다. 무형자산의 역할에 대해서는 그 동안 많은 연구가 있었다. 예를 들면 진입방식 선택이나 해외기업 인수에 따른 무형자산의 가치 변화(Morck & Yeung, 1992) 등이 있다. Delios & Beamish(2001)는 일본계 자회사들을 중심으로 자회사 생존과 성과에 대한 무형자산과 경험의 효과에 대해 분석하고 있다. 분석 결과, 모기업의 무형자산 보유 정도가 해당 자회사 생존에 직접적인 영향을 미치는 것으로 나타났다.

가설 11) 모기업의 무형자산 보유정도가 높을수록, 해당 자회사의 퇴출가
　　　　 능성은 낮아질 것이다.

3.2.4 자회사 철수 유형(부분매각 vs 완전 청산)

Li(1995)는 해외투자기업의 퇴출률이 자회사 특성(진입방식, 진입규모, 다각화 정도), 모기업 특성(모기업의 현지국내 투자경험) 그리고 환경적 요인(산업성장성) 등의 요인에 의해 영향을 받는 다는 주장을 하였다. Li(1995)는 매각(sell-offs)과 청산(liquidations)간 동기에 있어서의 차이가 분명히 존재하기 때문에, 생존을 분석함에 있어 이들 두 가지 형태의 퇴출을 각기 따로 분석해야 한다고 주장하고 있다.

Li(1995)의 주장에 따라 Mata & Portugal(2000)과 Hennart et al.,(1998)은 퇴출을 청산/파산 그리고 매각의 두 가지 형태로 구분하여 분석하였다. Hennart et al.,(1998)은 미국시장에 투자한 일본기업들이 왜 철수하게 되는가를 알아보기 위해 사건사 분석을 사용하였다.

분석을 통해 이들은 두 가지 형태의 철수(매각과 청산)가 각기 다른 동기를 갖고 있다고 주장하였다. 청산하거나 파산한 자회사들은 하나의 실체(entity)로서의 존재성을 중단하는 것이다. 반대로 매각된 자회사들은 계속 존재하나 다른 소유권하에 놓이게 된다. 매각 사업은 계속적인 활동을 하기 때문에 해당 자회사의 성과는 다른 기업의 흥미를 끌기에 충분할 것이라 생각할 수 있다. 즉 청산이나 파산된 기업들은 낮은 수익성을 나타내며, 매각기업의 대부분은 어느 정도의 수익성을 보이기 때문에 매각이 가능한 것이다. 예상한 바와 같이 Hennart et al..(1998)은 청산과 매각을 분리해서 분석했을 때 퇴출모형의 적합성이 더 높아진다고 주장하였다. 또한 보다 큰 모기업은 미국 자회사를 청산시키기보다는 매각하려는 경향을 보인다고 주장하였다.

1983년과 1989년간 포르투갈에 진입한 1033개 외국인투자기업의 퇴출을 분석한 Mata & Portugal(2000)의 연구에 따르면, 청산을 통한 퇴출과 매각을 통한 퇴출 간에는 각기 다른 결정요인들이 작용하는 것으로 나타났다. 예를 들면, 소수지분 합작투자의 경우 청산보다는 매각을 통해 퇴출할 가능성이 높은 것으로 나타났다. 이와 같은 경향은 인수방식을 통해 시장에 진입한 경우에도 적용되는 것으로 나타났다. 자회사 규모와 관련해서는 자회사 규모가 큰 경우에는 청산하려는 경향이 상대적으로 낮은 것으로 나타났다(매각에 대해서는 아무런 영향도 미치지 않았다).

IV

한국기업의 대중국(對中國) 투자 및 철수 동향

4.1 대중국(對中國) 투자 및 철수 동향

4.1.1 대중국(對中國) 투자 현황[1]

한국의 대중국(對中國) 투자는 수교 전인 1988년부터 홍콩, 일본 등 제3 국을 경유하는 형태로 시작하여 수교와 더불어 크게 증가하였다. 외환위기 이후 감소했던 대중국(對中國) 투자가 건수와 규모 면에서 꾸준한 증가세 를 지속하고 있다.

---

[1] 김주영(2003), 『한국의 대중국 투자 증가세 지속』, 서울: 한국수출입은행. 자 료를 바탕으로 작성

<표 Ⅳ-1> 한국의 대중국(對中國) 연도별 투자 현황

단위: 백만 달러

	중 국		
	건 수	금 액	평균금액
~1991	101	65	0.64
1992	170	141	0.83
1993	381	264	0.69
1994	841	633	0.75
1995	748	840	1.12
1996	734	893	1.22
1997	628	718	1.14
1998	258	677	2.62
1999	454	348	0.77
2000	753	605	0.80
2001	1,022	544	0.53
2002	1,203	724	0.60
계	7,293	6,452	0.88

자료: 한국수출입은행(2003)

건수 면에서는 1998년 258건을 최저로 2002년에는 1,203건으로 역대 최고 수준을 기록했고, 금액 면에서는 1999년 3억 4,800만 달러를 최저로 2002년에는 7억 2,400만 달러로 외환위기 이전 수준으로 회복하였다. 건당 평균 투자규모도 외환위기 이후 지속적인 감소세를 보였으나, 2001년의 53만 달러 수준의 최저에서 2002년 60만 달러 수준으로 소폭 증가하고 있다.

2002년 말 현재 대중국(對中國) 투자는 7,293건에 64억 5천 200만 달러를 기록하고 있고, 건당 투자규모는 88만 달러이다. 총 투자 누계기준으로 중국이 미국에 이은 제2의 투자 대상국 지위를 유지하고 있다.

4.1.2 시기별 구분

① 준비단계(1988~1991)

이 시기는 한중 수교 이전으로, 서울 올림픽과 북경 아시안 게임 등을 계기로 양국간에 인적 교류가 이루어지면서 한국 기업들이 주로, 홍콩, 일본 등을 경유한 우회투자 방식으로 중국에 진출하였다. 이 기간 동안 101건, 6,500만 달러의 투자가 이루어졌다.

② 발전단계(1992~1994)

이 단계는 중국이 지역적으로 전면적인 대외개방을 시작하고 수출중심의 외국인 투자정책을 강화한 시기이다. 한국기업들은 국내 고임금에 따른 수출품의 가격 경쟁력 약화를 극복하고자 노동집약적인 산업을 중심으로 중국에 진출하였으며, 수교 초기임에도 불구하고 중소기업 위주의 투자가 활발하게 이루어졌다.

또한 당시 투자는 대부분 지리적으로 가깝고 언어 소통 문제를 해결할 수 있는 점을 고려하여 동포가 많이 거주하고 있는 산둥, 랴오닝, 지린 등의 지역으로 집중되었다. 이는 중국 동남부 지역의 경우 이미 외국기업들의 진출이 활발하여 임금, 토지, 임대료 등 제반 비용이 상승하였고, 내수시장에 대한 이해도 부족하여 진입이 쉽지 않았기 때문으로 풀이된다. 하지만 중국시장에 대한 이해부족에 다른 시험적인 투자가 대부분이어서, 이 시기의 건당 평균투자액은 80만 달러에 불과했다.

③ 성장단계(1995~1997)

이 시기에는 대기업들이 중국 내수기장을 개척하기 위한 투자를 비교적 많이 실행하였다. 내수시장 개척을 위한 투자 실시로 투자지역도 환발해만

(環渤海灣) 지역에서 점차 상하이, 장쑤 등으로 확대되기 시작하였다. 또한 투자분야도 점차 다양해지면서 단순 조립가공뿐만 아니라 부동산, 식음료 등 비제조업 분야로 확대되었다. 이 시기의 연간 투자규모는 8억 달러 안팎이고, 건당 평균투자액도 처음으로 100만 달러를 상회하였다.

④ 위축단계(1988~2001)

이 시기에는 국내 금융위기 여파로 인한 국내 본사의 경영애로 때문에 대중국(對中國)투자가 위축되었다. 따라서 연간 투자규모도 4억 달러 수준에 불과하였고, 건당 평균투자액도 50만 달러로 대중국(對中國)투자 개시 이후 가장 소규모였다. 이와 같이 투자가 소규모로 이루어진 것은 중국의 WTO가입이 가시화되고 있었지만, 내수시장 개방이 제도적으로 뒷받침되어 있지 않은데다 국내 본사의 자금 여력 또한 충분하지 못했기 때문에 적극적인 투자보다는 중국시장에 대한 이해를 제고하는 데 초점을 맞춘 게 아닌가 추측된다. 특이한 점은 이 기간 동안 중소기업은 꾸준한 투자를 지속했다는 점인데, 이는 국내 경기불안과 경영애로(經營隘路) 등으로 인해 생산기지를 중국으로 이전한 때문인 것으로 해석된다.

4.1.3 대중국(對中國) 투자 특징

① 높은 제조업분야 투자 비중

2002년 말 현재 대중국(對中國) 투자기업 가운데 제조업 분야 진출 비중이 건수와 금액 면에서 각각 88.7%, 85.9%로 높게 나타나고 있다. 2002년 중 제조업 투자 비중도 건수, 금액이 각각 84.4%, 86.0%로 여전히 높게 나타나고 있다.

제조업부문의 대중국(對中國) 투자비중이 높은 데는 국내 高임금에 따른 중국의 풍부한 저임 노동력 활용이라는 대내요인과 중국의 외국인 투자기업에 대한 수출요구, 서비스 부문 등 내수시장 미개방 등의 대외적인 요인이 상호 결합하여 나타난 결과로 분석된다. 중국의 WTO 가입으로 외국인 투자기업의 수출 요구가 수출 장려로 완화되었고, 서비스 분야에 대한 투자도 개방되고 있다.

제조업에 대한 투자는 금액 기준으로 주로 전자통신, 섬유·의복, 석유화학 등 분야가, 건수 기준으로는 섬유·의복, 전자통신, 석유화학 등의 순으로 많게 나타나고 있다. 주목할 점은 섬유·의복 분야에서는 투자 규모는 작지만 건수가 매년 100여 건 넘게 투자되고 있고, 전자통신 분야도 투자가 증가하여 금액 기준으로 가장 높은 비중을 차지하고 있다는 점이다.

② 소규모 투자 위주

2002년 말 현재 대중국(對中國) 건당 평균 투자규모는 88만 달러로, 全세계 해외투자 건당 규모 237만 달러의 절반에도 못 미치는 수준이다. 이처럼 대중국(對中國) 건당 평균 투자 규모가 작은 것은 저임 노동력 활용을 위한 노동집약적 산업 투자가 많은 반면, 개방 지연에 따른 시장진입제한 등으로 대규모 투자가 제약을 받은 때문으로 풀이된다.

이는 2000년 말 현재 우리나라의 전 세계 해외투자 기업 가운데 1,000만 달러 이상 투자한 276개 사의 건당 평균 투자규모가 54백만 달러인 반면, 대중국(對中國) 투자기업 48개 사의 건당 평균 투자규모는 35백만 달러에 불과한 데서도 잘 나타나고 있다(한국수출입은행, '우리나라의 대중국(對中國) 투자 현지법인 경영현황 분석', 2002. 1).

한편, 세계 각 국의 대중국(對中國) 건당 투자규모는 2002년 말 현재 105만 달러로 한국의 투자규모보다 다소 큰 것으로 나타나고 있다.

〈표 Ⅳ-2〉 한국의 대중국(對中國) 업종별 투자 현황

단위: 건, 백만 달러

		제조업								비제조업					
		음식료품	섬유의복	신발가죽	석유화학	조립금속	전자통신	기타	소계	농림어업	건설	운수	도소매	기타	소계
~1991	금액	6	9	10	6	0.04	7	25	63	0.1	.	0.5	0.1	1.2	1.9
	건수	7	19	10	2	1	9	45	93	1	.	1	1	5	8
1992	금액	3	35	12	2	10	16	40	118	1	.	.	0.2	22	24.2
	건수	9	47	10	4	10	14	66	160	7	.	.	1	2	10
1993	금액	8	84	22	13	7	25	94	253	3	2	3	2	4	14
	건수	21	105	33	32	13	24	127	355	6	2	0	3	15	26
1994	금액	26	104	34	30	18	145	224	581	6	12	7	4	22	51
	건수	67	194	45	61	33	58	245	703	17	9	13	30	69	138
1995	금액	55	123	45	65	13	143	267	711	4	26	16	12	70	128
	건수	60	132	44	65	31	68	248	648	11	9	10	19	51	100
1996	금액	43	106	26	81	18	183	248	705	7	52	6	41	82	188
	건수	66	126	47	58	35	53	253	638	25	10	1	21	39	96
1997	금액	18	53	11	64	9	41	289	485	1	44	6	15	165	231
	건수	38	117	27	47	33	57	226	545	10	6	7	18	42	83
1998	금액	7	24	9	52	5	293	195	585	2	18	4	3	65	92
	건수	12	66	12	20	7	23	78	218	5	1	3	16	15	40
1999	금액	9	14	22	51	6	109	75	286	1	12	2	1	43	59
	건수	33	100	35	24	20	30	166	408	6	3	3	13	21	46
2000	금액	12	27	22	63	12	122	197	445	1	16	16	28	90	151
	건수	46	124	55	53	24	91	260	653	8	2	2	27	61	100
2001	금액	28	94	25	55	18	154	135	590	2	1	2	13	17	35
	건수	61	146	82	82	37	130	347	884	7	4	2	41	84	138
2002	금액	30	74	21	71	30	161	236	623	3	29	4	23	42	101
	건수	64	166	60	88	61	197	379	1,015	12	5	7	62	102	188
계	금액	245	747	259	553	146	1,399	2,026	5,375	32	212	66	142	624	1,077
	건수	484	1,342	460	535	305	754	2,440	6,320	115	51	49	252	506	973

자료: 한국수출입은행(2003)

③ 높은 중소기업 투자 비중

대중국(對中國) 투자는 全세계 투자에 비해 상대적으로 중소기업 주도하에 이루어지고 있다. 2002년 말 현재 우리나라 중소기업의 전 세계 해외투자는 건수, 금액 면에서 각각 전체의 83.7%, 23.5%를 차지하고 있는 반면, 대중국(對中國) 투자에서는 93.6%, 39.9%로 각각 9.9% 포인트, 16.4% 포인트 높게 나타나고 있다. 2002년의 경우 중소기업의 투자가 건수, 금액 면에서 각각 97.6%, 61.1%로 전년대비 0.8% 포인트 감소, 6.0% 포인트 증가하였다. 이의 주된 이유는 국제화에 미흡한 중소기업으로서는 지리적인 인접성, 문화적 유사성과 동포(조선족) 활용이 가능한 점 등 중국이 상대적으로 다른 국가에 비해 심리적 부담이 덜한 데 따른 것으로 해석된다.

<표 IV-3> 한국의 대중국(對中國) 기업규모별 투자 현황

단위: 건, 백만 달러

	대기업		중소기업		합 계	
	건 수	금 액	건 수	금 액	건 수	금 액
~1991[*]	21	28	80	37	101	65
1992	14	55	156	86	170	141
1993	36	72	345	192	381	264
1994	92	344	749	289	841	633
1995	91	493	657	345	748	840
1996	73	565	661	328	734	893
1997	50	544	578	175	628	719
1998	20	588	238	90	258	677
1999	11	248	443	99	454	348
2000	13	413	740	191	753	605
2001	16	245	1,006	299	1,022	544
2002	29	282	1,174	442	1,203	724
누계	466	3,877	6,827	2,575	7,293	6,452

자료: 한국수출입은행(2003)
주: [*] 1988~1991년의 수치임

④ 지역적 편중 심화 여전

초기의 대중국(對中國) 투자의 지역적 편중 현상이 여전히 해소되지 않고 있으나, 개방 확대에 따른 중국 내수시장 진입 제한이 완화되면서 점차 편중 현상이 완화될 조짐이 나타나고 있다.

省별로 보면, 山東, 天津, 江蘇, 遼寧, 上海 순으로 높은 투자비중을 보이고 있는데, 이들 5개 지역이 전체 중국 투자 건수, 금액의 70% 이상을 차지하고 있다. 2002년 말 현재 환발해만(環渤海灣) 지역과 長江 삼각주 지역에 대한 투자는 건수, 금액 면에서 전자는 전체 투자의 66.1%, 59.0% 후자는 13.1%, 24.7%를 차지하고 있다.

지역적으로 투자 1, 2위를 기록하고 있는 山東, 天津은 한·중 수교 초기부터 중국이 WTO에 가입한 지금까지 유망한 투자지역으로 선호되고 있다. 이들 지역은 지리적 인접과 북경 진입이라는 이점 때문인 것으로 해석된다.

한편, 중국의 외국인투자는 2001년 중 珠江 삼각주(廣東, 福建, 海南)지역과 長江 삼각주지역이 각각 전체 투자의 34.8%, 28.6% 차지할 정도로 높다. 외환위기 이후 江蘇 지방에 대한 투자가 크게 증가하고 있는데, 이는 上海라는 경제중심지에 인접한데다 양호한 투자환경 때문인 것으로 풀이된다. 반면, 江蘇와 上海는 1990년대 중반 이후부터 내수시장 개척을 위한 대규모 투자가 집중되고 있다는 점이 다르다고 할 수 있다.

<표 Ⅳ-4> 한국의 대중국(對中國) 지역별 투자 현황

단위: 건, 백만 달러

		산동	요녕	길림	천진	북경	강소	상해	광동	절강	기타	총계
~1991	금액	25	12	1	4	3	5	.	4	2.4	11	65
	건수	28	23	6	6	10	5	.	6	1	16	101
1992	금액	49	16	3	8	27	5	5	9	1	18	141
	건수	69	33	11	18	6	6	5	7	2	13	170
1993	금액	88	44	14	24	14	18	5	12	1	43	264
	건수	107	77	30	49	26	18	9	10	2	53	381
1994	금액	204	59	25	108	31	57	34	26	2	88	633
	건수	208	189	88	91	66	41	22	19	10	107	841
1995	금액	291	75	38	85	70	90	98	21	10	60	838
	건수	208	157	81	77	46	33	29	17	17	83	748
1996	금액	241	125	35	102	99	83	107	33	9	58	893
	건수	224	153	87	60	32	35	31	10	23	78	733
1997	금액	139	81	18	42	39	131	127	19	50	71	716
	건수	197	116	76	68	23	38	23	14	11	62	627
1998	금액	179	29	5	168	31	75	32	76	62	23	679
	건수	85	36	31	26	12	15	12	5	9	29	260
1999	금액	62	32	17	57	36	49	39	2	9	43	348
	건수	185	79	68	16	14	30	16	5	14	27	454
2000	금액	204	60	9	56	67	75	14	7	21	30	605
	건수	298	111	72	66	46	39	29	18	22	52	753
2001	금액	176	35	14	98	13	76	29	15	42	41	544
	건수	417	135	54	82	64	61	69	30	34	85	1,022
2002	금액	181	131	11	62	97	123	55	30	59	24	724
	건수	466	54	38	111	77	107	97	42	92	34	1,023
누계	금액	1,841	621	191	814	528	786	546	254	607	510	6,452
	건수	2,492	1,240	642	670	422	428	342	183	686	629	7,293

자료: 한국수출입은행(2003)

주: 환발해만(環渤海灣): 遼寧, 河北, 北京, 天津, 山東; 장강 삼각주: 江蘇, 上海, 浙江

4.2 한국기업의 대중국(對中國) 철수 동향 및 특징[2]

4.2.1 청산현황

중국경제의 고도성장에 힘입어 우리나라를 비롯한 많은 외국인 투자기업들이 생산비 절감을 위한 단순 가공형 제조기지로서의 활용뿐만 아니라, 내수시장 개척을 위해서도 적극적인 진출을 꾀하고 있다. 그러나 우리 기업들의 대중국(對中國)투자는 여전히 졸속으로 이루어지는 감이 없지 않다. 많은 기업들이 철저한 사업 타당성 분석과 검증 없이 비용절감과 중국의 엄청난 내수시장만을 믿고 섣부른 투자를 단행하고 있는 것으로 알려지고 있다. 즉 중국 진출 국내기업의 상당수가 투자 이후 기업 운영에서 사업철수에 이르기까지의 단계별로 예상되는 문제점에 대한 대응책을 마련하지 않고 진출한다는 점이다. 최근 중국에서 우리나라 투자기업들의 사업철수 사례가 급격히 증가하고 있는 것이 그 반증이다.[3]

특히 중국정부는 외국인투자 유치는 적극 환영하지만 기업철수는 엄격하게 처리하고 있어, 철수과정에서의 우리기업들이 겪는 어려움은 더욱 크다.[4]

---

2) 김주영(2003), 『우리나라의 대중국(對中國) 투자기업의 청산 현황 분석』, 서울: 한국수출입은행; 김주영(2002), 『우리나라 대중국(對中國) 투자기업의 철수 현황과 대응』, 서울: 한국수출입은행. 자료를 바탕으로 작성

3) 외국인투자기업이 중국에 진출하여 현지법인을 운영하다 예기치 않은 사안이 발생하여 부득이하게 기업을 철수시켜야 하는 경우가 있다. 이 때 기업을 정리하는 방법은 해당기업이 처한 상황에 따라 ① 합작선 또는 제3자에게 보유 지분의 양도 또는 매각, ② 현지 투자기업의 청산, ③ 현지 투자기업의 파산 등 크게 세 가지로 구분할 수 있으며, 이에 따라 적용되는 법률 규정과 절차도 달라진다. 대중국(對中國) 투자기업의 사업철수 절차는 크게 보면 "해산 요건 발생 → 해산 결정(이사회 혹은 주주총회) → 해산방식 선정(지분매각, 피인수·합병, 청산, 파산) → 사업철수"와 같은 절차로 이루어진다.

4) 대중국(對中國) 투자기업의 사업철수 방식 가운데는 지분양도(매각)가 가장 보편적이며, 여의치 않을 경우 청산, 파산 등의 방식을 취하게 된다. 지분양도가 가장 선호되는 것은 다음 몇 가지 이유에서 알 수 있듯이 사업철수에 따

우리나라의 대중국(對中國) 투자기업의 철수 건수 및 규모는 1993년 첫

른 비용손실을 최소화할 수 있으며, 또 비교적 간편하기 때문이다.

첫째, 사업철수는 어떤 방식을 취하든 중국 측 합작선의 동의가 필요하다. 만일 합작선이 이에 동의하지 않으면 사업철수절차를 밟기란 사실상 어렵다. 지분양도는 중국 측 투자자로부터 동의 받기가 상대적으로 수월하며, 동의만 얻으면 이후 절차가 신속하게 처리되어 철수비용이 적게 든다.

둘째, 시간 및 금전적 손실을 고려해야 한다. 청산과 파산방식에 의한 사업철수는 짧게는 수개월에서 길게는 수년까지 걸릴 수 있다. 이러한 사업철수 과정에서 발생하는 제반 비용은 모두 합자(합작)기업이 부담해야 한다. 시간이 길어질수록 철수비용은 그만큼 늘어난다. 이런 점에서 지분양도(매각)는 합작선의 동의만 얻어내면 신속하게 처리되는 장점이 있다.

셋째, 자산 처분의 용이성이다. 청산·파산에 의한 사업철수는 보유자산을 모두 처분해야 하지만 사업철수의 기간을 단축하기 위해서는 헐값에 처분하는 것이 불가피하며, 결국 이는 잔여재산 분배에 있어 손실로 연결된다.

넷째, 그 동안 누려왔던 각종 우대조치가 철회되며, 이로 인한 추가비용 부담이 생길 수 있다. 청산·파산에 의한 사업철수는 직원들과의 노동계약 해지가 불가피하며 이로 인한 금전적 보상이 뒤따라야 한다. 그러나 지분양도(매각)의 경우에는 양수인에 의한 사업 계속성이 보장됨에 따라 직원들에 대한 금전적 보상이 필요하지 않다. 또한, 청산·파산의 경우 설비자재 수입 시 관세와 부가가치세 면제 및 기업소득세 우대(2년간 면제 이후 3년간 50% 감면)조치에 따라 외국인 투자자로서 면제받았던 각종 세금도 모두 수급하여 부과된다.

한편 청산에는 보통청산과 특별청산이 있다. 합자(합작)상대방의 동의가 없어 기업 스스로 청산위원회를 구성할 수 없거나 보통청산을 하면 중대한 문제가 발생할 때 또는 기업이 법률을 위반하여 법원이 기업폐쇄 명령을 내린 경우에 특별청산을 한다. 청산기간에 기업은 신규 경영활동을 못한다. 특별청산 방식에 따른 청산이 결정되면 심사·인가기관이 청산위원회를 구성하며, 구성된 청산위원회는 채권자회의를 소집하여 구체적인 청산절차를 채권자회의와 협의한 후 심사·인가기관의 승인을 받아야 한다. 청산위원회는 청산에 관련한 업무를 전반에 걸쳐 채권자회의와 협의를 하여야 하며 또한 심사·인가기관의 승인을 받아야 한다.

청산, 파산방식에 의한 사업철수가 대개는 경영난 혹은 합작선과의 불화로 인한 사업철수가 많아 원만하게 진행되지 못하고 시간적·금전적 비용이 계속 추가되는 어려움에 직면할 수도 있다. 특히, 파산은 사업철수의 가장 극단적인 형태로서 기업이 해산시점에 있어 자산이 부채보다 많은 경우 추진된다. 따라서 대부분 투자비용을 한 푼도 건지지 못하게 되

사업철수 사례가 발생한 이래 2001년 말 현재 누계기준으로 각각 98건, 8.5억 달러에 달하고 있다.

2002년 말 현재 누계기준으로는 청산 건수와 청산을 통한 회수금액이 각각 152건, 8억 5,720만 달러이다. 2002년 말 현재 투자기준으로 중국에 진출한 우리 기업은 7,293건에 64억 5,200만 달러이며, 이에 대한 청산기업의 건수 비중은 중국 전체 투자기업의 2.1% 정도로 나타나고 있다.

그러나 2001년 중 LG전자와 대우의 현지법인 매각 수익을 제외할 경우 건당 83만 달러의 투자손실이 발생한 것이다. LG전자가 1억 66만 달러를 투자한 호남성 컬러 TV 브라운관 공장 매각 수익 5억 9,030만 달러와 대우가 3,600만 달러를 투자한 절강성의 7개 이동전화서비스 사업 매각 수익 1억 1,128만 달러 제외하면 83만 달러의 투자 손실 발생하였다.

한편 청산한 152개 기업 가운데 단 한 푼도 회수하지 못한 기업이 32개로 전체 청산기업의 21.1%를 차지하고 있다. 이를 기업규모별로 보면, 중소기업 71.9%, 대기업 28.1%를 차지하고 있다.

며, 심한 경우에는 사업주가 불법 등을 이유로 사법처리를 받게 될 수도 있다. 결국 사업철수를 고려하는 기업으로서는 지분양도(매각)방식을 우선 고려하게 된다. 이것이 여의치 않을 경우 청산방식을 취하고, 가급적이면 파산에 의한 사업철수 방식은 피해야 할 것이다.

외국인 투자기업에게 적용되는 파산법이 아직 제정되지 않은 데다 위에서와 같은 연유로 현재까지 중국에서 외국인 투자기업 파산 사례는 거의 없다. 그러나 최근 상하이에 소재한 초콜릿 제조업체인 콜라인사(Shanghai Coline Products Co.)가 파산하여 경매에 부쳐졌다. 외국인 투자기업이 파산하여 경매에 부쳐지기는 이번이 처음으로, 아직 외국인 투자기업의 파산절차가 없는 상황에서 경매절차가 진행되고 있다는 점에서 향후 부실 외국인 투자기업의 처리방식에 큰 변화가 있을 것으로 보인다.

이와 관련해 중국 국유기업에게만 적용되는 파산법이 외국인 투자기업에게도 동일하게 적용되도록 법률개정이 진행 중이므로 조만간 외국인 투자기업의 파산관련 법적인 제도도 확립될 것으로 전망된다.

<표 Ⅳ-5> 한국 기업의 대중국(對中國) 투자 청산 현황

단위: 건수, 백만 달러

	1993	1994	1995	1996	1997	1998	1999	2000	2001	2002	계
건수	2	9	9	24	19	14	20	12	26	17	152
투자 금액[1]	3.6	20.9	4.5	68.7	3.2	11.4	93.4	36.9	163.4	5.7	411.7
청산 금액[2]	0.5	2.5	3.7	11.3	3.1	9.7	87.1	6.4	730.8[3]	2.1	857.2

자료: 한국수출입은행(2003))
　주: 1) 청산기업의 투자금액
　　　 2) 청산기업의 회수금액
　　　 3) LG전자와 대우의 매각 수익 포함
　　　 * 참고: 청산에는 철수도 포함된 것임.

　우려되는 것은 우리나라 해외직접투자기업의 전체 사업철수 가운데 중국에서의 사업철수가 차지하는 비중이 작지 않으며, 최근 들어 그 비중이 급격히 확대되고 있다는 점이다. 이처럼 최근 수년간 대중국(對中國) 투자기업의 사업철수 사례가 여타지역에 비해 월등히 높게 나타나는 이유는, 1990년대 중반 이후 중국진출이 활발하였던 대우그룹을 비롯한 중견규모 이상의 기업들이 1997년 말 외환위기 이후 중국 현지법인들의 지분 매각 및 청산이 집중적으로 이루어졌기 때문인 것으로 분석되고 있다.

　그러나 더욱 심각한 것은 우리기업의 실제 중국 철수 규모가 현재 알려진 것보다 훨씬 많다는 데 있다. 이러한 추정을 가능케 하는 이유는 다음과 같다. 먼저, 우리나라의 대중국(對中國) 투자통계가 중국에서 발표한 것보다 훨씬 적은 것으로 집계되고 있다. 예로 2001년 말 우리나라 해외투자 통계에 따르면 대중국(對中國)투자는 50억 달러이나 중국정부가 발표하는 통계에 따르면 124.8억 달러로 발표되었다. 이처럼 한국과 중국간 통계상 차이가 나는 것은 투자기업들의 신고가 미비하고, 기진출기업들의 재투자시 중국 측 통계에는 집계되나, 국내통계에는 집계되지 않는다는 점이다.[5]

---

5) 현재 우리나라의 해외투자 신고가 의무사항이기는 하나, 신고를 하지 않는 기

  또한 중국에 기진출한 기업이 이익금을 재투자할 경우에도 국내에서는
이를 확인하기 어렵다. 반면 중국에서는 외국인 투자기업들이 관련기관에
신고한 뒤 등기기관으로부터 영업허가증을 받아야 영업이 가능하기 때문
에, 중국에 투자하는 기업들은 반드시 관련기관에 투자신고를 해야 하며,
이는 재투자의 경우에도 마찬가지다.

  마찬가지로 사업을 철수한 기업들이 중국에서는 사업철수 신고절차를 마
치고 있으나, 국내에서는 상당수의 기업들이 사업철수에 대한 신고나 공표
를 회피하고 있다. 이러한 현상은 특히 중소기업에게서 많이 나타나고 있
다. 이는 사업철수가 알려지면 국내에서의 기업 이미지가 크게 손상될 것
을 우려하여 사업철수에 대한 공개를 꺼리기 때문인 것으로 판단된다.

4.2.2 특징 분석

  기업별로는 대기업의 청산비율이 중소기업의 여섯 배로 나타나고 있다.
투자건수 기준으로 청산기업 가운데 대기업의 청산비율이 9.9%로 중소기
업의 1.6%보다 여섯 배 높게 나타나고 있다.

<표 Ⅳ-6> 기업규모별 청산비율 현황

단위: 건, %

	대기업	중소기업
투자 건수 (A)	466	6,827
청산 건수 (B)	46	106
청산 비율 (B / A)	9.9	1.6

자료: 한국수출입은행(2003)
  주: 수치는 2002년 말 현재임(이하 같음).

  업들의 투자실적이 해외투자 집계에서 누락되는 경우가 적지 않다.

업종별로는 건설업, 운수창고업, 통신·부동산 등 기타서비스업 등이 높은 것으로 나타났다. 전 업종 가운데 투자 대비 가장 높은 청산 비율을 보인 업종은 건설업, 운수창고업, 통신·부동산 등 기타서비스업, 농업 등의 순이다. 제조업은 우리 기업 투자의 대부분을 차지하고 있지만 투자건수 대비 청산 비율이 1.9%로 가장 낮게 나타났다.

<표 Ⅳ-7> 업종별 청산비율 현황

단위: 건, %

	건설업	운수창고업	농업	기타서비스업	도소매업	제조업
투자 건수(A)	51	49	115	506	252	6,320
청산 건수(B)	4	3	4	17	6	118
청산비율 (B / A: %)	7.8	6.1	3.5	3.4	2.4	1.9

자료: 한국수출입은행(2003)

중국 省별 투자 비중을 고려할 때, 청산이 상대적으로 높게 나타난 지역은 절강, 흑룡강, 북경, 광동, 길림 등의 순이다. 절강의 경우 중국의 유대인이라 할 만큼 상업의식이 높은 데다 중소 민간기업의 가장 발달한 점이 한국기업의 사업을 어렵게 한 것으로 보인다.

흑룡강, 길림의 경우 동포 활용 측면에서 진출하였으나, 개혁개방의 진전 지연에 따른 시장경제 의식 미흡, 시장협소 등이 어우러진 결과로 해석된다. 북경으로의 투자가 내수시장 지향이라는 점에서 세계적인 브랜드 이미지가 없는 중소기업들이 보수성향의 소비자를 상대로 사업하기가 쉽지 않다는 점이 반영된 결과로 해석된다. 광동의 경우 개방의 전초기지로서 홍콩, 대만 등의 자본이 일찍이 진출함에 따라 후발주자인 우리 기업들이 현지 상관습과 시장에 대한 이해부족으로 적응하지 못한 것으로 해석된다.

이와는 달리 한국기업이 진출을 많이 한 천진, 산동, 요녕 등의 경우 투자비중 대비 청산이 가장 적게 나타났는데, 이는 이들 지역에 진출한 기업이 수출지향의 투자를 한 점과 靑島, 威海, 煙臺, 大連 등 지역을 중심으로의 투자밀집에 따른 상호 정보교환 등으로 역경을 헤쳐나가는 데 긍정적으로 작용한 점을 들 수 있다. 한편, 내수시장 지향의 투자로 부상중인 上海, 江蘇의 경우 투자비중 대비 청산 비중이 다소 낮게 나타난 데서 향후 동 지역에 대한 투자 진출에 긍정적인 영향을 미치리라 판단된다.

<표 Ⅳ-8> 지역별 청산비율 현황

	절강	흑룡강	북경	광동	길림	상해	강소	요녕	산동	천진	총계
투자 건수 (A)	196	265	422	183	642	342	428	1,240	2,492	670	7,293
청산 건수 (B)	9	12	16	7	14	7	8	24	42	8	152
청산 비율 (B / A: %)	4.6	4.5	3.8	3.8	2.2	2.0	1.9	1.9	1.7	1.2	2.1

자료: 한국수출입은행(2003)

한편 투자형태별 청산을 살펴보면 우리의 대중국(對中國) 투자에서 합자(작)기업의 투자건수 대비 청산 비율이 2.7%로 단독투자의 1.7%에 비해 1% 포인트 높게 나타나고 있다. 당초 합자(작)의 목적이었던 중국 내수시장 개척 등에서 중국 측 파트너의 역할이 기대 이하였음을 실증적으로 나타낸 것이라 할 수 있다.

<표 Ⅳ-9> 투자형태별 청산비율 현황

단위: 건, %

	합자(작)투자	단독투자
투자 건수(A)	2,779	4,514
청산 건수(B)	76	76
청산 비율(B / A: %)	2.7	1.7

자료: 한국수출입은행(2003)

112

한편 청산을 기간별로 살펴보면, 중국에 투자한지 3년 이내에 청산을 하는 경우가 전체 청산의 68.4%를 차지할 정도로 높으며, 5년 이내 청산은 무려 84.9%에 달하는 것으로 나타났다. 투자 후 3년 이내 청산을, 중소기업과 대기업으로 구분해 보면 각각 79.2%, 43.5%이고, 5년 이내는 89.6%, 73.9%로 나타나고 있다. 심지어 중소기업의 경우 투자 1년 만에 청산을 한 경우도 중소기업 전체의 17.9%에 달할 정도로 높다.

이처럼 우리 기업의 조기 청산이 이루어지는 이유는 꾸준한 조사와 현장 답사 등을 통해 충분한 검토 후 투자하기보다는 중소기업 경영자의 감각적인 판단과 투자지역 정부의 호의적인 태도 및 최고 경영자의 의지를 반영한 '짜맞추기'식의 사업타당성 조사 등으로 인한 섣부른 의사결정에 기인하는 것으로 해석된다. 이러한 점에 있어서는 대기업도 크게 예외는 아닌 것으로 보인다.

투자에서 청산까지 기간이 짧은 업종으로는 도·소매업, 통신·부동산 등 기타 서비스업, 농업, 건설업 등이다. 이들 업종의 경우 개방화 정도가 제조업보다 상대적으로 낮은 데다 지방이기주의 등 보이지 않은 차별적 대우가 작용한 결과로 풀이된다.

<표 Ⅳ-10> 기업 규모별 투자 후 청산까지 소요기간

단위: 건수

	대기업	비중(%)	중소기업	비중(%)	계	비중(%)
1년 이내	2	4.4	19	17.9	21	13.8
1~3년	18	39.1	65	61.3	83	54.6
3~5년	14	30.4	11	10.4	25	16.4
5년 이상	12	26.1	11	10.4	23	15.1
계	46	100	106	100	152	100

자료: 한국수출입은행(2003)

<표 Ⅳ-11> 업종별 투자 후 청산까지 소요기간 현황

단위: 건수

	건설업	농업	도·소매업	운수·창고업	제조업	기타[주]	계
1년 이내	1	-	1	-	18	1	21
1~3년	2	3	4	1	60	13	83
3~5년	1	1	1	1	19	2	25
5년 이상	-	-	-	1	21	1	23
계	4	4	6	3	118	17	152

자료: 한국수출입은행(2003)
　주: 통신·부동산 기타 서비스업

4.2.3 사업철수 원인 분석

대중국(對中國) 투자기업의 사업철수 원인은 크게 ① 타당성 검토 미비, ② 합작선과의 불화, ③ 제도·시장 환경에 대한 적응 부족, ④ 모기업의 경영 부진 또는 전략적 사업재조정 등 네 가지를 들 수 있다. 실제로는 이들 원인 가운데 어느 한 가지가 사업철수의 원인으로 작용할 수도 있으나, 대개는 이러한 문제점들이 복합적으로 작용한다고 볼 수 있다.

사업 타당성 검토 미비는 중국에 투자한 기업들이 사업철수를 하게 되는 가장 중요한 이유로 꼽을 수 있으며, 이로 인해 사업을 철수하는 사례도 가장 많은 것으로 알려지고 있다. 실제로 적지 않은 우리나라 기업들이 사업 타당성에 대한 철저한 검토 없이 막연하게 저임 노동력 활용, 합작선에의 내수판매 및 경영 의존 등을 통해 진출하는 경우가 많다. 이들은 중국 내 인적자원 관리, 원·부자재 조달, 판매대금 회수 등에 있어 많은 시행착오를 겪다가 결국 추가 운영자금 조달 애로, 중국 내 관련기술 개발 등으로 본래의 투자목적을 제대로 달성하지도 못한 채 철수하고 있다.

중국 진출 시 고려해야 할 사업 타당성 조사는 여러 가지가 있겠으나, 몇 가지 자주 언급되는 사항을 검토해보면 다음과 같다. 첫째, 허가받지 않

114

은 영업행위를 하다가 나중에 취소당하는 경우이다. 외국인 투자기업은 진출 초기에 사업 허가를 받은 범위 내에서만 영업이 가능하며, 영업활동과 관련된 사업일지라도 명시되지 않은 추가사업을 영위코자 할 경우에는 별도로 허가를 받아야 한다. 이를 무시하고 추가사업을 진행할 경우 이는 허가취소 사유가 된다.

둘째, 많은 중소기업들이 13억의 잠재 소비자를 확보한다는 기대감을 갖고 진출하고 있으나, 실제로 중국 전체를 단일 상권으로 묶기는 불가능하며, 몇 개의 지역별 권역 혹은 일부 지방만을 대상으로 할 수밖에 없음을 인식해야 한다. 중국의 유통시스템은 점(點)조직으로 이루어져 있어, 해당 품목의 상거래 관행 및 유통흐름을 정확히 이해하는 것이 제품판매 성공의 관건이 된다. 또한 현재 중국은 전반적인 공급과잉 상태로 제품의 가격인하 추세가 지속되고 있으며, 최근에는 중산계층의 소비성향이 상당히 고급화되어 중국 시장 공략이 점점 어려워지고 있다. 이러한 중국 소비시장의 특성을 제대로 파악하지 않고 만들면 팔릴 것이라는 막연한 기대감으로 중국에 진출하는 것은 실패의 첩경이다.

셋째, 흔히 중국은 동남아 등에 비해 인건비가 저렴한 것으로 알고 있으나 실제 외국인 투자기업의 임금은 중국계 기업에 비해 훨씬 높으며, 특히 상하이 등 연해지역 대도시에 위치한 기업의 경우 동남아에 비해 오히려 임금이 높을 수도 있다. 게다가 임금상승률은 연평균 10% 이상으로 동남아 국가들에 비해 훨씬 높다. 따라서 저임금을 활용하기 위한 대중국(對中國) 투자는 당초 기대보다 훨씬 많이 소요되는 인건비 부담으로 인해 사업운영에 커다란 애로를 겪을 수 있다.[6]

---

6) 중국은 1993년 이래 西藏을 제외한 중국전지역 30개 省, 自治區, 直轄市에서 해당지역의 경제발전 수준에 따라 "기업최저임금제도"를 실시하고 있다. 최저임금은 근로자가 법정시간 내에 정상적인 근로를 제공할 경우 기업이 지불하여야 하는 근로에 대한 최저수준의 보수를 의미한다. 중국의 최저임금제는 각 성, 자치구, 직할시 인민정부에서 정하며, 국무원 노동행정부문의 협의를 거쳐 결정한다(노동법 제49조). 최저임금은 근로자 본인 및 평균 부양인구의 최저생계비, 사회평균임금수준, 노동생산성, 취업상황, 지역간 경제발전수준의 차

넷째, 중국시장은 여전히 많은 분야에서 사회주의적 속성을 지니고 있다는 점을 인식하고 투자에 임해야 한다. 가장 대표적인 분야가 부동산 시장이다. 사회주의의 속성상 토지 소유가 불가능하기 때문에 토지 사용권이라는 특수한 형태의 토지거래시스템을 갖고 있으며, 이로 인해 중국에서의 토지거래는 복잡한 형태를 띠고 있다. 외국인 투자기업은 토지, 건물 등 부동산에 상당한 투자를 하고 있으나, 부동산 거래의 특성을 이해하지 못하는 경우 큰 손실을 입고 기업경영에도 압박요인으로 작용할 수도 있다.

다섯째, 한국적인 사고방식을 가지고 기업경영에 임할 경우 현지 직원들과의 갈등이 발생할 수도 있고, 이는 기업에 커다란 악영향을 미칠 수도 있다. 예를 들어 직원들의 공장 집기, 물품 유출 등의 문제로 골치를 겪는 기업도 다수 있지만, 이에 대한 강압적인 처벌보다는 물품관리를 강화하는 한편 직원 친화적인 기업환경을 조성하는 것이 더욱 중요할 것이다.

여섯째, 입지여건 선정도 매우 중요하다. 진출 초기의 인프라, 연관 산업의 발달여부, 지방 정부의 우대조치 등 입지 여건은 매우 중요하다. 부동산 구입 등 초기투자비용을 줄이려고 인프라 환경이 열악한 내륙지역에 투자했다가 추가적인 물류비용 부담, 전력·용수 공급 불안정 등으로 오히려 더 큰 손실을 입을 수 있다.

이를 고려하되, 실업보험금 기준보다 높고 평균임금보다 낮게 책정한다.

　중국의 최저임금제도가 각 지역별마다 차이가 나는 것은 각 지방정부에 지역실정을 고려하여 최저임금기준을 운용할 수 있는 권한이 부여된 결과이다. 각 지역별 최저임금 수준이 당해 지역의 경제발전 수준에 따라 큰 격차를 보이고 있는 바, 경제가 발달된 동부 연해 지역이 높고, 동북지역, 서부내륙지역으로 갈수록 낮은 것으로 나타나고 있다. 경제가 발전된 지역의 경우 매년 정기적으로 최저임금기준을 인상하고 있으나, 경제수준이 낮은 지역의 경우 2~3년 전의 최저임금기준을 그대로 유지하고 있어 각 지역별 최저임금격차가 점차 확대되고 있는 경향을 보이고 있다. 우리 기업의 경우 대다수가 노동집약형 중소기업으로 당해 지역의 최저임금 수준에서 임금을 지급하는 경우가 많이 있으나, 주요 진출지역의 최저임금기준이 매년 10% 가까이 인상되고, 이와 관련된 임금 및 사회보험료 등 인건비 부담이 빠른 속도로 증가하고 있는 바, 향후 저임금 활용을 위주로 하는 기업의 경영여건은 더욱 악화될 것으로 보인다.

　마지막으로 완제품 생산에 차질을 위한 원·부자재 확보 애로로 생산에 차질을 빚을 수도 있다. 원·부자재의 수입 통관절차 및 신용장 거래 주의 사항 조사 및 중국산 자재의 조악한 품질로 완제품 생산과 판매에 차질이 발생할 수도 있고, 이는 결국 기업경영에 커다란 타격이 될 것이다.

① 합작선과의 불화

　많은 외국인 투자기업들이 합자(혹은 합작)형태로 중국에 진출하는 이유는 중국 내에서 합작선의 사업 노하우를 적절히 활용하기 위해서이다. 즉, 이를 통해 중국 시장의 유통망 확보가 용이하고, 문제 발생 시에는 합작기업 꽌시(관계)를 통해 문제가 쉽사리 해결되는 경우가 많기 때문이다. 그러나 이는 합자(합작)기업과의 원만한 신뢰관계가 유지되었을 때에 갖는 이점이다. 실제로 합자(합작) 방식으로 진출한 외국인 투자기업들에게 합작선이 철수 원인으로 작용한 경우도 많다. 합작선과의 불화 혹은 신뢰관계 단절로 사업철수에 이를 수 있는 상황을 보면 다음과 같다.

　첫째, 외국인 투자기업과의 합의 없이 합작선이 투자자금을 마음대로 유용하는 것이다. 합자(합작)방식의 진출 시 대부분 외국인 투자자들은 현물이나 설비를 출자하는 반면, 중국 측 합작선은 토지와 공장건물 등 부동산을 출자하는 경우가 많다. 이때 합작선이 외국인 투자자가 현금 출자한 계좌에서 몰래 자금을 인출하여 자신의 채무 변제에 충당하는 경우도 있다.

　둘째, 합작선의 기술확보를 노린 합자(합작)투자를 주의해야 한다. 합자(합작) 방식의 외국인 투자에서 합작선은 외국인 투자자의 기술 습득을 원하는 경우가 많다. 즉, 합자의 조건으로 외국인 투자자는 해당기업에 무상으로 기술을 이전할 것을 계약서에 명시하며, 이를 위반할 경우 그에 상응하는 책임을 지우고 있다.

　셋째, 합작선이 합자(합작)계약에 기초한 출자를 이행하지 않아 합자(합작)기업이 설립된 뒤에도 합작선과의 갈등으로 사업을 정리하는 경우도 많다. 예를 들면, 중국 측이 약속한 토지 등 부동산이 저당·양도가 가능한 유상양도 부동산이어야 하나 무상양도 혹은 이미 저당 잡힌 부동산을 출자하는 경우, 외국인 투자자의 현금 출자를 기한 내에 이행하지 않을 경우, 외국인 투자자가 제공키로 한 기계설비 등 현물에 대해 당초 약속한 기계설비가 아닌 중고설비를 새것처럼 꾸미거나 설비에 대한 과대평가가 출자 이후에 드러날 경우 등이다.

② 제도·시장 변화에의 적응 부족

중국이 WTO에 가입하면서 외국인 투자자를 중심으로 한 시장 환경이 급변하고 있어 이러한 변화 내용을 적절히 파악하고 대응할 필요가 있다. 또한 중국은 시장환경 변화에 따라 정책기조를 수시로 변동하는 경우가 많아, 단기적인 안목에서의 중국 진출은 시장환경 변화로 인한 피해를 입을 가능성이 크다.

첫째, 보세구역에 설립된 단독투자 무역회사가 완제품을 해외로부터 수입하여 중국 내에서 판매가 가능하다는 정보를 믿은 기업이 보세구역에 무역회사를 설립하였다. 그러나 얼마 후 중국이 외화 밀반출 억제를 위해 외화관리를 강화함에 따라 위안貨 수입을 일정량 이상 외화로 환전할 수 없게 되었다. 이 기업은 결국 완제품 수입대금 결제를 위한 외화 확보에 곤란을 겪은 끝에 사업을 정리하였다.

둘째, 중국의 제품개발 속도와 시장환경 변화에 적응하지 못해 어려움을 겪는 경우가 많다. 일부 특수품목을 제외한 대부분의 국내 제품은 중국에서도 생산이 가능하며, 게다가 상당수의 품목들이 공급과잉으로 가격하락 압력을 받고 있다. 따라서 중국에서 생산하기 어려운 제품이나 중국 제품과의 경쟁에서 월등한 기술력과 품질수준을 확보하지 않은 기업은 중국 시장에서 살아남기 힘들다는 것을 인식할 필요가 있다.

③ 모기업의 경영 부진 혹은 사업전략의 변경

국내 모기업이 경영난으로 도산하면서 이들이 투자한 중국 현지법인마저 부득이하게 사업을 정리하는 경우가 자주 발생하고 이다. 특히, 1997년 외환위기의 와중에서 우리나라에서는 많은 기업들이 도산하였고, 이로 인해 중국 내 자회사들도 어려움을 겪었으며 아직도 그 후유증이 남아 있는 것으로 알려져 있다.

2000~01년 우리나라의 대중국(對中國) 투자사업의 철수 건수와 규모가 급증한 것도 1997년 외환위기의 여파로 국내 모기업이 청산되는 과정에서 중국에 투자한 현지법인들도 사업철수를 단행하고 있기 때문으로 풀이된다. 그러나 이러한 철수사례 가운데는 중국 내에서 상당한 영업성과를 거두고 있음에도 불구하고 부득이하게 사업을 철수하는 이른바 흑자 도산의 경우도 많은 것으로 알려지고 있다.

모기업의 사업전략 변경도 기업 철수의 한 원인이 되고 있다. 즉, 경쟁력이 취약한 분야는 구조조정을 통해 과감히 정리하고, 경쟁우위 분야를 집중 육성한다는 전략이다. 다만 이러한 경우의 사업철수는 모기업의 경영난 때문이 아닌 전략적 사업철수라는 점에서 볼 때 문제점이라고 할 수는 없다.

V
연구 디자인 및 연구방법론

5.1 연구방법론: Discrete time logit model

본 연구의 목적은 자회사 철수가 시간의 경과에 따라 어떻게 발생했는지 분석하는 데 있다. 그러므로 이러한 분석에 적합한 Event history analysis 기법을 사용하고자 한다. 이 분석법은 어떤 사건의 발생 또는 시점을 연구하는 데 적합하며, 특히 사멸연구에 적합한 분석기법이다.

여기서 사건이란 반드시 어떠한 질적인 상태의 변화로서 어떤 불연속상태(discrete state)에서 다른 어떤 불연속 상태로의 변화를 의미한다. 따라서 데이터가 사건*시간으로 구성되어 있을 때, 사건사 분석법을 이용하여 생존분석을 할 수 있으며, 각각의 설명변수들에 따라서 어떤 사건이 발생하게 될 위험률을 추정하는 모델을 구축할 수 있다. 사건사 분석법은 종단적인 연구에 적합하다. 그래서 데이터의 규모가 크고 양적인 데이터뿐만 아니라 질적인 데이터를 동시에 다루게 된다. 양적인 데이터가 설명하지 못하는 질적인 변화까지 설명하므로(Tuma & Hannan, 1984), 최근에 사회과학 분야에서도 널리 사용되고 있다. 그리고 일반적인 중회귀분석이 해결하지 못하는 자료중단(censoring)1)의 문제와 시간에 따라 변하는 설명변

---

1) 자료중단에는 첫째, 우측중단이 있다. 이는 어떤 변동과정이 완료되기 전에 관찰을 중단하게 되므로 관찰이 중단된 시점에서 생존한 경우는 관찰시점 이후에 대해서 생존자로 간주한다. 둘째는 좌측중단이다. 이는 어떤 변동과정이 시

수(time-varying explanatory variables)의 문제를 해결함으로써 종단적 연구에 보다 적합하다.

본 연구의 관심이 되는 사건은 투자 자회사의 철수 또는 사멸이고, 이러한 사건은 불연속－시간 간격(discrete time spell)으로 발생하고 있다고 가정한다. 불연속적 시간에서 위험률은 위험에 노출될 개인 또는 조직이 특정시점에서 사건을 겪을 확률(사건을 겪은 표본 수 / 사건을 겪을 표본 수)을 말한다. 본 연구의 가설들을 실증적으로 검증하기 위해서 불연속－시간 로짓모델을 사용하고자 한다.

불연속－시간 로짓모델은 부분최우추정모형과 동등한 추정을 할 수 있는 로짓의 개념을 사용한다. T는 사건발생의 시간을 나타내는 불연속 확률변수이고 P_{it}를 i조직이 t시점 이전에 그 사건을 경험하지 않았다는 조건하에서 t시점에서 그 사건을 경험할 조건부 확률이라고 하면, 위험률은 다음의 조건부 확률과 같은 표현으로 나타낼 수 있다.

$$P_{it} = Pr[T_i = t \mid T_i \geq t, X_{it}]$$

본 연구에서 가정하고 있는 우도비는 상호배타적인 두 상태에 대한 두 확률의 비율을 말한다. 즉 P / (1-P)는 주어진 조건 P에 대한 우도비이다. P는 자회사의 탈퇴가 발생할 확률을 의미한다. 그러므로 로짓은 자연로그를 이용한 P의 log-odds인 In[P / (1-P)]로 나타낼 수 있다.

$$Log\left(\frac{P(t)}{1 - P(t)}\right) = at + bX1 + cX2(t)$$

작된 이후 관찰이 시작되는 경우이다. 따라서 이 경우는 어떤 변동과정의 시작시간과 관찰의 시작시간이 같다고 가정하던지 또는 관찰이 이루어지기 전의 개별 단위들이 겪어 온 변동경험은 관찰시점 이후 변동과정에 영향을 미치지 않는다고 가정한다.

122

여기서 a는 상수이며 불연속시점에서 다른 값을 가지며, 위험률의 변화가 시간에 따라서 자동적으로 변하지 않음을 가정한다. $X1$은 시간이 지남에 따른 일정한 설명변수이고, $X2$는 각 시점 (t)에서 다른 값을 갖는 즉 시간에 따라 변하는 설명변수이다. 그리고 b와 c는 계수로서 $X1$과 $X2$의 한 단위 증가에 따른 로짓의 변화율을 의미한다.

불연속-시간 로짓 모형에서는 조건확률에 대한 우도비는 다음과 같은 가정을 하고 있다. 각각의 불연속 시점 $Ti(i=1, 2, 3, ……, n)$에서 사건을 당한 우도비는 다른 시점에서 사건을 당할 우도비(기저함수식에서 나타내고 있는 우도비를 말함)에 대해서 비례적인 관계를 가진다.

$$\left(\frac{\lambda(ti; X)}{1-\lambda(ti; X)}\right) = \left(\frac{\lambda 0(ti)}{1-\lambda 0(ti)} \exp\left(\sum BkXk\right)\right)$$

여기서 $\lambda(ti: X)$는 주어진 설명변수의 벡터 $X(X=X1, X2, ……, Xk)$와 모수인 $bk(k=1, 2, ……, k)$에 대한 각각의 시점 ti에서 사건을 가질 조건부 확률이다. 기저위험함수인 $\lambda 0(ti)$는 설명변수 $X=0$일 때 각각의 분석단위에 대한 조건부 확률이다. 위의 모형은 매년 불연속 시간 관찰시점에서 설명변수 X를 가진 대상의 우도비는 기저함수에 있는 대상보다 $\exp(\sum BkXk)$만큼 더 높은 값을 가진다. 실증을 위한 본 연구의 모형은 다음과 같다.

$$\left(\frac{\lambda(ti; X)}{1-\lambda(ti; X)}\right) = \alpha + \beta(t) + B1nX1n + B2nX2n + , ……, + BknXkn$$

5.2 자 료

   본 연구의 분석대상 국가는 중국이다. 조직생태학 연구는 주로 조직의 생성과 사멸에 초점을 두고 있다. 특정 산업을 대상으로 산업의 생성기부터 해당 산업 내 하부조직체(즉 기업단위)가 어떻게 생성되고, 어떠한 요인들에 의해 사멸하게 되는가를 주로 분석하고 있다. 때문에 조직생태학과 관련된 많은 연구들이 신문산업이나 맥주산업, 반도체 산업 등과 같은 특정 산업을 대상으로 하고 있다. 조직생태학 관련 연구는 산업뿐만 아니라 특정 국가시장에도 적용될 수 있다. 즉 특정 국가시장에서 특정 조직의 생성과 사멸에 대한 연구가 가능하다.

   이런 의미에서 본다는 중국은 하나의 훌륭한 연구의 장(場)으로 볼 수 있다. 중국은 시장개방 역사가 상대적으로 짧다. 특히 한국기업의 대중투자(對中投資)가 본격적으로 이루어진 것은 1988년부터이다. 중국시장에 투자한 한국기업들을 하부조직단위로 보고 중국시장에서의 한국기업 자회사들의 생성(법인설립)과 사멸(청산) 결정요인을 살펴볼 수 있다.

   한편 본 연구의 연구표본은 제조부문에 속한 국내 상장기업들의 중국투자 자회사들이며, 연구대상기간은 1988년부터 2002년 말 현재까지이다. 2002년 12월 말 현재 한국기업의 대중 투자건수는 총 10,135건으로 제조부문은 8,730건을 차지하고 있다. 2002년 말 현재 상장기업 중 제조부문에 속한 기업은 477개 기업(석유정제 제외)으로, 이중 214개 기업이 중국시장에 투자를 하였다. 이들 214개 기업은 총 789건의 투자를 행했으며, 336건의 철수가 있었다. 336건의 철수 구성을 보면 완전청산은 158건이며, 투자금회수는 174건이다.

   연구표본의 연도별 대중투자(對中投資) 현황(총 789건)을 보면, 중국시장의 개방초기라 할 수 있는 90년도 이전까지는 총 14건의 투자가 이루어졌다. 그러나 91년 이후부터 점차 증가하기 시작하여, 94년부터 96년까지의 기간동안 총 337건의 투자가 이루어졌다. 구제금융 시기인 98년과 99년에는 각각 27건과 28건의 저조한 투자실적을 보이고 있으나, 최근에 다시 증가 추세를 보이고 있다.

<그림 Ⅴ-1> 샘플대상기업의 투자 연도별 구성

단위: 건

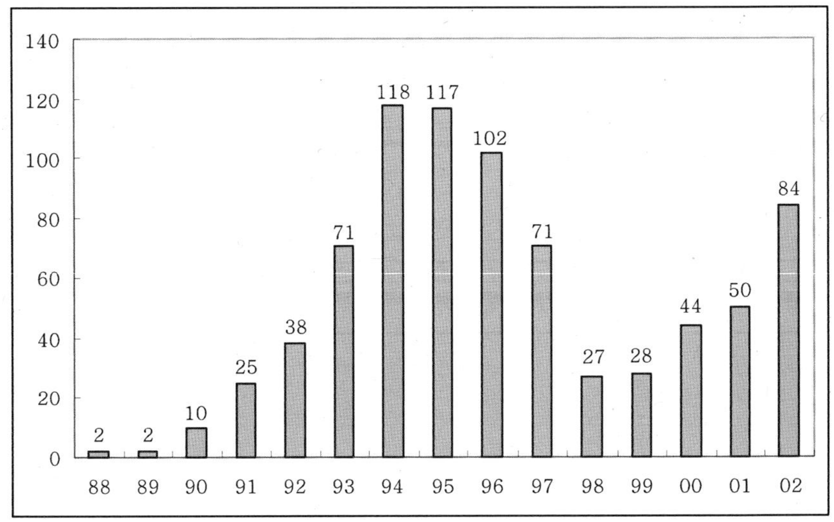

샘플대상기업의 투자지역별 구성을 보면, 지역편중현상이 두드러지게 나타나고 있다. 총 789건의 투자 중 산동성으로의 투자가 206건을 차지하고 있으며, 요녕성으로의 투자가 103건을 차지하고 있다. 기타 강소, 천진, 북경지역 순으로 투자가 많이 이루어지고 있다.

업종별로는 전기전자부문이 총 189건을 차지하고 있으며, 노동집약적 산업인 섬유의복이 130건을 차지하고 있다.

<그림 Ⅴ-2> 투자지역별 샘플기업 구성

단위: 건

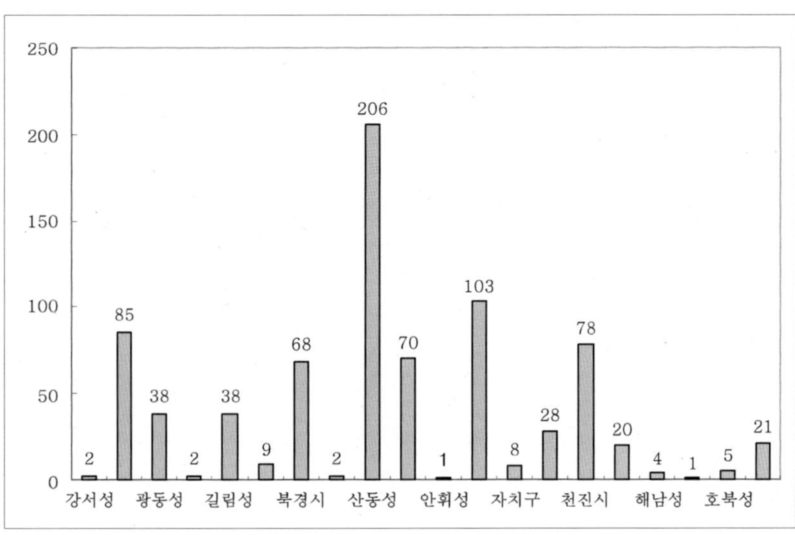

<그림 Ⅴ-3> 투자업종별 샘플기업 구성

단위: 건

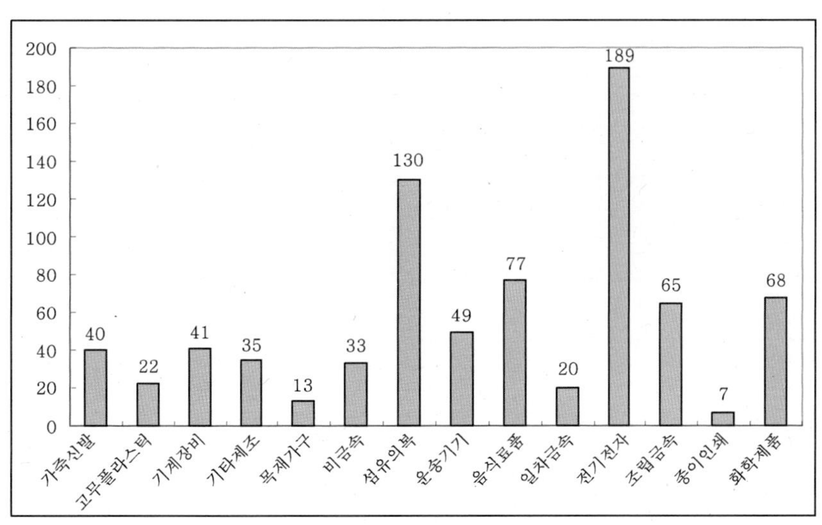

한편 투자활동 기간별 샘플기업 구성을 보면 총 127개 기업이 시장진입 후 1년 미만의 활동기간을 보이고 있다. 2년 이상~5년 이하의 기업은 319개, 6년 이상~10년 이하 304개, 11년 이상은 39개 기업으로 나타나고 있다.

한편 본 연구에서는 상기 789개 투자기업이 위험집단이 되는 표본이 된다. 이러한 투자기업은 불연속 시간간격으로 관찰이 되며, 1988년부터 2002년까지의 총 15개 불연속 시간간격을 갖는다. 각각의 자회사들은 매년 말 관찰시점에서 관찰이 되고, 이때 각각의 자회사들은 사건(=철수)을 당할 위험률을 갖는다. 때문에 연구대상 자회사 수는 789개이지만, 15개의 불연속 시간간격을 두고 관찰이 되므로 3987개 자회사[*]연도의 분석단위를 갖게 된다.

<그림 V-4> 투자활동기간별 샘플기업 구성

단위: 건

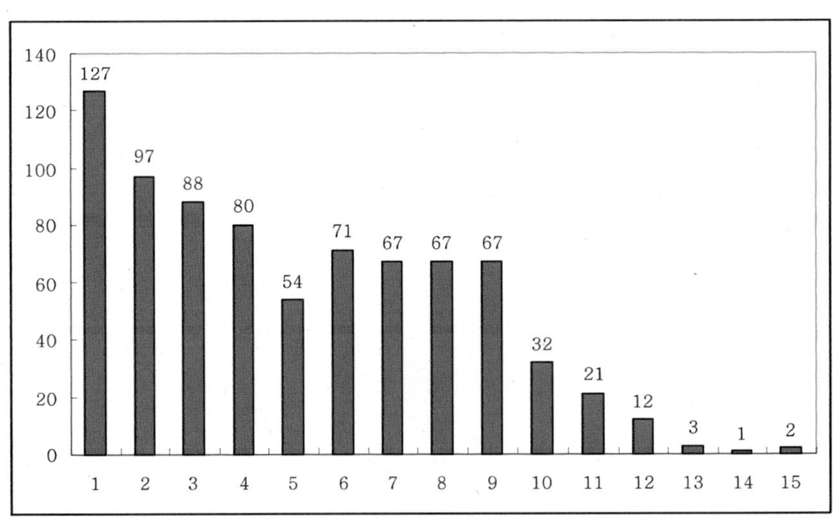

<그림 Ⅴ-5> 투자활동기간별 청산 현황

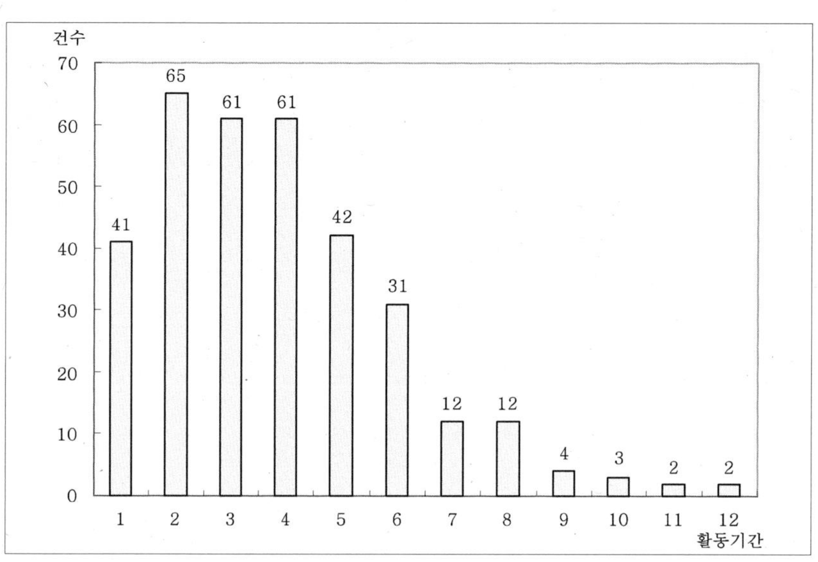

5.3 변수 정의

5.3.1 종속변수

중국에 투자한 자회사의 철수와 관련된 본 연구의 종속변수는 더미변수로 절단여부를 사용하고 있다. 즉 관측샘플이 우측절단 되었는가를 보고 있다. 만약 관측기간 동안 샘플에 속한 기업들이 우측 절단되었다면 "0"의 값을 부여했으며, 관측기간 동안 퇴출이 발생했다면 "1"의 값을 부여했다.

한편 자회사 철수 유형 선택과 관련된 추가분석에서는 철수가 완전철수 형태인지 아니면 부분철수 형태인가를 더미변수로 사용하고 있다. 만약 관측기간 동안 샘플에 속한 기업들이 완전철수를 했으면 "1"의 값을 부여했으며, 그렇지 않으면 "0"의 값을 부여했다. 이와 마찬가지로 부분철수를 했으면 "1"의 값을 부여했으며, 그렇지 않으면 "0"의 값을 부여했다. 물론 완전철수 결정요인 분석 시에는 부분철수 관측치를 제외했으며, 부분철수 분석 시에는 완전 철수 관측치를 모형에서 제외하였다. 종속변수들에 대한 자료는 한국수출입은행에서 발행하는 『해외투자현지법인현황 DB』를 통해 확보했다.

5.3.2 독립변수

5.3.2.1 전략적 요인

5.3.2.1.1 진입방식

진입방식은 설립방식에 따라 신설투자와 인수합병으로 구분할 수 있으며, 투자방식에 따라 단독투자와 합작투자로 구분할 수 있다. 본 연구에서는 투자방식(완전소유 자회사방식과 합작투자 방식) 측면에서 살펴보고 있다. 완전소유 자회사는 투자지분 95% 이상의 기업들을 의미한다. 초기투자 시 완전소유 자회사 방식으로 진입한 기업의 경우에는 '0'의 값을 부여했으며, 합작투자 방식의 경우에는 '1'의 값을 부여하고 있다.

또한 투자지분구조가 자회사 성과에 어떠한 영향을 미치는가를 살펴보기 위해 자회사의 투자지분율을 변수로 사용하였다. 투자지분은 소수지분, 동등지분, 다수지분, 단독지분 등으로 더미화 할 수 있지만, 본 연구에서는 더미변수 대신 투자 시점에서의 실질 지분율을 변수로 사용하였다. 샘플기업들의 진입방식 및 투자지분에 대한 자료는 『해외투자 현지법인현황 DB』를 활용하였다.

5.3.2.1.2 진출시점

해외시장 진입 시 투자기업의 의사 결정자는 언제 시장에 진입할 것인가와 어느 정도의 자원을 실행 할 것인가를 결정해야 한다. 기존 연구에 의하면 선발 진입기업(first entrants)은 후발 진입과 비교할 때 상대적으로 높은 평균이상의 시장 점유율(Lambkin, 1988; Robinson & Fornell, 1985; Mascarenhas, 1992)을 보이며, 상대적으로 높은 생존가능성(Romanelli, 1987; Lambkin & Day, 1989)을 보이는 것으로 나타나고 있다.[2]

중국시장에 대한 진입시기와 관련된 기존의 연구들은 주로 더미변수를 통해 분석을 하고 있다.[3] 한국기업의 대중투자(對中投資)를 시기별로 보면 크게 준비단계(89~91), 발전단계(92~94), 성장단계(95~97), 위축단계(98~01)로 나누어 볼 수 있다.[4] 그러나 본 연구에서는 더미변수 대신 실제 진입시기를 변수화하여 사용하고 있다. 즉 투자개방 시점인 88년을 기준으로 하여 투자시점과 개방시점 간의 시차를 변수화하고 있다. 예로 90년에 투자한 기업은 "2"의 값을 부여했으며, 91년에 투자한 기업은 "3"의 값을 부여하였다. 진입시기에 대한 자료는 수출입은행의 『해외투자현지법인현황 DB』를 통해 수집했다.

---

2) 초기 선발 시장진입과 성과·생존 간 정의 관계는 다음과 같은 여러 가지 이유에 기인한다. 선발 진입 기업은 입지, 인력, 고객, 거래원 등을 선점할 수 있으며, 후발기업들보다 낮은 시장가격으로 현지 투입물을 획득할 수 있다. 고객들도 선발 진입자를 원형(prototypical)으로 보게 된다. 선발 진입자는 또한 계약 재협상이나 페널티 등과 같은 구매자 전환비용을 창출·활용 할 수 있다(Lieberman & Montgomery, 1988; Schmalensee, 1982).

3) Lambkin(1988)은 시장진입 시기별로 성과 차이가 있는가를 실증분석 하였다. 그는 시장진입 기업을 선도자(pioneers), 초기 후발자(early followers), 후발 진입자(late entrants)로 구분한 후, 이들 각각의 성과 비교를 하였다. 분석 결과, 선도기업이 여타 그룹들보다도 상대적으로 더 우월한 성과를 내고 있음을 알 수 있었다.

4) Pan & Chi(1999)는 중국시장에 투자한 다국적기업들의 투자시기 선택이 성과에 어떠한 영향을 미치는가를 분석하고 있다. 이를 위해 진입시기를 1988년 이전, 1988-1990년, 1991-1993년 등으로 3분류하였다. 분석 결과 1989년 이전에 투자한 기업들이 후발투자기업들에 비해 상대적으로 우월한 성과를 내는 것으로 나타나, 중국시장에 대한 투자 시 선발자의 우위가 존재하는 것으로 나타났다.

5.3.2.1.3 투자품목

동 변수는 모기업의 제품관련 역량 이전가능성이 자회사 생존에 어떠한 영향을 미치는가를 간접적으로 알아보기 위한 것이다. 이를 위해 진입시점에서의 자회사 생산제품이 모기업의 주력 생산품목과 동일한지를 살펴보았다. 생산품목의 동일성 여부는 SIC코드 4단위를 기준으로 하였다. 만약 생산품목이 동일하면 '1'의 값을 부여했으며, 상이할 경우에는 '0'의 값을 부여했다. 모기업 생산품목에 대한 정보는 한국신용정보의 DB(NICE DB)를 통해 확보하였으며, 투자 자회사의 생산품목에 대한 자료는 한국수출입은행의 『해외투자 현지법인현황 DB』를 활용하였다.

5.3.2.2 조직생태 요인

5.3.2.2.1 자회사 연령

조직생태학자들은 조직의 연령을 조직의 구조적 관성과 관련지어서 조직의 변화를 설명해 왔다. 조직생태학뿐만 아니라 조직진화론적 관점에서도 조직의 역사를 통해 조직의 연령과 조직 사멸 간의 관계를 설명하고 있다. 젊은 조직은 상대적으로 높은 사멸률을 나타낸다. Stinchcombe(1965)는 이러한 현상을 신생조직의 불리성으로 명명하고 있으며, 이러한 불리성이 여러 가지 내외적 요인으로 인해 발생하게 된다고 주장하고 있다. 예로 젊은 조직은 새로운 역할을 배워야 하며, 이미 시장에서 자리잡고 있는, 보다 오래된 조직들과 경쟁해야만 한다. Hannan & Freeman(1984)은 높은 수준의 신뢰성과 의존성을 가진 기업은 선택과정에서 선호되며, 조직구조의 재상산성은 조직의 연령 증가와 함께 증가한다고 주장하고 있다. 실증 분석에서도 미국의 은행산업에 진입한 외국기업들의 경우 실제로 신생조직의 불리성을 나타내는 것으로 나타났다(Li & Guisinger, 1991).

본 연구에서는 중국에 진출한 자회사의 연령과 자회사 사멸 간의 관계를 살펴보고자 한다. 이를 위해 자회사 연령과 연령의 Square terms를 포함하고 있다. 이는 연구대상 자회사의 신생기업 불리성(Stinchcombe, 1965;

Carroll & Delacroix, 1982; Freeman, Carroll & Hannan, 1983; Carroll & Huo, 1986; Carroll & Hannan, 1989; Amburgey, Kelly & Barnett, 1993), 청년기의 불리성(Levinthal & Fichman, 1988; Bruderl & Schussler, 1990; Rao & Neilsen, 1992; Mitchell & Singh, 1993), 그리고 성숙기의 불리성 (Baum & Mezias, 1992; Carroll & Swaminathan, 1992; Barron, West & Hannan, 1994; Ranger-Moore, 1997)에 대해 알아보기 위한 것이다.

중국에 진출한 자회사의 연령은 기업이 중국시장에 진출하여 활동을 시작한 이후 그 지역에서 탈퇴함으로써 활동이 중단된 시점 또는 절단된 시점까지의 기간을 해당 자회사의 연령으로 간주한다. 매년 말을 관찰시점으로 하기 때문에 모든 자회사들은 1년 단위의 시간간격으로 연령이 측정된다. 자회사 연령에 대한 자료는 한국수출입은행의 『해외투자 현지법인현황 DB』와 상장기업 공시, 각 사의 연간 사업보고서, 그리고 한국신용정보 DB(NICE DB)를 통해 확보하였다.

5.3.2.2.2 선행투자

최근 최초 투자와 투자에 따른 학습의 효과에 대한 연구가 많이 이루어지고 있다(Li, 1992; Shaver et al., 1997; Mudambi, 1998). 특정국에 투자한 투자기업의 투자에 따른 학습은 주로 두 가지 차원, 즉 모기업 차원과 자회사 차원에서 발생한다. 모기업 차원에서 선행투자를 후속투자를 위한 발판으로 보고, 선행투자로부터의 학습을 통해 후속투자를 결정하게 된다. 두 번째는 자회사 특유적 요인으로 자회사가 운영 경험을 통해 환경과 제도 등에 대해 학습하게 되고, 이를 바탕으로 해당 자회사가 기능확대·제품확대·투자규모 확대 등의 추가적 투자를 하게 된다.

실증 분석을 보더라도 오랜 기간 동안 현지국에서 활동한 기업일수록 추가적인 투자를 행할 가능성이 높은 것으로 나타나고 있다(Mudambi, 1998). 자회사에 의한 추가투자를 통한 활동 확대이든 모기업에 의한 또 다른 형태의 추가투자이든, 이미 친숙한 환경에 대한 추가적 투자는 여러 가지 중요한 유무형의 우위를 제공한다. 그러나 이러한 우위들을 측정하는 것은

132

어려운 과제이다. 그러나 혜택의 효과는 경험 요인을 통해 직·간접적으로 파악될 수 있다(Davidson, 1980; Benito & Gripsurd, 1995).

본 연구에서는 해외투자자회사의 철수에 대한 조직학습과 경험의 효과를 알아보기 위해 이전투자 건수를 변수로 사용하고 있다. 예로 이전투자 경험이 없는 초기 신생투자기업의 경우에는 0의 값을 부여했으며, 투자 이전에 2건의 선행투자가 있었으면 2의 값을 부여했다. 선행투자건수에 대한 자료는 한국수출입은행의 『해외투자 현지법인현황 DB』를 활용하였다.

5.3.2.2.3 자회사규모(초기 투자규모)

그 동안 많은 연구를 통해 초기투자규모와 사멸률 간의 관계에 대한 검증이 있어 왔다.[5] 특히 조직의 연령과 함께 조직의 규모는 조직생태학에서 구조적 관성을 설명하는 데 주로 사용되어 왔다(Hannan & Freeman, 1984; Freeman, Carroll & Hannan, 1983).[6]

일반적으로 초기투자규모와 사멸률 간에는 유의한 부의 효과를 갖는 것으로 나타나고 있다. 특히 여러 국가를 대상으로 한 연구에서도 신생기업의 초기규모와 생존율 간에는 정의 관계가 있는 것으로 나타났다.

자회사 규모는 일반적으로 두 가지 지표를 사용하고 있다. 첫째는 진입시기 모기업에 의한 투자규모로, 이는 절대적 규모를 나타내고 있다. 두 번째는 상대적 규모로 투자시점에서 모기업의 자산규모 대비 투자금 규모를

---

5) 산업조직론 측면에서 특정 산업에 대한 진입이후 성과에 대한 연구들을 보면, 대부분 규모와 생존 간에는 정의 관계가 있다는 결론을 내리고 있으며, 이러한 결론을 정형화된 사실(stylised fact)라고까지 주장하고 있다. 그러나 Mata et al(1995)은 초기 규모와 현재의 규모를 구분하여, 초기규모보다는 현재의 규모가 기업의 생존을 보다 잘 설명할 수 있는 요인이라고 주장하였다.

6) Hall(1987)과 Evans(1987)는 소규모기업이 상대적으로 상당히 높은 성장률을 보일 뿐만 아니라 거대기업과 비교할 때 상당히 높은 퇴출률도 보임을 실증분석하였다. 특히 Evans(1987)는 미국 내 산업분석을 통해 기업규모와 생존가능성 간에는 상당히 강한 정의 관계가 있다고 주장하고 있다. Dunne et al.,(1989)는 미국 내 제조업체 대상 조사자료를 바탕으로 한 분석에서 기업규모(공장크기로 측정)가 증가함에 따라 그리고 공장의 년수(年數)가 증가함에 따라 사멸률이 감소함을 보여주었다.

지표로 사용하고 있다.[7]

본 연구에서는 투자시점 모기업에 의한 투자규모를 변수로 사용하고 있다. 자회사에 대한 실제투자금액은 초기투자년도에 모기업이 자회사에 실제적으로 투자한 금액을 사용하였으며, 이에 대한 자료는 『해외투자 현지법인현황 DB』를 통해 확보하였다.

5.3.2.2.4 밀도의존성

Hannan(1986)에 따르면 군집밀도(산업 내 기업의 수)는 정당성과 경쟁이라는 두 가지 요건을 요한다고 주장하고 있다. 새로운 형태의 초기 단계에 있어서는 밀도 증가는 정당성을 증대시켜 주기 때문에, 조직들의 사멸률을 낮추게 되지만, 밀도가 점차 증가함에 따라 경쟁압력으로 인해 사멸률이 높아지게 된다. Hannan & Freeman(1988)의 실증분석과 여러 기타 실증분석을 통해서도 밀도의존성 모델이 지지되고 있다.

군집(population) 수준에서의 정당성과 경쟁효과(Carroll & Hannan, 1989; Hannan & Freeman, 1989)를 알아보기 위해 특정 자회사가 진출한 성시에서의 투자산업 내 기업밀도를 측정하였다.[8]

밀도는 외국기업 밀도와 중국현지기업 밀도, 한국기업 밀도 등 세 가지 수준에서 측정하였다. 각 밀도는 연구대상 자회사가 활동하고 있는 각 성시 해당 산업 내 각 그룹에 속한 기업 수로 측정하였다. 또한 각 밀도와 종속변수(자회사 철수)간 비단조적 관계가 존재하는가를 알아보기 위해 각

---

7) Duhaime & Baird(1987)와 Bergh(1995)는 진입규모 지표로 모기업 총매출액 대비 진입 자회사의 매출액을 사용하고 있다. 이들은 상대적 규모가 모기업이 갖는 심리적 투자(psychological investment) 정도를 나타낸다고 주장하고 있다.

8) Henisz & Delios(2002)도 일본기업을 대상으로 한 불확실성하에서의 조직생존에 대한 연구에서 밀도의 영향력에 대해 살펴보고 있다. 이들은 동일 투자대상국 내 일본기업의 밀도만을 측정하고 있으며, 투자대상국내 현지 경쟁자와 전체 외국인투자기업 밀도에 대해서는 측정치 못하고 있다. 이것이 이들 연구의 한계점으로 지적되고 있다. 이에 대한 보다 자세한 내용은 Witold J. Henisz & Andrew Delios (2002), "Organizational Survival in Uncertain Time," *Working Paper*, Oct. 18. 2002.를 참조.

그룹을 제곱한 후 1000으로 나눈 값을 변수로 사용하였다.

외국기업의 수는 Dun & Bradstreet(이하 D&B)와 CIS(Commercial Intelligence Service)社의 *Foreign Companies in China 2003 / 4* 자료를 활용하였다. D&B자료는 5개 주요 성시에 투자한 기업들의 정보만 담고 있기 때문에, 기타 지역에서 활동하고 있는 기업들의 정보는 CIS자료를 통해 보완하였다. 참고로 분석에 사용된 외국기업의 수는 총 3,656개 기업으로, 이들 기업의 연도별·지역별 구성은 부표에 제시되어 있다.

중국기업에 대한 밀도는 중국기업의 수로 측정하였으며, 동 변수에 대한 자료는 Kompass DB를 통해 확보하였다. 중국기업에 대한 자료는 일차로 Dun & Bradstreet 자료를 통해 확보했으나, 기업 수가 너무 적었기 때문에 대표성의 문제가 있었다.

때문에 D&B자료 대신에 Kompass 자료를 활용하였다. Kompass DB에는 약 80,000개 정도의 중국현지기업 정보를 갖고 있으며, 이중 40,000여개 정도가 제조업부문에 속한 것으로 파악되었다. 이들 기업 중 일정규모 이상의 기업들(500만 위안)만을 대상으로 데이터를 구성하였다. 참고로 데이터상의 중국기업 수는 총 15,600개 기업이며, 이중 산업코드가 일치하는 10,534개 기업을 연구에 사용하였다. 중국기업의 연도별·지역별 구성은 부표에 제시되어져 있다.

한편 한국기업의 수는 해외투자 현지법인현황을 통해 확보했다. 한 가지 명시할 점은 중국기업이나 외국기업이나 일정규모 이상의 기업들만을 대상으로 하고 있기 때문에, 한국기업들의 경우에도 일정규모 이상(50만 달러 이상)의 기업들만을 대상으로 데이터를 구성하였다. 중국의 경우 연매출액 500만 위안 이상의 기업을 공식통계에 포함하고 있다. 이를 달러로 환산하면 약 60만 달러 정도가 된다. 본 연구에서는 분류의 편의를 위해 50만 달러 이상 투자한 기업들로만 데이터를 구성하였다. 참고로 총 79억 달러의 대중투자(對中投資) 금액 중 상기 조건에 맞는 기업(총 2,409개 기업)이 68억 달러를 투자하여 총 투자금액의 86%를 차지하는 것으로 나타났다.

5.3.2.3 모기업 자원요인

자원준거관점에서는 전략수립이 조직이 보유한 자원, 능력, 핵심역량으로 부터 시작해야 한다고 주장하고 있다. 자원준거이론에서는 기업이 경쟁우위를 획득하고 유지하는 데 있어서 기업특유의 독특한 자원이 수행하는 역량을 강조한다. 이 이론에 따르면 기업은 지속적으로 우수한 경영성과를 내기 위해서는 가치 있고 희소하며 경쟁자가 흉내내기 어렵고 대체 불가능한 자원을 개발해야 한다(Barney, 1991).

일부 기업들이 다른 기업들과의 경쟁에서 지속적으로 승리할 수 있는 것은 그 기업들이 경쟁자들이 흉내낼 수 없는 가치를 창조할 수 있는 자원을 보유하고 있기 때문이다(Grant, 1991).

기업의 해외시장 진출에는 본질적인 위험이 따르며, 그 핵심에는 외국인 비용이 자리잡고 있다. 외국인 비용이 존재함에도 불구하고 외국시장에 투자할 수 있는 동인은 이러한 장벽을 극복할 수 있는 자원을 보유하고 있기 때문이다.

본 연구에서는 모기업의 자원을 재무적 자원과 무형자원으로 세분하여 분석하고 있다. 재무적 자원으로는 자산, 유동비율, 부채비율, 자산수익률 등을 사용하고 있으며, 무형자원으로는 연구개발집약도, 광고집약도를 사용하고 있다. 모기업의 자원기반에 대한 자료는 한국신용정보 DB(NICE DB)를 통해 확보하였다.

5.3.2.4 기타 요인

시장의 크기는 1인당 GDP(또는 GNP), 1인당 소비액에 의해 측정될 수 있을 것이며, 시장확대 잠재력은 GDP나 소비의 성장률에 의해 측정될 수 있을 것이다. 그러나 본 연구에서는 Davidson(1980)과 Woodward & Rolfe(1993)의 연구를 따라, 해당 성·시·자치구의 1인당 GDP를 통해 해당 성·시·자치구의 시장 규모를 측정하였다. 1인당 GNP가 아닌 1인당

GDP를 택한 이유는 GNP에는 수출입 항목이 포함되어서, 각 지방 자체의 내수시장 크기를 왜곡시킬 수 있기 때문이다. 각 성·시·자치구의 1인당 GDP(위안) 수치는 中國統計出版社가 매년 발행하는 『中國統計年鑑』과 『中國統計摘要』에서 수집하였다.

한편 중국시장 내 임금상승률이 낮아질수록 자회사의 사멸률이 높아지는 결과를 보일 것이다. 임금률 상승은 Pennings가 조직의 생성빈도에 관련시켰던 변인으로 임금비용 상승은 기업의 생존능력에 중요한 영향을 미치는데, 임금이 원가구성의 막대한 비중을 차지하고 그 정도가 높을수록 낮은 경우보다 상대적으로 기업 창업은 더 곤란할 것이며, 반면에 조직의 사멸에 정의 영향을 미친다는 가설이 가능할 것이다.

본 연구에서는 각 지역 임금수준을 국유기업, 집체기업, 기타를 포함한 전 기업체의 연간 평균임금 중, 공업(제조업+광업) 부문에 종사하는 직공들의 평균 연간 임금(Average Annual Wage of Staff and Workers; 元)으로 측정하였다. 각 성·시·자치구 공업 부문 직공의 평균 연간임금에 대한 자료는 中國統計出版社의 『中國統計年鑑』 각년판을 활용하였다.[9]

한편 본 연구에서는 거시경제적 요인의 영향을 알아보기 위해 대미 위안화 환율[10]을 변수로 사용하였다. 대미환율에 대한 자료는 IMF, *Interna-*

---

9) 기타는 국유·집체의 합영기업, 중외합영기업, 화교경영기업, 국유·사영 합영기업, 집체·사영 합영기업을 포함한다.

10) 중국정부는 94년 1월 1일부터 공정환율과 조절환율(공정환율은 중국인민은행이 결정하는 공식환율이며, 조절환율은 외환조절센터를 통한 기업간 외환거래로 형성된 시장 환율)로 이원화되어 있는 환율을 일원화하고 환율결정도 시장수급상황이 일부 반영되도록 관리변동환율제도를 도입하였다. 공정환율로는 위안화 가치가 과대평가되어 시장의 수급상황을 제대로 반영하지 못했던 점을 감안하여 외환조절센터의 수급상황에 기초하여 결정되는 시장환율을 중심으로 일원화하겠다는 취지에서였다. 환율 일원화의 결과 공정환율은 93년 말의 달러당 5.762위안에서 8.619 위안으로 상승하였다.

그러나 97년 아시아 외환위기 이후 위안화 환율은 정부 당국의 강력한 시장개입으로 관리변동환율제가 사실상의 고정환율제도로 변질되었다. 아시아 외환위기 이후 중국정부는 중국 내 외환위기의 발생을 억제하고 위안화 평가절하 압력을 회피하기 위해 외환시장에 강력히 개입하였다. 당시 중국은 대규모 무역흑자, 풍부한 외환보유고 등 펀더멘털이 호조를 보인 데다가 자본 및

*tional Financial Statistics DB*를 활용하였다.

<표 V-1> 변수의 정의와 측정

구분	변수명	측정	자료원
종속 변수	생 존	1988-2002년 동안 완전청산이나 부분회수가 발생한 자회사는 "1"의 값을 부여, 2002년 말까지 생존한 기업은 "0"의 값을 부여	한국수출입은행, 『해외투자현지법인현황 DB』
밀도 요인	외국기업 수	연도별로 각 성시에서 활동하고 있는 전체 외국기업의 수와 동일산업에 속한 외국기업 수, 여타 산업에서 활동하고 있는 외국기업 수로 세분류(누계기준)	D&B 및 CIS 자료
	중국기업 수	연도별로 각 성시에서 활동하고 있는 전체 중국기업의 수와 동일산업에 속한 중국기업 수, 여타 산업에서 활동하고 있는 중국기업 수로 세분류(누계기준)	Kompass DB
	한국기업 수	연도별로 각 성시에서 활동하고 있는 전체 한국기업의 수와 동일산업에 속한 한국기업 수, 여타 산업에서 활동하고 있는 한국기업 수로 세분류(누계기준). 투자금 50만 달러 이상의 기업들만 대상	한국수출입은행, 『해외투자현지법인현황 DB』
	외국기업 수$^{**}2/1000$	연도별로 각 성시에서 활동하고 있는 전체 외국기업의 수와 동일산업에 속한 외국기업 수, 여타 산업에서 활동하고 있는 외국기업 수 각각에 대해 제곱한 후 1000으로 나눈 값	D&B 및 CIS 자료
	중국기업 수$^{**}2/1000$	연도별로 각 성시에서 활동하고 있는 전체 중국기업의 수와 동일산업에 속한 중국기업 수, 여타 산업에서 활동하고 있는 중국기업 수 각각에 대해 제곱한 후 1000으로 나눈 값	Kompass DB

외환거래 자유화 수준이 극히 낮아 환투기가 어려웠기 때문에 외환시장 개입에 성공할 수 있었다. 중국 당국의 강력한 외환시장 개입으로 환율 변동폭은 극히 미미해져 사실상의 고정환율제가 유지되었다(97년 이후 위안화 환율은 8.27-8.28위안 사이에서 극히 미미한 변동). 2001년 11월 중국의 WTO 가입에도 불구하고 환율제도의 큰 틀은 바꾸지 않고 그대로 유지하고 있다. WTO 가입 시 위안화 환율, 금리 관련 개방일정표나 별도의 합의사항이 존재하지 않아 중국이 의무적으로 환율제도를 개혁할 이유가 없는 실정이다.

구분	변수명	측　　　　　정	자료원
밀도 요인	한국기업 수 **2 / 1000	연도별로 각 성시에서 활동하고 있는 전체 한국기업의 수와 동일산업에 속한 한국기업 수, 여타 산업에서 활동하고 있는 한국기업 수 각각에 대해 제곱한 후 1000으로 나눈 값	한국수출입은행, 『해외투자현지법인현황 DB』
자회사 요인	자회사연령	시장진입 후 청산 또는 절단시점까지의 운영 기간(年)	한국수출입은행, 『해외투자현지법인현황 DB』
	선행투자 건수	시장진입 이전 모기업에 의한 선행투자(prior entries) 건수. 선행투자가 없는 기업은 "0"의 값을 부여	한국수출입은행, 『해외투자현지법인현황 DB』
	투자품목	모기업의 핵심부문으로 진출했으면 "1", 비핵심부문으로 진출했으면 "0"의 값을 부여. SIC 4단위 기준으로 모기업 주력사업과 자회사 진출품목간 매칭	한국신용정보(NICE) DB, 한국수출입은행, 『해외투자현지법인현황 DB』
	진출시점	선발자 혹은 후발자 우위를 알아보기 위한 것으로, 한국의 대중투자(對中投資) 시작시점인 1988년을 기준으로, 1988년과 샘플대상 기업의 투자시점 간 시간 간격을 측정	한국수출입은행, 『해외투자현지법인현황 DB』
	진입방식	합작투자로 진출했으면 "1"의 값을 부여, 단독투자(지분 95% 이상)로 진출했으면 "0"의 값을 부여	한국수출입은행, 『해외투자현지법인현황 DB』
	투자비율	투자자회사에 대한 모기업의 투자지분	한국수출입은행, 『해외투자현지법인현황 DB』
	투자금액	투자자회사에 대한 초기 실질 투자금액	한국수출입은행, 『해외투자현지법인현황 DB』

<표 V-1> 변수의 정의와 측정(계속)

구분	변수명	측　　　정	자료원
모기업 요인	기업자산	연도별 모기업의 자산액 규모	한국신용정보(NICE) DB
	유동비율	연도별 모기업의 유동비율	한국신용정보(NICE) DB
	부채비율	연도별 모기업의 부채비율	한국신용정보(NICE) DB
	ROA	연도별 모기업의 자산대비 수익률	한국신용정보(NICE) DB
	광고집 약도	연도별 모기업의 매출액대비 광고비 지출액	한국신용정보(NICE) DB
	연구개발 집약도	연도별 모기업의 매출액대비 연구개발비 지출액	한국신용정보(NICE) DB

구분	변수명	측 정	자료원
통제 변수	시장크기	성시별·연도별 1인당 GDP 규모	『中國統計年鑑』 및 『中國統計摘要』 1988~2003년 각년판
	제조임금	성시별·연도별 제조부문 月평균임금	『中國統計年鑑』 및 『中國統計摘要』 1988~2003년 각년판
	대미환율	연도별 달러화 대비 위안화 가치 (Yuan / US$)	IMF, *International Financial Statistics DB*
산업 더미	산업더미	SIC 2단위 기준 13개 투자산업을 더미화	한국수출입은행, 『해외투자현지법인현황 DB』

VI
실증 분석

6.1 기본통계 분석 결과

다음의 〈표 Ⅵ-1〉은 종속변수와 설명변수들 각각에 대한 기초 통계값으로, 변수별 최소값과 최대값, 평균, 그리고 표준편차를 나타내고 있다. 외국·중국·한국 기업 수는 각 연도별 각 성시·산업에서 활동하고 있는 업체 수(누계)를 나타내며, 이들 변수들 각각의 제곱 값을 1000으로 나눈 변수들은 외국기업 수**2 / 1000, 중국기업 수**2 / 1000, 한국기업 수**2 / 1000 로 표시하였다.

〈표 Ⅵ-1〉 종속 · 설명변수들의 기초통계(N=3987)

변 수 명	최솟값	최댓값	평균	표준편차
생존여부	0	1	0.084	0.277
외국기업 수	0	294	27.396	52.020
외국기업 수**2 / 1000	0	86.4	3.456	12.254
중국기업 수	1	982	81.083	135.296
중국기업 수**2 / 1000	1	964.3	24.875	130.105
한국기업 수	0	676	81.099	115.681
한국기업 수**2 / 1000	0	456.9	19.956	58.339
기업자산	0	10.5	7.150	3.271
유동비율	0	3.1	1.616	0.839

변 수 명	최솟값	최댓값	평균	표준편차
부채비율	0	4.1	1.849	0.277
ROA	-406.4	610.6	-1.222	27.676
광고집약도	0	15.4	0.721	1.618
연구집약도	0	21.8	0.815	3.602
자회사연령	1	15	4.017	2.645
연령SQ	1	225	23.130	28.147
선행투자 건수	0	23	.917	1.684
투자비율	0.8	2	1.838	0.200
진입방식	0	1	0.554	0.497
투자품목	0	1	0.562	0.496
투자금액	0	5.1	2.814	0.984
진출시점	0	14	6.950	2.623
시장크기	3	4.8	3.993	0.255
제조임금	3.2	4.3	3.861	0.204
대미환율	3.7	8.6	8.128	0.704

주: 1) 연령SQ는 자회사 연령에 대한 제곱값을 의미함.

　　모기업의 자원기반을 나타내는 기업자산·유동비율·부채비율 변수에 대해서는 로그값을 취했다. 자회사 요인 중에서는 투자비율과 투자금액을, 시장환경요인 중에서는 시장크기와 제조부문 임금수준 변수에 대해 로그값을 취했다.

　　〈표 Ⅵ-2〉는 종속변수와 독립변수들 각각의 상관관계를 나타내고 있다. 상기 표에 제시된 변수들 이외에 산업별(13개 산업) 더미변수도 상관관계 분석에 포함시켰지만, 지면제약상 표에는 나타내지 않았다. 분석결과 변수 간 상관관계가 0.5이상으로 높게 나타나는 변수가 없는 것으로 나타나, 변수 간 공선성 문제는 없는 것으로 판단되었다.

〈표 Ⅵ-2〉 변수 간 상관관계

	1	2	3	4	5	6	7	8	9	10	11	12	13	14	15	16	17	18	19	20	21	22	23	24
1	1.000																							
2	-.011 .483	1.000																						
3	-.009 .582	.926** .000	1.000																					
4	.007 .651	.367** .000	.225** .000	1.000																				
5	.010 .531	.348** .000	.227** .000	.953** .000	1.000																			
6	.016 .301	-.172** .000	-.116** .000	-.082** .000	-.072** .000	1.000																		
7	.010 .521	-.135** .000	-.087** .000	-.067** .001	-.054** .001	.916** .000	1.000																	
8	-.252** .000	.088** .000	.078** .000	.019 .228	.018 .258	-.076** .000	-.048** .002	1.000																
9	-.248** .000	.065** .000	.062** .000	-.011 .480	-.011 .479	-.043** .007	-.017 .274	.818** .000	1.000															
10	-.202** .000	.043** .006	.033* .038	.001 .940	.000 .995	-.121** .000	-.086** .000	.817** .000	.793** .000	1.000														
11	-.039* .013	.044** .005	.038* .015	.036* .023	.032* .047	-.013 .422	-.025 .117	-.032 .044	.091** .000	-.097** .000	1.000													
12	-.069** .000	.085** .000	.056** .000	.015 .357	-.001 .972	-.036* .022	-.033* .035	.199** .000	.239** .000	.196** .000	.045** .005	1.000												
13	-.039* .013	.053** .001	.043** .007	.046** .004	.040* .013	.044** .005	.039* .014	.131** .000	.075** .000	.102** .000	.018 .264	.025 .110	1.000											
14	-.022 .169	-.052** .001	-.048** .002	-.037* .018	-.047** .003	.225** .000	.199** .000	.146** .000	.122** .000	.094** .000	-.067** .000	.000 .986	.090** .000	1.000										
15	-.041* .010	-.055** .000	-.053** .001	-.036* .023	-.047** .003	.217** .000	.195** .000	.121** .000	.106** .000	.076** .000	-.060** .000	.010 .536	.086** .000	.956** .000	1.000									
16	.071** .000	-.062** .000	-.049** .002	-.067** .000	-.048** .003	-.016 .321	-.032* .045	-.283** .000	-.150** .000	-.217** .000	.088** .000	-.018 .255	-.053** .001	.084** .000	.101** .000	1.000								
17	.037* .019	-.003 .875	-.024 .134	.004 .804	.014 .389	.145** .000	.101** .000	-.070** .000	-.024 .131	-.051** .001	-.003 .858	-.026 .101	-.041* .010	-.059** .000	-.056** .000	.025 .115	1.000							
18	-.057** .000	-.035* .028	-.018 .260	-.028 .082	-.043** .006	-.222** .000	-.162** .000	.094** .000	.034* .030	.101** .000	-.010 .547	.029 .070	.081** .000	.093** .000	.084** .000	-.049** .002	-.721** .000	1.000						
19	-.069** .000	.096** .000	.079** .000	.048** .002	.037* .020	-.017 .278	-.029 .064	.081** .000	.131** .000	.039* .013	.076** .000	.118** .000	-.015 .329	.043** .006	.031 .051	.065** .000	.042** .008	.014 .391	1.000					
20	-.079** .000	.069** .000	.042** .009	.038* .015	.036* .023	-.026 .103	-.006 .723	.257** .000	.202** .000	.177** .000	.026 .106	.104** .000	.030 .054	.057** .000	.051** .001	-.077** .000	.061** .000	-.034* .033	.178* .000	1.000				
21	.042** .008	.194** .000	.175** .000	.168** .000	.148** .000	.114** .000	.084** .000	-.008 .627	-.019 .219	-.056** .000	-.007 .661	-.079** .000	.073** .000	-.402** .000	-.399** .000	-.305** .000	.110** .000	-.137** .000	-.010 .525	-.099** .000	1.000			
22	.000 .991	.577** .000	.450** .000	.249** .000	.207** .000	.006 .699	.012 .463	.113** .000	.077** .000	.056** .000	-.036* .023	-.021 .193	.125** .000	.272** .000	.242** .000	-.179** .000	.072** .000	-.039* .013	.038* .015	.025 .113	.440** .000	1.000		
23	-.008 .635	.610** .000	.498** .000	.288** .000	.241** .000	-.065** .000	-.033* .037	.137** .000	.091** .000	.059** .000	-.047** .003	-.008 .632	.152** .000	.311** .000	.295** .000	-.165** .000	.018 .257	-.006 .698	.024 .130	.023 .147	.459** .000	.862** .000	1.000	
24	.042** .007	.072** .000	.056** .000	.053** .001	.036* .025	.136** .000	.074** .000	.071** .000	.056** .000	.051** .001	-.022 .159	-.018 .255	.045** .005	.193** .000	.149** .000	-.139** .000	.022 .167	-.006 .720	.033* .035	.002 .886	.326** .000	.449** .000	.288** .000	1.000

**. Correlation is significant at the 0.01 level (2-tailed).
*. Correlation is significant at the 0.05 level (2-tailed).

1. 생존여부	2. 외국기업 수	3. 외국기업 수**2 / 1000	4. 중국기업 수
5. 중국기업 수**2 / 1000	6. 한국기업 수	7. 한국기업 수**2 / 1000	8. 모기업자산
9. 유동비율	10. 부채비율	11. ROA	12. 광고집약도
13. 연구개발집약도	14. 자회사 연령	15. 자회사 연령의 제곱	16. 선행투자 건수
17. 투자비율	18. 진입방식	19. 투자품목	20. 투자금액
21. 진출시점	22. 시장크기	23. 제조임금	24. 대미환율

6.2 자회사 철수에 관한 실증 분석 결과

본 절에서는 중국에 투자한 한국기업 자회사의 철수에 대한 실증분석의 결과를 나타내고 있다. 설명변수가 종속변수인 철수여부에 미치는 영향을 분석하기 위해 이항 로지스틱스 분석(Binary logistics model with time varying covariates)을 이용하였다. 통상 생존분석에서는 콕스모형을 주로 사용하고 있지만, 본 연구에서는 시간가변 변수를 포함하고 있기 때문에, 이들의 영향력을 가장 잘 나타낼 수 있는 모형인 이항 로지스틱스 분석 기법을 사용하였다. 이미 기술한 바와 같이 이항 로지스틱스 모델의 추정에는 크게 네 가지 범주의 설명변수가 사용되었다.

첫 번째 유형은 밀도요인으로 각 성시별·산업별·연도별 외국기업의 수, 중국기업의 수, 한국기업의 수와 이들 변수들의 제곱 값을 1000으로 나눈 값을 변수로 사용하고 있다. 이들 변수들은 모두 조직생태 요인들이다.

두 번째 유형은 자회사 요인으로 진출시점, 자회사 규모, 자회사 연령, 투자품목, 투자경험, 투자비율, 진입방식 등의 변수를 포함하고 있다. 이들 자회사 요인 중 자회사 규모와 자회사 연령은 조직생태 변수로 소규모조직의 불리성과 신생기업의 불리성을 파악하기 위한 변수이다. 기타 진입시기, 진입방식 등의 변수들은 전략요인으로 분류된다.

세 번째 유형은 모기업의 자원기반을 나타내는 변수들로 모기업 자산, 유동 및 부채비율, 자산수익성(ROA) 등의 재무적 자원요인과 광고집약도, 연구개발 집약도 등의 무형자원 요인을 포함하고 있다.

네 번째 범주는 기타 통제변수들로 각 성시의 연도별 시장크기와 제조부문의 임금수준, 그리고 대미환율 변수를 포함하고 있다. 또한 산업더미로 섬유의복, 가죽신발, 일차금속, 비금속, 운송기기 등의 13개 산업을 더미화하여 통제변수로서 분석에 포함시키고 있다.

상기 네 가지 범주중 자회사요인 범주에 포함되는 변수들 모두와 산업더미(13개 산업) 변수를 제외한 다른 모든 변수들은 기업의 생존기간 동안 변수의 값이 변하는 시간가변 변수(time varying covariates)들이다.

철수 결정요인에 대한 실증분석은 전체기업을 대상으로 하는 분석과 대우계열사를 제외한 분석, 주요 성시만을 대상으로 한 분석, 산업별 분석, 청산유형별 분석으로 세분하였다. 대우 계열사를 제외한 분석과 주요 성시만을 대상으로 한 분석은 전체기업을 대상으로 했을 때의 연구결과에 대해 Robustness를 알아보기 위한 것이다. 특히 1999년과 2000년에 상당히 많은 대우계열 기업들이 청산 내지는 회수를 했는데, 이들로 인해 연구결과의 왜곡이 발생할 가능성이 있으므로, 이들을 제외한 추가 분석을 한 것이다.

참고로 회귀계수가 양의 부호를 갖는 경우 설명변수의 값이 증가할수록 청산가능성이 증가하는 것을 의미하므로 퇴출 위험이 크고 생존가능성이 낮아진다는 것을 의미한다. 〈표 Ⅵ-3〉과 〈표 Ⅵ-4〉, 〈표 Ⅵ-5〉는 전체 기업을 대상으로 한 기본모형 분석 결과로 각 요인 범주들을 순차적으로 모형에 포함시켜 전체 모형의 설명력 변화를 살펴보고 있다.

분석 결과 설정 가설을 대체적으로 지지하는 것으로 나타나고 있다. 밀도요인에서는 한국기업의 수가 강한 부의 관계를 갖는 것으로 나타났으며, 제곱 값도 유의한 정의 관계를 갖는 것으로 나타나고 있다. 즉 특정 성시에서 해당 산업에 속한 한국기업의 수가 많을수록 철수가능성이 낮아지는 것으로 나타나, 한국기업의 존재성이 정의 네트워크 외부성을 발생시킴을 알 수 있다.

자회사 요인 중에서는 연령이 많을수록 철수 가능성이 높은 것으로 나타났으며, 단독투자 시보다는 합작투자 시에 철수가능성이 낮게 나타남을 알 수 있었다. 또한 후속투자기업보다는 초기신생투자기업의 퇴출가능성이 상대적으로 높은 것으로 나타나, 투자경험의 중요성을 다시 한번 확인할 수 있었다. 비관련부문으로 진입한 기업보다는 관련부문으로 진입한 기업들의 생존가능성이 상대적으로 높음을 알 수 있었다. 그러나 투자규모나 투자비율 변수는 유의하지 않은 것으로 나타났다.

모기업의 자원기반과 관련해서는 재무적 자원 가용성을 나타내는 유동비율과 부채비율 변수가 각각 유의한 부의 값과 정의 값을 갖는 것으로 나타나 유동비율이 높을수록, 부채비율이 낮을수록 자회사 생존가능성이 높아지는 것으로 나타났다. 또한 모기업의 규모를 나타내는 자산규모도 유의한 부의 값을 갖는 것으로 나타났다. 다만 자산수익성 변수는 유의성이 없는 것으로 나타났다. 그러나 대우를 제외한 분석에서는 자산수익성 변수가 유의한 부의 관계를 갖는 것으로 나타났다.

모기업의 무형자산 보유정도를 나타내는 광고집약도와 연구개발 집약도는 부의 관계를 갖는 것으로 나타났지만 유의성은 없는 것으로 나타났다.

기타 통제변수의 경우, 1인당 GDP로 측정한 시장 크기 변수는 유의성이 없는 것으로 나타났지만, 제조부문 임금수준 변수는 유의한 정의 관계를 갖는 것으로 나타나고 있다. 특히 동 변수의 경우 자본집약적 산업에서는 유의성이 없는 것으로 나타났지만, 노동집약적 산업에서는 강한 정의 관계성을 갖는 것으로 나타나고 있다. 거시경제 요인을 나타내는 대미환율변수의 경우에는 자회사 철수와 아무런 관련성이 없는 것으로 나타났다.

<표 VI-3> 이항 로지스틱스 회귀분석 결과- I

Discrete-time logit with time-varying covariates

구분	변수명	모델-1	모델-2	모델-3	모델-4
자회사요인	자회사연령			.085[**] (6.177)	.643[***] (38.028)
	연령 (square)				-.058[***] (29.894)
	선행투자 건수			-.333[**] (5.176)	-.347[**] (5.524)
	투자품목 (핵심부문＝1)			-.343[***] (7.212)	-.370[***] (8.271)
	진출시점			.095[***] (6.679)	.096[***] (6.695)
	진입방식 (합작투자＝1)			-.309 (2.410)	-.327 (2.681)
	투자비율			-.094 (.034)	-.082 (.026)
	투자금액			-.047 (.468)	-.045 (.418)
모기업요인	기업자산		-.164[***] (21.394)	-.153[***] (17.621)	-.159[***] (18.915)
	유동비율		-.671[***] (19.534)	-.669[***] (19.706)	-.657[***] (18.726)
	부채비율		.381[***] (8.035)	.393[***] (8.834)	.373[***] (7.947)
	ROA		-.002 (.877)	-.001 (.600)	-.002 (1.015)
	광고집약도		-.041 (.533)	-.015 (.078)	-.007 (.015)
	연구개발집약도		-.034 (1.208)	-.034 (1.252)	-.030 (1.043)

구분	변수명	모델-1	모델-2	모델-3	모델-4
통제변수	시장크기 (1인당 GDP)	.427 (.943)	.322 (.498)	.116 (.058)	-.298 (.360)
	제조부문 임금	.000 (.900)	.000 (.023)	.000 (.676)	.000 (.004)
	대미환율 (Yuan / US$)	-.007 (.769)	-.010 (1.544)	-.003 (.134)	.000 (.002)
	산업더미(13개)	Not Shown			
	상수(Constant)	-3.146* (3.078)	-1.033 (.310)	-1.233 (.324)	-1.067 (.232)
Chi-Square		14.618	250.89	276.87	314.61
d.f.		16	22	29	30
유의도		.553	.000	.000	.000
-2 Log likelihood		2293.53	2057.26	2031.27	1993.54
N		3987	3987	3987	3987

주: 1) ( )안은 Wald 통계량
　　2) ***$p < .01$; **$p < .05$; *$p < .10$: All two-tailed tests.

<표 Ⅵ-4> 이항 로지스틱스 회귀분석 결과-Ⅱ

구분	변수명	모델-5	모델-6	모델-7	모델-8	모델-8	모델-10
밀도 요인	외국기업 수	.003 (2.075)	.004 (.501)				
	외국기업 수 ($^{**}2/1000$)		-.002 (.010)				
	중국기업 수			.000 (.019)	.001 (.088)		
	중국기업 수 ($^{**}2/100$)				.000 (.072)		
	한국기업 수					-.002*** (8.117)	-.005*** (7.722)
	한국기업 수 ($^{**}2/100$)						.000* (2.879)
자회사 요인	자회사연령	.126*** (8.786)	.128*** (7.854)	.092*** (6.881)	.093*** (6.948)	.154*** (14.301)	.169*** (16.561)
	선행투자 건수	-.325** (4.858)	-.325** (4.854)	-.327** (4.892)	-.329** (4.943)	-.332** (5.003)	-.341** (5.279)
	투자품목 (핵심부문=1)	-.315** (5.987)	-.315** (5.989)	-.310** (5.801)	-.309** (5.762)	-.342*** (7.009)	-.337*** (6.850)
	진출시점	.134*** (9.364)	.136*** (8.250)	.102*** (7.520)	.102*** (7.580)	.162*** (14.649)	.179*** (17.005)
	진입방식 (합작투자=1)	-.336* (2.805)	-.336* (2.785)	-.344* (2.980)	-.348* (2.960)	-.394* (3.809)	-.409** (4.088)
	투자비율	-.113 (.049)	-.115 (.050)	-.138 (.073)	-.140 (.075)	-.196 (.146)	-.204 (.160)
	투자금액	-.061 (.793)	-.061 (.793)	-.060 (.757)	-.060 (.755)	-.045 (.424)	-.042 (.379)
모기업 요인	기업자산	-.157*** (18.093)	-.157*** (18.084)	-.156*** (18.014)	-.156*** (17.985)	-.156*** (17.569)	-.155*** (17.185)
	유동비율	-.695*** (20.941)	-.695*** (20.927)	-.691*** (20.768)	-.691*** (20.756)	-.712*** (21.779)	-.728*** (22.596)
	부채비율	.410*** (9.456)	.410*** (9.456)	.410*** (9.442)	.409*** (9.420)	.413*** (9.472)	.415*** (9.546)
	ROA	-.002 (.864)	-.002 (.868)	-.002 (.744)	-.002 (.751)	-.001 (.630)	-.001 (.484)

구분	변수명	모델-5	모델-6	모델-7	모델-8	모델-8	모델-10
모기업 요인	광고집약도	-.009 (.024)	-.009 (.026)	-.005 (.009)	-.005 (.009)	-.005 (.010)	-.003 (.003)
	연구개발집약도	-.033 (1.086)	-.033 (1.084)	-.035 (1.153)	-.035 (1.150)	-.033 (1.012)	-.032 (.948)
통제 변수	시장크기 (1인당 GDP)	-.138 (.076)	-.150 (.084)	.026 (.003)	.021 (.002)	.160 (.113)	.218 (.213)
	제조부문 임금	.000 (2.153)	.000 (2.045)	.000 (.711)	.000 (.739)	.000 (3.439)	.000 (4.761)
	대미환율 (Yuan / US$)	-.003 (.098)	-.003 (.095)	-.003 (.167)	-.003 (.163)	-.003 (.149)	-.004 (.239)
	산업더미(13개)	Not Shown					
	상수(Constant)	-.345 (.024)	-.312 (.019)	-.737 (.113)	-.730 (.110)	-1.529 (.498)	-1.704 (.628)
Chi-Square		283.19	283.20	281.21	281.28	289.74	292.50
d.f.		30	31	30	31	30	31
유의도		.000	.000	.000	.000	.000	.000
-2 Log likelihood		1996.30	1996.29	1998.28	1998.21	1989.74	1986.99
N		3987	3987	3987	3987	3987	3987

주: 1) ( )안은 Wald 통계량
　　2) ***p < .01; **p < .05; *p < .10: All two-tailed tests

<표 Ⅵ-5> 이항 로지스틱스 회귀분석 결과-Ⅲ
(Full Model)

구분	변수명	모델-11	모델-12	모델-13	모델-14
밀도 요인	외국기업 수	.004[*] (2.891)	.004[*] (2.781)	.005 (.986)	.005 (,892)
	외국기업 수 ($^{**}2/1000$)			-.005 (.096)	-.006 (.134)
	중국기업 수	.000 (.096)	.000 (.135)	.001 (.100)	.001 (.156)
	중국기업 수 ($^{**}2/100$)			-.001 (.230)	-.001 (.347)
	한국기업 수	-.002[***] (8.795)	-.002[***] (8.093)	-.005[***] (8.081)	-.005[***] (9.624)
	한국기업 수 ($^{**}2/100$)			.000[*] (2.925)	.000[**] (4.253)
자회사 요인	자회사연령	.196[***] (16.336)	.735[***] (45.405)	.220[***] (17.317)	.777[***] (47.498)
	연령 (square)		-.056[***] (28.623)		-.058[***] (29.596)
	선행투자 건수	-.328[**] (4.910)	-.339[**] (5.118)	-.341[**] (5.268)	-.353[**] (5.528)
	투자품목 (핵심부문=1)	-.350[***] (7.309)	-.378[***] (8.355)	-.346[***] (7.164)	-.376[***] (8.267)
	진출시점	.203[***] (16.873)	.197[***] (15.552)	.229[***] (17.618)	.228[***] (16.924)
	진입방식 (합작투자=1)	-.386[*] (3.689)	-.407[**] (4.055)	-.403[**] (3.984)	-.427[**] (4.403)
	투자비율	-.172 (.115)	-.178 (.123)	-.189 (.139)	-.195 (.148)
	투자금액	-.046 (.442)	-.042 (.359)	-.043 (.395)	-.041 (.343)
모기업 요인	기업자산	-.157[***] (17.665)	-.164[***] (19.128)	-.156[***] (17.270)	-.163[***] (18.549)
	유동비율	-.718[***] (22.012)	-.701[***] (20.721)	-.733[***] (22.865)	-.718[***] (21.612)
	부채비율	.414[***] (9.482)	.388[***] (8.392)	.417[***] (9.575)	.389[***] (8.363)

구분	변수명	모델-11	모델-12	모델-13	모델-14
모기업 요인	ROA	-.002 (.745)	-.002 (1.330)	-.001 (.599)	-.002 (1.113)
	광고집약도	-.010 (.030)	.000 (.000)	-.009 (.026)	.001 (.000)
	연구개발집약도	-.031 (.945)	-.026 (.697)	-.030 (.884)	-.025 (.640)
통제변 수	시장크기 (1인당 GDP)	-.028 (.003)	-.388 (.593)	-.022 (.002)	-.385 (.559)
	제조부문 임금	$.000^{**}$ (5.693)	$.000^{*}$ (2.722)	$.000^{***}$ (7.018)	$.000^{**}$ (4.104)
	대미환율 (Yuan / US$)	-.002 (.066)	.000 (.001)	-.003 (.107)	-.001 (.012)
	산업더미(13개)	Not Shown			
	상수(Constant)	-1.116 (.261)	-.999 (.201)	-1.183 (.291)	-1.086 (.236)
Chi-Square		292.47	328.40	295.54	332.84
d.f.		32	33	35	36
유의도		.000	.000	.000	.000
-2 Log likelihood		1987.01	1951.08	1983.95	1946.65
N		3987	3987	3987	3987

154

<표 Ⅵ-6> 이항 로지스틱스 회귀분석 결과-Ⅳ
(대우계열사 제외)

구분	변수명	모델-1	모델-2	모델-3	모델-4	모델-5
밀도 요인	외국기업 수				.005** (5.840)	.010* (2.938)
	외국기업 수 (**2/100)					-.014 (.587)
	중국기업 수				.000 (.061)	.002 (.725)
	중국기업 수 (**2/100)					-.002 (.856)
	한국기업 수				-.001* (3.419)	-.003* (3.655)
	한국기업 수 (**2/100)					.000 (1.538)
자회사 요인	자회사연령			.058* (2.915)	.174*** (10.765)	.208*** (12.939)
	선행투자 건수			-.441*** (7.843)	-.431*** (7.343)	-.442*** (7.731)
	투자품목 (핵심부문=1)			-.203 (2.290)	-.194 (2.018)	-.191 (1.963)
	진출시점			.068* (3.114)	.179*** (11.136)	.215*** (13.259)
	진입방식 (합작투자=1)			-.290 (1.900)	-.348* (2.772)	-.359* (2.809)
	투자비율			-.016 (.001)	-.053 (.010)	-.082 (.022)
	투자금액			-.098 (1.712)	-.102 (1.827)	-.100 (1.742)
모기업 요인	기업자산		-.164*** (20.883)	-.146*** (15.821)	-.151*** (16.027)	-.150*** (15.581)
	유동비율		-.463*** (8.119)	-.475*** (8.727)	-.527*** (10.449)	-.539*** (10.886)
	부채비율		.142 (.987)	.162 (1.315)	.188 (1.716)	.188 (1.718)
	ROA		-.012** (6.424)	-.011** (5.536)	-.011** (5.045)	-.011** (5.134)

구분	변수명	모델-1	모델-2	모델-3	모델-4	모델-5
모기업 요인	광고집약도		-.008 (.020)	.010 (.034)	.014 (.065)	.011 (.042)
	연구개발집약도		-.017 (.381)	-.016 (.355)	-.013 (.199)	-.012 (.174)
통제 변수	시장크기 (1인당 GDP)	.697 (2.262)	.491 (1.055)	.320 (.410)	-.005 (.000)	-.099 (.034)
	제조부문 임금	.000[*] (3.112)	.000 (.136)	.000 (.824)	.000[**] (6.235)	.000[***] (8.138)
	대미환율 (Yuan / US$)	-.006 (.560)	-.009 (1.273)	-.005 (.318)	-.004 (.666)	-.004 (.195)
	산업더미(13개)	Not Shown				
	상수(Constant)	-4.334[**] (5.307)	-1.909 (.975)	-1.918 (.723)	-1.167 (.259)	-.981 (.176)
Chi-Square		18.51	256.13	277.57	290.26	293.24
d.f.		16	22	29	32	35
유의도		.294	.000	.000	.000	.000
-2 Log likelihood		2122.81	1885.20	1863.76	1827.71	1824.73
N		3796	3796	3796	3796	3796

주: 1) ( )안은 Wald 통계량　2) [***] $p < .01$; [**] $p < .05$; [*] $p < .10$:
　　All two-tailed tests

<표 Ⅵ-7> 이항 로지스틱스 회귀분석 결과-Ⅴ
(주요 성·시 대상 분석)

구분	변수명	모델-1	모델-2	모델-3	모델-4	모델-5
밀도 요인	외국기업 수				.003 (1.541)	.003 (.273)
	외국기업 수 ($^{**}2 / 100$)					.000 (.000)
	중국기업 수				.000 (.050)	.001 (.083)
	중국기업 수 ($^{**}2 / 1000$)					-.001 (.162)
	한국기업 수				-.002*** (7.136)	-.005** (6.501)
	한국기업 수 ($^{**}2 / 100$)					.000* (2.988)
자회사 요인	자회사연령			.066* (3.376)	.174*** (10.795)	.197*** (11.545)
	선행투자 건수			-.291* (3.577)	-.265* (2.894)	-.276* (3.107)
	투자품목 (핵심부문＝1)			-.356*** (7.016)	-.348** (6.502)	-.346** (6.423)
	진출시점			.077** (4.090)	.180*** (11.559)	.204*** (11.938)
	진입방식 (합작투자＝1)			-.266 (1.602)	-.361* (2.852)	-.386* (3.240)
	투자비율			.142 (.065)	.000 (.000)	-.040 (.005)
	투자금액			-.032 (.191)	-.030 (.173)	-.027 (.138)
모기업 요인	기업자산		-.167*** (21.775)	-.156*** (17.984)	-.161*** (18.387)	-.160*** (18.063)
	유동비율		-.597*** (14.609)	-.593*** (14.496)	-.635*** (16.188)	-.651*** (16.907)
	부채비율		.316** (5.162)	.325** (5.627)	.343** (6.048)	.346** (6.155)

구분	변수명	모델-1	모델-2	모델-3	모델-4	모델-5
모기업 요인	ROA		-.002 (.771)	-.001 (.513)	-.002 (.624)	-.001 (.481)
	광고집약도		-.041 (.510)	-.018 (.098)	-.101 (.033)	-.009 (.025)
	연구개발집약도		-.043 (1.530)	-.041 (1.495)	-.040 (1.219)	-.039 (1.161)
통제 변수	시장크기 (1인당 GDP)	.323 (.349)	.416 (.526)	.353 (.338)	.217 (.114)	.252 (.140)
	제조부문 임금	.000 (.465)	.000 (.000)	.000 (.576)	.000** (4.146)	.000** (5.276)
	대미환율 (Yuan / US$)	-.005 (.337)	-.008 (.855)	-.002 (.040)	-.001 (.006)	-.001 (.021)
	산업더미(13개)	Not Shown				
	상수(Constant)	-3.032 (1.768)	-1.558 (.429)	-2.571 (.893)	-2.326 (.674)	-2.439 (.704)
Chi-Square		13.39	237.28	258.67	270.08	272.68
d.f.		16	22	29	32	35
유의도		.643	.000	.000	.000	.000
-2 Log likelihood		2115.59	1891.70	1870.31	1830.25	1827.65
N		3265	3265	3265	3265	3265

주: 총 21개 연구대상 성·시중 강소, 길림, 북경, 산동, 상해, 요녕, 천진
　　등 7개 성·시만을 대상

<표 VI-8> 산업별 분석

구분	변수명	노동집약적 산업		자본집약적 산업	
		모델-1	모델-2	모델-3	모델-4
밀도 요인	외국기업 수	.011[***] (11.684)	.013 (1.229)	.000 (.004)	.002 (.062)
	외국기업 수 ([**]2 / 1000)		-.003 (.008)		-.006 (.063)
	중국기업 수	.005[*] (3.445)	.003 (.046)	.000 (.072)	-.001 (.239)
	중국기업 수 ([**]2 / 1000)		.023 (.087)		.001 (.305)
	한국기업 수	-.003[***] (7.315)	-.007[***] (9.058)	-.002 (.978)	-.005 (1.628)
	한국기업 수 ([**]2 / 100)		.000[**] (5.029)		.000 (.836)
자회사 요인	자회사연령	.310[***] (15.606)	.350[***] (13.946)	.128[*] (3.648)	.140[**] (3.918)
	선행투자 건수	-.440[*] (3.706)	-.440[*] (3.666)	-.172 (.713)	-.164 (.638)
	투자품목 (핵심부문=1)	-.631[***] (9.323)	-.652[***] (9.709)	-.070 (.145)	-.061 (.109)
	진출시점	.303[***] (14.211)	.349[***] (12.889)	.136[**] (3.978)	.143[**] (3.912)
	진입방식 (합작투자=1)	.344 (1.121)	.288 (.775)	-.770[***] (7.795)	-.765[***] (7.642)
	투자비율	.181 (.047)	-.030 (.001)	-.042 (.004)	.004 (.000)
	투자금액	.013 (.013)	.018 (.025)	-.106 (1.406)	-.110 (1.497)
모기업 요인	기업자산	-.151[**] (6.527)	-.153[***] (6.567)	-.163[***] (10.228)	-.163[***] (10.273)
	유동비율	-1.014[***] (17.477)	1.030[***] (17.905)	-.524[***] (6.574)	-.528[***] (6.570)
	부채비율	.498[**] (5.714)	.510[**] (5.891)	.353[*] (3.624)	.351[*] (3.549)
	ROA	.000 (.028)	.001 (.153)	-.003 (1.466)	-.003 (1.522)

구분	변수명	노동집약적 산업		자본집약적 산업	
		모델-1	모델-2	모델-3	모델-4
통제 변수	광고집약도	.036 (.265)	.033 (.228)	-.035 (.138)	-.033 (.123)
	연구개발집약도	-.246 (1.918)	-.239 (1.882)	-.002 (.004)	-.001 (.001)
	시장크기 (1인당 GDP)	.687 (.874)	.697 (.821)	-1.081 (2.217)	-.971 (1.723)
	제조부문 임금	.000[***] (9.183)	.000[***] (9.431)	.000 (.052)	.000 (.156)
	대미환율 (Yuan / US$)	.002 (.036)	.000 (.001)	-.006 (.272)	-.007 (.353)
	산업더미	Not Shown			
	상수(Constant)	-5.909[*] (3.136)	-5.433 (2.565)	3.302 (1.038)	2.792 (.837)
Chi-Square		187.38	192.05	145.66	146.93
d.f.		26	29	25	28
유의도		.000	.000	.000	.000
-2 Log likelihood		842.72	837.60	1099.91	1098.64
N		1670	1670	2317	2317

주) 노동집약적 산업: 가죽신발, 섬유의복, 음식료품, 종이인쇄, 목재가구, 비금속 기
　　타제조 포함
　　자본집약적 산업: 기계장비, 일차금속, 전기전자, 조립금속, 화학 및 고무플라스
　　틱 포함

6.3 가설 검증

6.3.1 진입방식

진입방식과 관련하여 본 연구에서는 합작투자를 통해 중국시장에 진입한 기업들이 단독투자를 통해 시장에 진입한 기업들보다 상대적으로 높은 퇴출 가능성을 보일 것으로 가설을 설정하였다. 분석 결과, 합작투자를 통한 시장진입과 청산가능성 간에는 강한 부의 관계가 존재하는 것으로 나타났다. 즉 합작투자를 통해 중국시장에 진입한 기업의 경우 단독투자와 비교할 때 상대적으로 청산가능성이 낮은 것으로 나타났다. 때문에 가설 1은 기각되었다.

진입방식과 청산가능성 간의 관계를 보다 명확히 보기 위해서는 진입방식을 합작, 단독 신설, 인수방식으로 세분화하여 분석해야 할 것이다. 그러나 자료의 제약으로 인해 진입방식을 완전소유 단독과 합작투자로만 분류한 후 분석을 하였다. 만약 진입방식을 보다 세분류한 후 분석을 하게 되면, 본 연구결과와는 상이한 결과를 얻을 수도 있을 것이다. 또한 진입방식 선택은 자기선택성의 문제이므로, 자기선택성을 고려한 분석을 할 필요도 있다.

그러나 합작과 단독만을 고려할 때, 본 연구에서는 합작투자가 상대적으로 청산가능성이 낮다는 것을 알 수 있었다. 이의 이류로는 먼저, 단독투자에 따른 투자철수상의 용이성을 들 수 있을 것이다. 중국시장에서의 활동이 불만족스러울 경우 단독투자방식의 경우에는 상대적으로 용이하게 철수과정을 밟을 수 있지만, 합작이나 합자투자의 경우에는 각종 제도적 철수장벽으로 인해 용이하게 퇴출과정에 들어갈 수 없다.

두 번째는 합작방식이 현지시장에 대한 학습의 통로가 될 수 있다는 것이다. 특히 합작투자의 경우 현지파트너의 기여도를 평가할 필요가 있다.

즉 합작투자의 경우에는 단독투자방식 선택 시 누릴 수 없는 여러 가지 현지시장 특유적 지식 획득의 혜택을 누릴 수 있다. 중국과 같이 시장 자체가 반시장경제주의적이고 꽌시가 중요성을 갖는 시장에서는 현지파트너의 역할이 두드러질 수밖에 없다. 특히 여러 가지 정부규제, 현지시장 보호주의, 사업네트워크관계 설정 등은 하나의 진입장벽 역할을 하게 된다.

이러한 시장환경에서는 현지 파트너와의 관계를 통해 보다 수월히 현지시장 특유적 지식을 획득할 수 있다. 중국시장을 대상으로 한 실증분석을 보더라도 보다 빠른 시장진입과 시장 접근성 제공, 현지 정부와 현지 네트워크에 대한 접근성 제공 등의 이유로 인해 합작투자 방식을 통해 중국에 진출한 기업들이 단독투자방식으로 진입한 기업들보다 더 우월한 성과를 내는 것으로 나타나고 있다(Pan & Chi, 1999).

6.3.2 진출시점

가설 2에서는 후발 진입 기업들이 중국시장 개방초기에 진입한 기업들에 비해 상대적으로 높은 퇴출가능성을 보일 것으로 예측하였다. 실증 분석 결과 후발기업들의 사멸률이 초기 진입기업들에 비해 상대적으로 높은 것으로 나타났으며, 통계적으로도 유의한 것으로 나타났다. 이와 같은 결과는 선발 진입자가 후발 진입자보다 상대적으로 지속적인 우위를 향유한다는 기존 연구 결과와 일치하는 것이다(Caves & Porter, 1977; Lambkin, 1988; Robinson, Fornell & Sullivan, 1992).

선발 진입자의 생존율이 높게 나타나는 이유로는 다음의 세 가지를 들 수 있다. 먼저, 개방초기 중국시장에 진입한 투자기업들은 후발 진입기업들이 누리지 못한 각종 인센티브와 양허의 혜택을 누렸다. 개방초기 많은 외국인투자기업들은 대중투자(對中投資)에 대해 깊은 회의를 가지고 있었다. 그러나 개방초기 중국시장에 진입한 대부분의 기업들은 중국정부의 개방정책에 대해 깊은 믿음을 가진 기업들이었다.

이에 대한 보상으로 중국정부는 이들 기업에 대해 투자규모나 투자허가 품목 등에 대해 유연성을 부여해 주었으며, 세제, 토지사용, 시장접근 등의 측면에서 각종 인센티브를 부여했다(Child, 1994).

따라서 개방초기 중국시장에 투자한 기업들은 후발 투자기업들이 누리지 못한 각종 특혜를 부여받고 사업을 시작했다고 볼 수 있다(Yan & Gray, 1994). 이러한 특혜는 보다 우월한 재무적 성과로 나타났으며, 이는 곧 보다 높은 생존가능성으로 나타났다.

둘째, 초기 시장진입자들은 전략적 기회를 부여잡았다(Bowman & Hurry, 1993). 중국의 경우 산업의 각 부문을 순차적으로 개방하는 정책을 사용했다. 각 단계별로 중국정부는 어떠한 부문을 외국인투자기업에게 개방할 것인가에 대한 것뿐만 아니라 개방한다 하더라고 얼마만큼의 외국인 투자자를 유치할 것이며, 얼마만큼의 외국인투자금액을 유치할 것인가와 같은 문제에 대해서도 통제를 했다.[1] 당시 각 산업부문별로 진입하지 못한 외국인투자기업은 중국시장진입에 대한 호기를 상실할 수밖에 없었다. 그러나 당시에 진입한 외국인투자기업들은 보다 수월히 시장을 공략할 수 있었고 경쟁적 지위를 선취할 수 있었다.

세 번째로, 초기에 중국시장에 진입한 기업들은 보다 오랜 시간 동안 현지시장에 대한 지식을 축적할 수 있었다(Kogut & Zander, 1993). 초기 시장진입기업들은 오랜 기간에 걸쳐 정부와 산업계, 그리고 고객과의 관계를 구축할 수 있었다. 이러한 관계성은 중국과 같이 반시장경제주의적인 국가에서는 더욱 중요한 것으로 알려져 있다. 상해 폭스바겐의 성공은 여러 지방정부와 현지 유통업체들과의 우호적 관계 형성에 주로 기인하는 것으로 분석되고 있다. 이처럼 정부당국, 산업 구성원, 고객 등과의 관계성 형성은

---

1) 중국은 외상투자에 대한 통제의 한 방편으로 외상투자 지도목록을 사용하고 있다. 중국은 외상투자산업 지도목록에서 중국이 이미 경쟁력을 갖추고 있거나, 공급과잉 되고 있는 분야를 제외하여 향후 해당 부문에 투자하려는 외국 기업에 세제상·제도상 편의를 제한하고 있다. 특히 省·市 차원에서도 특정 업종, 특정 공단 혹은 특정 합작 파트너를 제시하는 등 선발 기업의 이익을 강조하고 있다.

중국시장에서의 성공에 아주 중요한 요인으로 자리잡고 있다.

6.3.3 투자품목

가설 3에서는 중국시장 진입 시 모기업의 주력품목과 연관성이 낮은 부문으로 진입한 기업들은 모기업 주력품목과 연관성이 높은 부문으로 진입한 기업들에 비해 상대적으로 높은 퇴출가능성을 보일 것으로 가설을 설정하고 있다. 분석 결과, 다각화 전략은 자회사 생존에 유의한 효과를 갖는 것으로 나타나, 가설 3이 지지되었다. 즉 비관련 부문으로 시장 진입의 경우, 자회사 철수 가능성이 높은 것으로 나타났다.

이러한 결과는 전체 샘플을 대상으로 한 경우와 주요 성시만을 대상으로 한 경우, 산업별 세분류한 경우 모두에 있어 동일하게 유의성을 갖는 것으로 나타났으며, Bane & Neubauer(1981)의 연구결과와도 일치하는 것이다.

제품다각화와 성과 간의 관계에 대한 연구는 그 동안 전략분야에서 주로 연구되어져 왔다. 그러나 연구결과들이 각기 다르게 나타나고 있어, 아직까지는 다각화와 성과 간 일반화된 관계성이 설정되어 있지 않다. 이는 다음의 두 가지 이유에 기인하는 것으로 알려져 있다.

첫 번째는 다각화 측정과 관련된 것으로, 다각화 정도에 대한 측정을 달리하게 되면 상이한 연구결과가 나타나게 된다. 본 연구에서는 전통적 측정 방식인 SIC 4단위 비교를 통해 분석하였다. 즉 모기업 핵심사업과 자회사 투자산업 간 SIC4단위 일치여부를 통해 다각화 여부를 살펴보았다.

두 번째는 기업 성과 측정과 관련되어 있다. 전략 분야에 있어 기업 성과 측정은 주로 회계적 수단과 시장기반 수단으로 분류될 수 있다. 회계적 수단으로는 ROI, ROA 등이 사용되며, 시장 기반 수단으로는 주식시장에서의 초과 수익률 등을 사용하고 있다. 그러나 이러한 성과 지표들은 단기적 성격을 지닌 것으로, 주로 횡단면 분석 시 사용되고 있다. 본 연구에서는 장기 성과지표로서 자회사의 철수여부를 사용하고 있다. 본 연구결과에서 나타난 것과 같이, 장기 성과지표를 사용할 경우에는 성과와 다각화 간 관계가 명확하게 나타남을 알 수 있었다.

결론적으로 보면 본 연구를 통해 모기업 핵심사업분야와 상이한 부문으로 진출한 자회사들의 경우, 상대적으로 높은 철수 가능성을 보임을 알 수 있었다. 일반적으로 해외시장에 진입하는 것 자체가 높은 위험을 수반하는 것이라 할 수 있다. 특히 모기업의 핵심사업과 상이한 사업부문을 통해 친숙성이 낮은 신규시장으로 진입할 경우에는 위험도가 상대적으로 더 높아지게 되며, 이의 결과 현지시장에서의 사업실패 가능성도 높아지게 될 것이다. 때문에 해외시장으로의 확장을 꾀할 적에는 모기업의 핵심사업과 연관성이 높은 부문으로 진출해야 한다.

6.3.4 자회사 연령

조직의 연령과 관련하여 가설4에서는 신생기업의 불리성과 관련된 가설을 제시하고 있다. 즉 중국시장에서의 활동경험이 적은 기업들은 보다 오래 활동한 기업들에 비해 상대적으로 높은 퇴출가능성을 보일 것으로 예측하고 있다. 이에 반해 가설 5에서는 성숙기의 불리성과 관련된 가설, 즉 중국시장에서 보다 오래 활동한 자회사들은 활동경험이 적은 기업들에 비해 상대적으로 높은 퇴출가능성을 보일 것이라는 가설을 제시하고 있다.

기존의 많은 조직이론에서는 조직의 연령과 조직 사멸 간에는 부의 관계, 즉 신생조직의 사멸률이 연령이 증가함에 따라 단조적으로 감소한다는 주장을 하고 있다. 그러나 실증분석 결과 조직의 연령이 증가할수록 조직의 사멸률이 오히려 증가하는 것을 알 수 있었다. 따라서 성숙기의 불리성과 관련된 가설5가 채택되었다. 그러나 연령과 사멸 간에는 비선형적 관계가 있음을 알 수 있었다. 즉 연령이 증가함에 따라 조직의 사멸가능성이 선형적으로 증가하는 것이 아니며, 양자간에는 비선형적 관계가 존재하는 것으로 나타났다.

〈그림 Ⅵ-1〉은 투자 자회사의 생존율을 그래프로 보여주는 것이다.[2] 이에 따르면 시간이 경과할수록 생존율이 떨어지는 것으로 나타나고 있다. 〈그림 Ⅵ-2〉에 나타난 투자 자회사의 해저드함수를 보면 진입 후 약 4경에 생존의 전환점(turning point)이 존재한다는 것을 알 수 있으며 진입 후 약 8년 후에 다시 한번 위험이 나타난다는 것을 알 수 있다.

그림에서 보면 알 수 있듯이 투자 자회사의 헤저드함수는 단조감소(monototic decreasing) 형태라기보다는 역 U자형의 형태를 보이고 있다. 생존기간이 증가하면서 위험률이 증가하지만 정점이후 생존기간 증가에 따라 위험률이 감소하는 현상이 발생한다는 것이다. 따라서 해저드 함수는 우선 양의 기간의존성(positive duration dependence)을 보이다가 정점에 이르러 그 이후 음의 기간의존성을 나타낸다. 한 가지 특이한 것은 중소기업의 해저드곡선의 정점이 먼저 발생하고 있고 대기업의 정점은 이보다 훨씬 늦으며 그 정도도 매우 낮다. 이것은 초기 불안정한 시기가 대기업보다는 중소기업의 경우보다 현저하다는 것을 나타낸다.

---

2) 생존함수 또는 해저드함수는 비모수적인 방법인 Kaplan-Meier의 누적한계추정법(product limit estimator)을 사용하여 추정할 수 있다. n개 기업 생존기간(duration)이 q개로 구분된다고 가정하고 그 시점들을 오름차순으로 정리하면, $t_0 \leq t_1 \leq t_2 \leq t_3 \ldots \leq t_q$ ($t_0 = 0$)이다. 이 때 Kaplan-Meier생존함수 $\hat{S}(t)$는 다음과 같이 구할 수 있다. 즉, $\hat{S}(t) = \prod_{t_j \leq t} \hat{P}_j$이다. 여기서 $\hat{P}_j$는 t_j시점까지 생존한 기업의 수를 t_{j-1}시점까지 생존한 기업의 수로 나눈 값이다. 기업의 생존여부에 대한 관측이 매 시점마다 이산(discrete)으로 이루어진다고 가정하고 t_j시점직전, 즉 t_{j-1}에는 계속 생존하고 있던 기업 수를 n_j라고 하고 t_{j-1}시점에는 생존하고 있다가 t_j시점에 퇴출된 기업 수를 h_j라고 하면 Kaplan-Meier생존함수는 다음과 같이 표현할 수 있고 이와 같은 Kaplan-Meier 추정치는 어떠한 표본 수에도 적용이 가능하다. 즉, $\hat{S}(t) = \prod_{j=1}^{q} \left[\dfrac{n_j - h_j}{n_j} \right]$이다.

<그림 VI-1> 전체 기업의 생존 함수

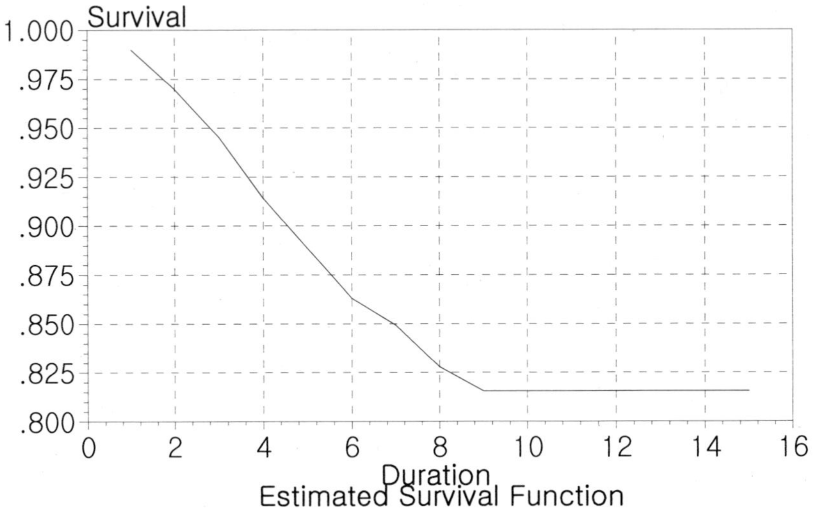

<그림 VI-2> 전체 기업의 위험 함수

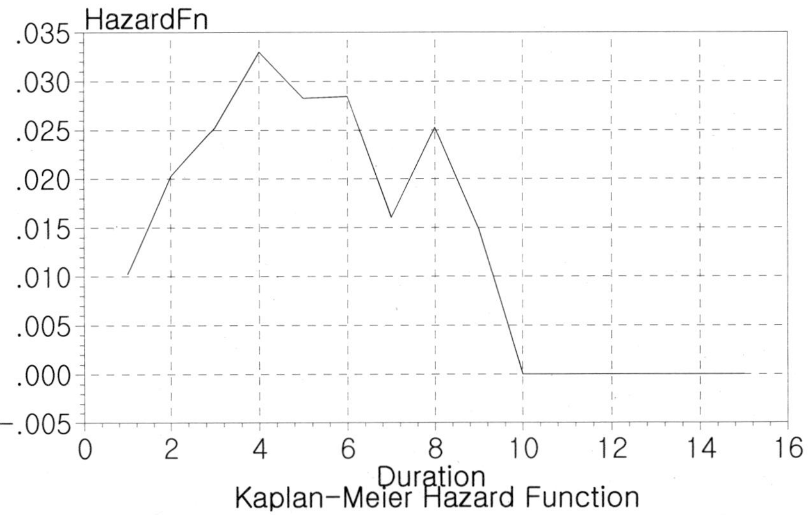

<그림 Ⅵ-3> 대기업의 생존 함수

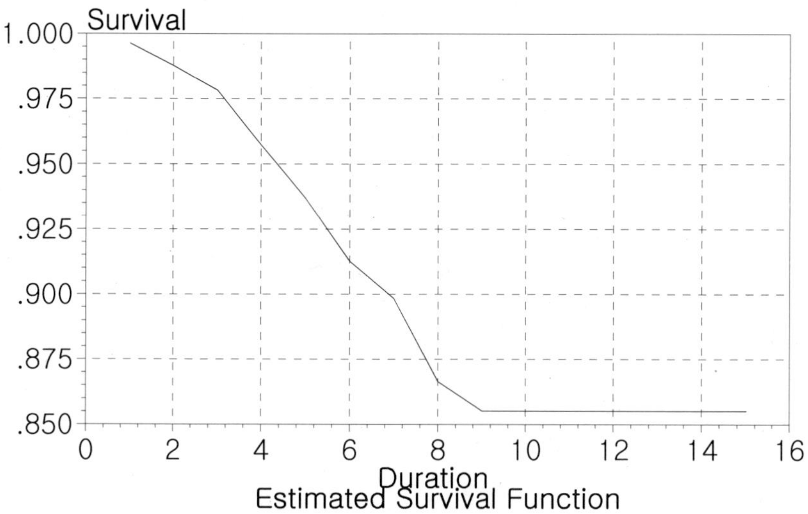

<그림 Ⅵ-4> 대기업의 위험 함수

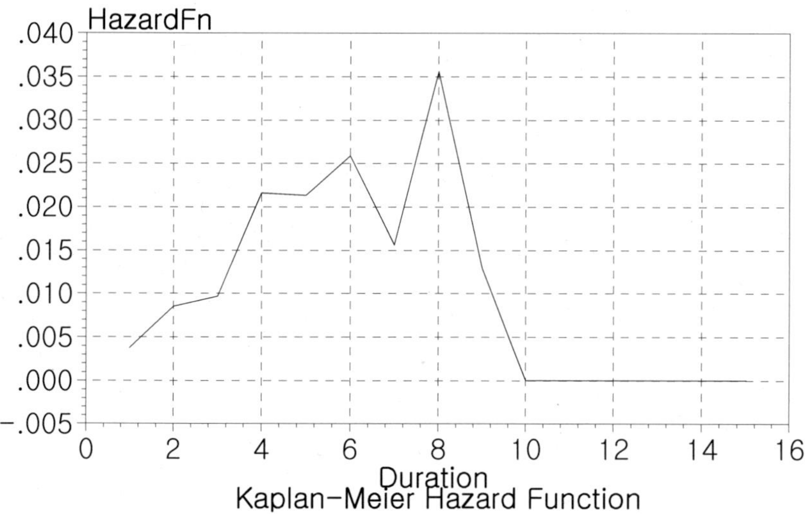

〈그림 VI-5〉 중소기업의 생존 함수

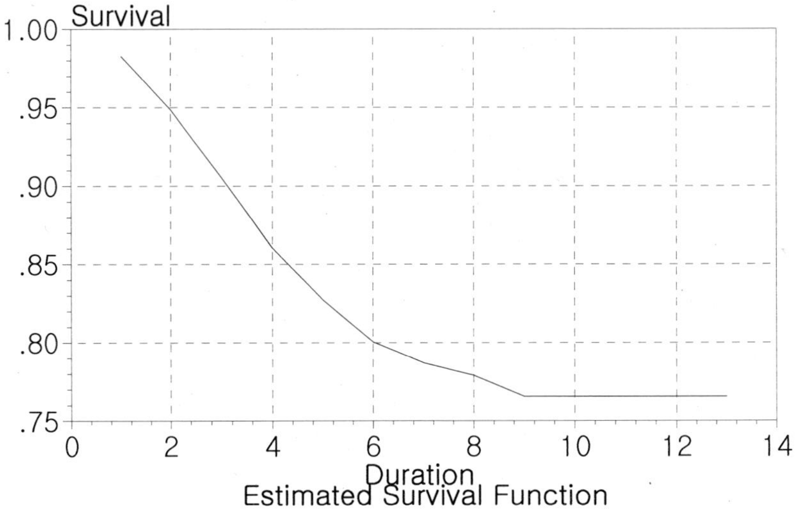

〈그림 VI-6〉 중소기업의 위험 함수

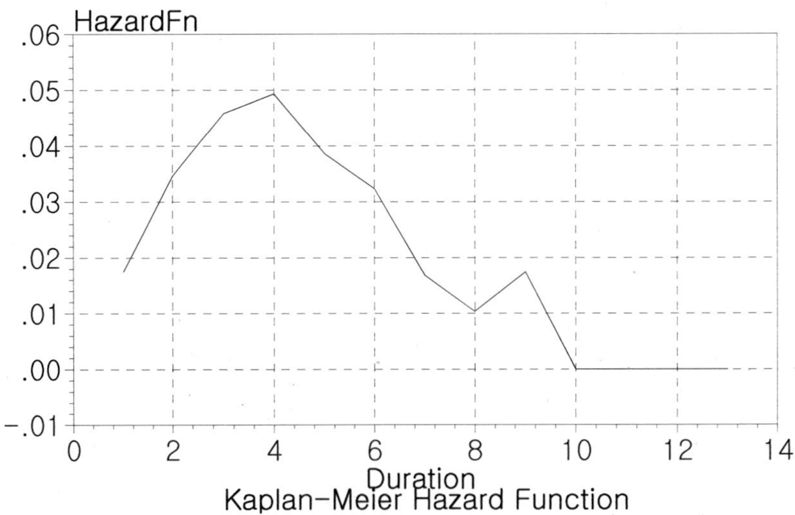

성숙기의 불리성이 강하게 나타나는 이유로는 첫째, 관성을 들 수 있을 것이다. 상대적으로 오래된 조직은 내외적 요소들에 의해 기존의 관성을 유지하려 하고, 이러한 관성은 변화하는 환경에 대한 조직의 변화와 적응 능력을 키우는 데 저해요소로 작용하게 된다. 둘째, 연령이 증가할수록 사멸률이 증가하고 있는 것은 해외에 진출한 자회사들이 지속적인 자원개발 활동에 성공하고 있지 못함을 나타내 준다. 해외직접투자의 동기로는 조직의 기존 자원을 이용하고자 하는 목적과 다른 한편으로는 새로운 시장에서 새로운 지식을 추구하는 목적이 있다. 그러나 조직의 연령이 증가할수록 사멸률이 높아진다는 것은 기존의 자원을 활용하는 데는 어느 정도 성공했지만, 현지에서 지속기업으로 남아 있기 위한 새로운 자원개발에는 성공하지 못했음을 의미한다.

해외에 진출한 자회사의 설립초기에는 초기의 부존자원이 어느 정도 완충작용을 할 수 있다. 그리고 설립한 자회사의 이해관계자나 모기업 측면에서 자회사의 성과를 평가하는 데는 어느 정도의 시간이 경과해야 하기 때문에 이 기간 동안에 신생조직은 일정한 밀월기를 거치게 된다. 이러한 밀월기를 거치는 동안 최고경영자나 모기업의 자회사에 대한 몰입은 높아지게 되며, 이의 결과 초기 사멸률이 낮아지게 된다.

6.3.5 선행투자

국제적 확장 과정은 지식개발과 점진적 실행의 과정으로 특징지어진다. 그러나 이전의 많은 연구들은 주로 해외시장 진입과정에 주된 초점을 두고 있다. 경험학습의 주장은 조직의 과거 성공적인 결과는 조직에 의해서 학습되고 이것은 조직의 기억 속에 저장되어 이후의 활동에 지식기반이 된다는 것이다. 모기업이 처음으로 해외 진출 시에는 해외진출 자회사들의 관리적 측면에서 낯선 환경을 극복하는 데 있어 많은 비용과 위험이 따르며, 이의 결과 조직의 실패율도 높아질 것이다. 그러나 이후의 투자 시에는 이전의 경험학습이 투자

활동 상 발생하는 문제들을 해결하는 데 중요한 지식기반이 된다.

본 연구에서는 자회사 생존에 대한 조직학습과 경험의 효과를 측정하기 위해 두 가지 변수를 사용하고 있다. 첫째는 가설 4와 가설 5에서 제시한 자회사의 연령이다. 동 변수는 또한 조직생태학 관점에서 신생기업의 불리성을 알아보기 위한 변수이기도 하다.

두 번째 변수는 투자경험에 관한 것으로 해당 자회사가 초기투자인가 아니면 후속투자인가를 보고 있다. 이와 관련 가설 6에서는 중국시장에 처음으로 투자하는 신생투자기업(de novo)들은 후속투자기업들에 비해 상대적으로 높은 퇴출가능성을 보일 것으로 예측하고 있다. 분석결과 모기업의 투자경험이 신생조직의 사멸률을 낮추는 또 다른 주요 요인임을 알 수 있었다. 즉 중국시장에 처음으로 투자하는 기업보다는 후속투자하는 기업들의 생존율이 상대적으로 더 높게 나타남을 알 수 있었다. 이와 같은 결과는 모든 분석모델에서 동일하게 나타나고 있다. 다만 자본집약적 산업에서는 상기 변수가 유의성을 갖지 않는 것으로 나타났다.

중국시장에 대한 투자 시 초기 신생투자기업(first-time investor)은 여러 가지 불리성에 직면하게 되며 조직간 내외적 네트워크도 처음부터 새로이 설정해야 하는 어려움에 봉착하게 된다. 투자대상국 시장에 있어서 신생 자회사는 처음부터 고객·공급자·하청업체 등과 새로운 관계를 설정해야 하기 때문에 신생기업의 불리성에 직면하게 된다. 모기업 체제내에서도 모기업과 자회사간 의사소통을 원활하게 할 수 있는 조직구조도 구축해야 한다. 이러한 요인들은 결국 높은 퇴출률로 이끌게 된다.

반대로 후속투자의 경우 이전 활동으로부터 획득된 경험과 학습으로부터 혜택을 받을 수 있다. 모기업은 투자대상국 시장에 대한 보다 나은 지식을 획득할 수 있다. 후속투자기업은 또한 기설정된 내외적 네트워크 활용에 따른 상대적 우위에 놓이게 된다. 현지시장 조건을 잘 아는 경험 있는 관리자 활용가능성도 현지시장에서의 애로요인 극복에 큰 도움이 된다. 결국 투자대상국 시장에서 획득된 경험은 후속투자기업의 퇴출률을 낮추는 요인으로 작용하게 된다.

6.3.6 투자규모

기업생존에 대한 연구결과에 의하면 기업규모가 기업의 생존에 매우 중요한 영향을 주는 요인이며, 조직생태학 관점에서도 소규모조직의 불리성 가설이 정형화된 사실로 받아들여지고 있다. 기업규모의 효과를 분석한 생존연구는 초기규모(start-up size)가 기업생존에 미치는 영향을 논의하고 있다. 기업규모는 경험, 경영능력, 기업조직 등 관찰되지 않은 효율성이 실현된 결과를 나타낸다고 할 수 있다.

일반적으로 소규모 기업은 오래 생존하지 못한다. 소규모 기업은 능력 있는 경영자를 고용하기 어렵고 임금이 상승하거나 사업상의 기회비용이 커지면서 시장에서 먼저 떠날 것이기 때문이다. 반면에 대기업은 더 오래 생존할 가능성이 높다.

대기업은 어떤 사업이 기대했던 것보다 효율적이지 못한 사업이라고 판명되면 퇴출되기 전에 그 사업의 규모를 축소할 수 있다. 따라서 대규모로 진입한다는 것은 사전적으로 성공예감을 나타내는 지표로 인식되기도 한다.

본 연구에서는 자회사의 규모를 모기업에 의한 초기투자규모로 측정하고 있다. 자회사에 대한 모기업의 투자금액은 해당 자회사의 규모를 직접적으로 나타내는 변수이기도 하지만, 모기업에 의한 실질적 실행(commitment) 의지를 나타내는 척도로도 볼 수 있다. 모기업의 해당 시장에 대한 실행의지가 높을수록 청산가능성이 낮을 것이며, 실행의지가 낮을수록 청산가능성이 높을 것이다. 이러한 실행의지는 모기업이 해당 자회사에 얼마만큼 투자를 했는가를 통해 측정할 수 있을 것이다.

본 연구에서는 초기투자규모가 작은 기업들은 대규모 투자기업들에 비해 상대적으로 높은 퇴출가능성을 보일 것으로 예측하고 있다. 분석결과 투자규모와 청산가능성 간에는 부의 관계가 존재하기는 하지만 아무런 유의성이 없는 것으로 나타나고 있어, 가설은 기각되었다. 즉 청산가능성과 투자규모 간에는 아무런 유의한 관계성이 없었다. 연구 샘플구성을 보면 대우 관련 자회사들이 2000년 2001년 사이에 모기업의 경영악화로 인해 상당수

완전청산 내지는 투자금 회수를 한 것으로 나타나고 있다. 이들 기업들은 거의 대부분 상당한 규모의 초기 투자 규모를 보이고 있다. 이들 기업들 때문에 연구결과의 왜곡이 발생했을 가능성이 있기 때문에, 이들 기업들을 제외한 후 재분석을 하였다. 그러나 이 경우에도 기본모형의 결과와 마찬가지로 투자금액과 청산가능성 간에는 아무런 유의성이 없는 것으로 나타나고 있다.

기업규모가 기업의 생존에 영향을 준다는 것은 많은 실증분석에서 검증된 정형화된 사실(stylized facts)이다. 그러나 초기 투자규모와 현재의 기업규모 중 어느 것이 기업의 생존에 더 큰 영향을 줄 것인가 하는 점이다. Mata et. al.,(1995)은 초기 투자규모와 현재의 기업규모를 구분하고 현재의 기업규모가 초기규모에 비해 기업의 생존여부를 결정하는 중요한 변수임을 보여준 바 있다.

신생기업은 효율적으로 운영되는 기존의 경쟁기업에 비해 비용 면에서 불리하며 이것은 신생기업의 생존을 더욱 어렵게 한다. 반면에 일단 생존하는 기업은 기존의 기업에 비해 매우 빠르게 성장하는 경향이 있으며, 따라서 현재기업규모를 기업생존을 설명하는 하나의 변수로 이용하는 것이 중요하다.

본 연구에서는 초기 투자규모만을 사용하고 있으며, 현재의 자회사 기업규모에 대해 분석치 못하고 있다. 만약 현재 자회사의 규모를 변수로 사용하게 되면 동 변수가 유의한 관계성을 갖는 것으로 나타날 가능성이 높다.[3]

---

3) 산업진화 모델에서 매순간 현재의 기업규모는 생존을 예측하기에 충분한 변수이다. 기업은 매순간 과거의 성과를 보면서 기업 규모를 조정한다. 좋은 성과를 나타내는 기업은 성장하고, 미미한 성과를 나타내는 기업은 위축되어 결국 퇴출된다. 그러나 성장과정에서 조정비용이 존재한다면 기업은 부분적으로 조정하게 되고 바람직한 기업규모로 점진적으로 조정을 하면서 수렴하게 된다. 기업이 과거에 성장하였다는 사실은 그 기업이 성과가 좋았고 그 기업이 현재의 기업규모보다 커질 것임을 나타내는 신호라 할 수 있다. 기업이 성장하여 왔다는 사실 자체가 성공예감을 나타내는 좋은 지표가 될 수 있다. 더구나 대규모 기업은 성공에 대한 낙관적인 기대를 가지고 오랜 기간의 낮은 성과를 감내해 내는 경향이 있다. 최근 기업성장은 기업 성과에 대한 낙관적인 전망

6.3.7 밀도의존성

조직생태이론에 있어 밀도의존성은 하나의 중요한 설명요인으로 자리잡고 있다. 동 이론에서는 퇴출에 대한 밀도의존성의 비단조적(non-monotonic) 효과를 가정하고 있다. 즉 낮은 밀도수준에서는 정당성 과정이 퇴출률을 낮추는 요인으로 작용하게 되나, 높은 밀도수준에서는 경쟁과정이 퇴출률을 높이는 요인으로 작용하게 된다.

연구 결과 중국 각 성·시에서 해당산업에 속한 외국기업의 밀도는 사멸가능성에 대해 정의 유의한 일차순위(first-order) 효과를 갖는 것으로 나타났다. 이러한 효과는 노동집약적 산업의 경우, 그리고 부분회수의 경우에도 마찬가지로 나타나고 있다.

강한 경쟁효과는 중국시장 내 외국기업 간 경쟁 강도(强度)가 강하게 나타남을 의미한다. 즉 중국시장(성·시)내 외국기업의 증가는 해당산업 내 여타 외국기업의 생존가능성을 줄이는 요인으로 작용하게 된다.

그러나 예상과 달리 밀도효과는 단조적(monotonic)인 것으로 나타났다. 관측기간 동안 외국기업 밀도의 이차순위(second-order) 효과가 나타나지 않았다. 이는 중국시장에서의 외국기업들이 정당성 확보 과정을 거쳐 이미 경쟁과정에 진입했음을 나타내는 것이라 할 수 있다.

한편 본 연구에서는 외국기업 밀도의존성 외에, 밀도의존성을 중국기업과 한국기업으로 세분류하여 각각의 영향에 대해 살펴보고 있다. 이는 해당 성시·산업 내 하위군집 간 상호 경쟁효과를 보기 위한 것이다. 연구 결과 중국기업의 밀도는 아무런 유의성이 없는 것으로 나타나, 아직까지는 중국기업 수의 증가가 한국기업의 사멸에 아무런 영향을 미치지 못함을 알 수 있었다.

을 나타내는 것으로 현재의 기업규모와 기업생존 간에 양의 관계가 나타난다. 기업의 퇴출 가능성은 기업의 성장이 빨라지면서 감소한다. 이렇게 보면 시장 진입 후 매 시점에서의 기업규모는 진입 후 성과, 즉 기업퇴출 여부를 가늠하는 중요한 잣대가 될 수 있다.

한국기업 밀도의 경우 모든 모델에 있어 한국기업의 퇴출률과 부의 관계를 갖는 것으로 나타나고 있다. 즉 한국기업 수의 증가는 해당 성시·산업 내 투자한 샘플대상기업의 생존가능성을 높이는 요인으로 작용하는 것으로 나타나고 있다. 이러한 결과를 통해 한국기업의 존재성에 따른 정의 네트워크 외부성이 작용함을 알 수 있었다.

한편 추가적으로 본 연구에서는 밀도 요인을 보다 세분화하여 밀도요인과 자회사 생존 간 관계에 대해 살펴보았다. 지금까지는 밀도요인을 동일 산업에 속한 외국기업, 중국기업, 한국기업만으로 보았으나, 추가적으로 해당 성시 내 전체 외국기업·중국기업·한국기업과 여타 산업에 속한 외국기업·중국기업·한국기업으로 세분류 하였다. 세분류 분석을 통해 네트워크 외부성이 산업 내, 산업간, 투자기업군간 어떻게 다르게 나타나는가를 살펴보고자 한다.

이미 살펴본 바와 같이 동일 산업 내에 속한 한국기업의 수가 해당 성시에 투자한 한국기업 자회사의 생존에 정의 영향을 미치는 것을 알 수 있었다. 그러나 동일 산업 내 외국기업이나 중국기업들은 한국기업의 생존에 아무런 영향을 미치지 못하는 것으로 나타나고 있다. 〈표 Ⅳ-10〉의 모델-1과 모델-2는 해당 성시에 속한 전체 외국인투자기업과 중국기업, 한국기업들을 변수화하여 분석한 결과이다. 결과에서 알 수 있듯이 세 가지 변수 모두 자회사 생존에 아무런 영향을 미치지 못함을 알 수 있다. 단 해당 성·시내 전체 외국기업 수와 한국기업 수는 철수 가능성과 부의 관계를 갖는 것으로 나타나고 있다.

〈표 Ⅳ-11〉의 모델-3과 모델-4는 여타 산업에 속한 기업들을 세분류한 것으로, 전체 기업군을 대상으로 했을 때와 마찬가지로 여타산업 내 외국기업, 중국기업, 한국기업 모두 아무런 유의성을 갖지 못하는 것으로 나타났다. 〈표 Ⅳ-13〉의 모델-7과 모델-8은 상이한 산업에 속한 기업 그룹군과 동일한 사업에 속한 기업 그룹군을 모두 포함하여 분석한 결과이다. 이 경우에도 상기와 마찬가지로 동일산업에 속한 "한국기업의 수"만이 자회사 생존에 영향을 미치는 요인으로 나타나고 있다. 이러한 결과를 통해 해당

성·시내 동일산업에 속한 한국기업의 수가 많을수록 한국기업 자회사의 철수 가능성이 낮아짐을 다시 한번 확인할 수 있었다.

그러나 한국기업 수와 청산가능성 간에는 비선형적 관계가 뚜렷하게 나타나고 있다. 이는 한국기업들의 집적형성이 초기 정당성 확보에 긍정적인 영향을 미치지만, 일정 시점이 지나면 오히려 집적에 따른 경쟁증가(예를 들면 제한된 요소자원에 대한 경쟁)로 인해 퇴출 가능성이 높아지는 것으로 해석할 수 있다.

또한 여타산업에 속한 한국기업의 수가 자회사 생존에 아무런 영향을 미치지 못하는 것으로 나타나고 있는데, 이를 통해서도 한국기업들의 경우에는 동일산업에 속한 기업들 간 네트워크 외부성이 강하게 나타남을 확인할 수 있다.

한편 외국기업의 존재성은 한국기업 생존에 아무런 영향을 미치지 못하는 것으로 나타나고 있는데(모델-5에서만 유의하게 나타남), 이는 외국기업들과 한국기업들의 집적 형성지 자체가 상이하게 때문일 것이다. 일반적으로 외국기업, 특히 미국, 일본, 대만, 싱가포르 기업들은 광동, 북경, 상해, 복건 지역을 중심으로 투자가 이루어지고 있다. 이들 지역은 개방 역사가 길고 경제발전도 많이 되어 있어 구매력도 높은 편이기 때문에 내수시장을 겨냥한 투자가 활발한 편이다. 또한 이들 지역은 공업이 매우 발달해 있다는 공통점을 갖고 있다.[4]

이에 반해 한국기업들의 투자는 한국과 지리적으로 인접한 발해만 유역 특히 산동성, 천진시, 요녕성, 흑룡강성 등에 집중되어 있다. 이들 지역에

---

4) 참고로 절강, 북경, 광동 등에서는 한국기업의 투자액 대비 청산비중이 상대적으로 높게 나타나고 있는데, 절강의 경우 중국의 유대인이라 할 만큼 상업의식이 높은 데다 현지 중소민간기업이 가장 발달한 점이 우리기업의 사업을 어렵게 하고 있다. 북경의 경우에는 투자 자체가 내수시장 지향적이며 소비자들의 수준이 상대적으로 높기 때문에 세계적인 브랜드가 없는 기업들이 보수성향의 소비자를 상대로 사업하기가 쉽지 않다. 광동의 경우 개방의 전초기지로서 홍콩, 대만 등의 자본이 일찍이 진출함에 따라 후발주자인 우리기업들이 현지 상관습과 시장에 대한 이해 부족으로 적응하는 데 어려움을 느끼고 있다.

대한 투자는 지리적 이점 외에도 조선족 활용 등 주로 생산비 절감 차원의 투자가 주를 이루고 있다. 특히 한국기업들의 투자가 상기 지역을 중심으로 이루어지고 있는 것은 외국기업과의 직접적 경쟁을 피하기 위한 것으로 풀이되고 있다. 이처럼 투자입지 선정 패턴 자체가 다르기 때문에 외국기업의 존재성이 한국기업 자회사 생존에 유의한 영향을 미치지 못하는 것으로 해석할 수 있을 것이다.

국별 집적 외에도 산업별 집적패턴에 있어서도 차이를 보이고 있다. 산업별로 외국기업은 중국현지기업과 연계성을 형성해 산업별 집적을 형성하는 반면, 한국기업들은 산업별 국내 선도기업(주로 완제품을 생산하는 재벌기업)을 중심으로 국내 계열사나 국내에서 하청관계를 갖는 기업들이 동반진출하여 중국 내 집적을 형성하는 특징을 보이고 있다.[5]

중국기업들의 경우에도 모든 모델에서 아무런 유의성을 갖지 못하는 것으로 나타나고 있다. 이는 아직까지도 중국기업들이 기술적 노하우나 경영관리 등의 측면에서 한국기업에 뒤떨어져 있기 때문에, 이들의 존재성이 한국기업들의 생존에 아직까지는 큰 영향을 미치지 못한 것으로 분석된다. 그러나 최근에는 중국현지기업들이 가전산업을 중심으로 급성장해 외자기업을 추격·추월하는 현상이 나타나고 있다. 하이테크 부문에서도 중국산 브랜드가 외국브랜드를 압도하고, 외형규모로는 글로벌 기업 수준에 근접한 기업도 나타나고 있다. 기술력 측면에서도 일부산업에 국한되지만, 선진

---

5) 최근 국별 대중투자(對中投資)패턴을 보면 특정 투자국을 중심으로 산업별 집적을 이루는 경향이 나타나고 있다. 예로 우시(無錫)시에는 일본의 소니, 마쓰시다, 샤프, 히타치, CMK, 알프스, 스미모토 등의 기업들이 입주해 있다. 대만기업들의 경우에는 더욱 뚜렷한 집적패턴을 보이고 있다. 주강삼각주지역에는 방직, 의류, 단순 조립 중심의 전자 등 노동집약적 산업이 압도적이며, 장강삼각주 지역에는 내수시장개척과 인적자원 활용을 위해 전자, 반도체, 컴퓨터, 핸드폰, 정밀화학 등 첨단기술산업 진출이 활발하다. 동북지역은 심양, 대련 등 일부 대도시를 중심으로 음식료품 진출이 활발하다. 청도, 연대 등은 전자, 경공업 등을 중심으로 한국기업들이 많이 입주한 대표적 지역이다. 주강삼각주 지역 내의 심천, 주해, 동관, 중산, 혜주 등은 홍콩으로부터 200Km 권역 내에 위치한 지리적 이점을 노려, 노트북, 프린터, 복사기, 가전제품 등 업종을 중심으로 주로 홍콩기업과 대만기업들이 집중 진출하고 있다.

기술 도입을 통해 단시간 내에 선진국 수준으로 도약하고 있으며, 인사제도 등 기업 내 각종 제도 및 시스템도 서구식으로 빠르게 변화되는 추세에 있다.

<표 Ⅵ-9> 주요 품목의 지역집중도(2001)[6]

	지역집중도		1위		2위		3위
컴퓨터	80.3	북경	38.7	광동	26.1	복건	10.1
집적회로	86.6	상해	35.4	광동	27.5	강소	20.4
냉장고	72.9	산동	26.5	광동	20.9	안휘	13.9
세탁기	71.4	산동	23.4	절강	17.3	강소	17.2
TV	65.0	광동	38.9	요녕	9.2	산동	9.1
공작기계	69.0	절강	31.3	강소	15.2	산동	14.2
자동차	50.1	길림	16.7	상해	12.2	호북	9.0

주: 집중도는 4위 지역까지의 합계임.
자료: 중국통계연감

특히 중국에서 최근에 부상한 대기업들의 공통된 특징은 개혁·개방이 가속된 90년대 이후 치열한 시장경쟁을 통해 성장했다는 점이다. 따라서 이들은 낡은 체제의 영향 때문에 덩치만 크고 경쟁력이 없어 국민경제의 부담이 되고 있는 상당수의 대형 국유기업들과는 본질적으로 다르다. 80년대에 중국의 가전시장을 지배하던 일본 기업들은 현재 캠코더와 같은 일부 제품을 제외하고 대부분 현지 대기업들의 공세에 크게 밀리고 있는 상황이다. 미국의 월풀은 중국의 냉장고 시장에 진출했다가 현지 업체들과의 경쟁에서 실패하여 5,000만 달러의 손실을 안고 냉장고 사업에서 완전히 철수한 교훈을 가지고 있다. 실증분석에서는 중국기업의 존재성이 아무런 유의성이 없는 것으로 나타나고 있지만, 향후에는 중국기업의 존재성이 한국기업 자회사의 생존에 영향을 미치는 결정적 요인으로 작용하게 될 것으로 전망된다.

---

6) 강승호(2003), 『중국기업의 글로벌화』, 서울: LG경제연구원

<표 Ⅵ-10> 전체 기업군을 대상으로 한 분석

구분	변 수 명	모델-1				모델-2			
		B	S.E	Wald	Sig.	B	S.E	Wald	Sig.
밀도 요인	전체 외국기업 수	-0.093	0.190	0.239	0.625	-0.035	0.200	0.031	0.861
	전체 중국기업 수	0.408	0.351	1.352	0.245	0.164	0.534	0.095	0.758
	전체 한국기업 수	-0.203	0.145	1.974	0.160	-0.104	0.161	0.419	0.518
	전체 외국기업 수 **2/1000					0.000	0.000	1.593	0.207
	전체 중국기업 수 **2/1000					0.000	0.000	0.756	0.385
	전체 한국기업 수 **2/1000					0.000	0.000	2.031	0.154
자회사 요인	자회사 연령	0.116	0.057	4.185	0.041	0.199	0.076	6.848	0.009
	선행투자 건수	-0.348	0.147	5.623	0.018	-0.353	0.147	5.730	0.017
	투자품목(핵심부문=1)	-0.333	0.129	6.696	0.010	-0.335	0.129	6.740	0.009
	진출시점	0.123	0.059	4.255	0.039	0.206	0.078	6.937	0.008
	진입방식(합작투자=1)	-0.337	0.200	2.837	0.092	-0.354	0.200	3.120	0.077
	투자비율	-0.054	0.510	0.011	0.916	-0.098	0.510	0.037	0.847
	투자금액	-0.052	0.068	0.582	0.446	-0.044	0.069	0.413	0.521
모기업 요인	기업자산	-0.154	0.037	17.542	0.000	-0.153	0.037	17.108	0.000
	유동비율	-0.673	0.152	19.652	0.000	-0.677	0.153	19.722	0.000
	부채비율	0.395	0.133	8.801	0.003	0.393	0.134	8.615	0.003
	ROA	-0.001	0.002	0.607	0.436	-0.002	0.002	0.883	0.347
	광고집약도	-0.013	0.055	0.057	0.811	-0.016	0.055	0.089	0.766
	연구개발집약도	-0.033	0.030	1.207	0.272	-0.034	0.031	1.262	0.261
통제 변수	시장크기(1인당 GDP)	0.355	0.596	0.354	0.552	-0.031	0.665	0.002	0.963
	제조임금	0.000	0.000	1.560	0.212	0.000	0.000	3.836	0.050
	대미환율(Yuan/US$)	-0.004	0.008	0.176	0.675	-0.001	0.008	0.023	0.879
산업 더미	가죽신발	-0.695	0.369	3.540	0.060	-0.652	0.370	3.101	0.078
	고무플라스틱	-0.786	0.414	3.611	0.057	-0.803	0.417	3.716	0.054
	기계장비	-0.958	0.387	6.136	0.013	-0.952	0.389	6.005	0.014
	기타제조	-0.212	0.372	0.326	0.568	-0.166	0.374	0.197	0.657
	목재가구	-1.047	0.591	3.134	0.077	-1.044	0.594	3.090	0.079
	비금속	-0.406	0.367	1.227	0.268	-0.382	0.368	1.083	0.298
	섬유의복	-0.425	0.290	2.146	0.143	-0.400	0.292	1.879	0.170
	음식료품	-0.475	0.308	2.373	0.123	-0.463	0.309	2.238	0.135
	일차금속	-1.012	0.584	3.002	0.083	-1.010	0.588	2.956	0.086
	전기전자	-0.201	0.278	0.523	0.470	-0.147	0.282	0.272	0.602
	조립금속	-0.479	0.334	2.059	0.151	-0.460	0.334	1.898	0.168

구분	변 수 명	모델-1				모델-2			
		B	S.E	Wald	Sig.	B	S.E	Wald	Sig.
산업 더미	종이인쇄	-0.769	0.674	1.305	0.253	-0.850	0.683	1.551	0.213
	화학제품	-0.342	0.319	1.150	0.284	-0.319	0.323	0.976	0.323
	Constant	-2.429	2.480	0.959	0.327	-1.249	2.896	0.186	0.666
	Chi-Square	280.07				283.05			
	d.f	32				35			
	유의도	0.000				0.000			
	-2Log likelihood	2028.08				2025.1			

〈표 Ⅵ-11〉 여타산업에 속한 기업군을 대상으로 한 분석

구분	변 수 명	모델-3				모델-4			
		B	S.E	Wald	Sig.	B	S.E	Wald	Sig.
밀도 요인	여타산업(in different industries)에 속한 외국기업 수	-0.097	0.191	0.258	0.611	-0.060	0.197	0.091	0.763
	여타산업에 속한 중국기업 수	0.472	0.368	1.644	0.200	0.246	0.534	0.213	0.645
	여타산업에 속한 한국기업 수	-0.209	0.141	2.199	0.138	-0.134	0.158	0.725	0.395
	여타산업에 속한 외국기업 수 ^{2}/1000					0.000	0.000	0.806	0.369
	여타산업에 속한 중국기업 수 ^{2}/1000					0.000	0.000	0.606	0.436
	여타산업에 속한 한국기업 수 ^{2}/1000					0.000	0.000	1.013	0.314
자회사 요인	자회사 연령	0.119	0.056	4.497	0.034	0.173	0.072	5.864	0.015
	선행투자 건수	-0.349	0.147	5.651	0.017	-0.353	0.147	5.728	0.017
	투자품목(핵심부문=1)	-0.331	0.129	6.635	0.010	-0.331	0.129	6.614	0.010
	진출시점	0.126	0.059	4.581	0.032	0.182	0.074	6.034	0.014
	진입방식(합작투자=1)	-0.337	0.200	2.849	0.091	-0.346	0.200	2.984	0.084
	투자비율	-0.058	0.510	0.013	0.910	-0.095	0.510	0.035	0.852
	투자금액	-0.053	0.068	0.592	0.442	-0.046	0.069	0.448	0.503
모기업 요인	기업자산	-0.155	0.037	17.617	0.000	-0.154	0.037	17.416	0.000
	유동비율	-0.674	0.152	19.697	0.000	-0.678	0.152	19.813	0.000
	부채비율	0.398	0.133	8.898	0.003	0.397	0.134	8.829	0.003
	ROA	-0.001	0.002	0.599	0.439	-0.002	0.002	0.775	0.379
	광고집약도	-0.014	0.055	0.061	0.804	-0.015	0.055	0.075	0.784
	연구개발집약도	-0.034	0.030	1.216	0.270	-0.035	0.031	1.306	0.253

구분	변 수 명	모델-3				모델-4			
		B	S.E	Wald	Sig.	B	S.E	Wald	Sig.
통제 변수	시장크기(1인당 GDP)	0.342	0.599	0.326	0.568	0.064	0.654	0.009	0.923
	제조임금	0.000	0.000	1.671	0.196	0.000	0.000	3.030	0.082
	대미환율(Yuan / US$)	-0.003	0.008	0.171	0.679	-0.002	0.009	0.062	0.804
산업 더미	가죽신발	-0.707	0.368	3.687	0.055	-0.672	0.370	3.289	0.070
	고무플라스틱	-0.784	0.413	3.608	0.058	-0.806	0.418	3.706	0.054
	기계장비	-0.952	0.387	6.050	0.014	-0.939	0.391	5.779	0.016
	기타제조	-0.225	0.371	0.367	0.545	-0.188	0.374	0.253	0.615
	목재가구	-1.066	0.592	3.244	0.072	-1.083	0.597	3.292	0.070
	비금속	-0.410	0.366	1.258	0.262	-0.376	0.368	1.042	0.307
	섬유의복	-0.441	0.288	2.335	0.126	-0.419	0.292	2.058	0.151
	음식료품	-0.476	0.308	2.389	0.122	-0.464	0.310	2.230	0.135
	일차금속	-1.008	0.584	2.985	0.084	-1.011	0.588	2.961	0.085
	전기전자	-0.203	0.277	0.535	0.464	-0.125	0.288	0.188	0.665
	조립금속	-0.478	0.333	2.069	0.150	-0.453	0.333	1.849	0.174
	종이인쇄	-0.743	0.675	1.212	0.271	-0.796	0.684	1.354	0.245
	화학제품	-0.347	0.320	1.177	0.278	-0.322	0.324	0.983	0.321
	Constant	-2.554	2.502	1.042	0.307	-1.539	2.857	0.290	0.590
	Chi-Square	280.43				282.17			
	d.f	32				35			
	유의도	0.000				0.000			
	-2Log likelihood	2027.7				2025.9			

<표 VI-12> 동일산업에 속한 기업군을 대상으로 한 분석

구분	변 수 명	모델-5				모델-6			
		B	S.E	Wald	Sig.	B	S.E	Wald	Sig.
밀도 요인	동일산업 내(in the same industry) 외국기업 수	0.004	0.002	2.891	0.089	0.005	0.005	0.986	0.321
	동일산업 내 중국기업 수	0.000	0.000	0.096	0.756	0.001	0.002	0.100	0.752
	동일산업 내 한국기업 수	-0.002	0.001	8.795	0.003	-0.005	0.002	8.081	0.004
	동일산업 내 외국기업 수 ²/ 1000					-0.005	0.018	0.096	0.757
	동일산업 내 중국기업 수 ²/ 1000					-0.001	0.002	0.230	0.631
	동일산업 내 한국기업 수 ²/ 1000					0.000	0.000	2.925	0.087

구분	변 수 명	모델-5				모델-6			
		B	S.E	Wald	Sig.	B	S.E	Wald	Sig.
자회사 요인	자회사연령	0.196	0.048	16.336	0.000	0.220	0.053	17.317	0.000
	선행투자 건수	-0.328	0.148	4.910	0.027	-0.341	0.148	5.268	0.022
	투자품목(핵심부문=1)	-0.350	0.129	7.309	0.007	-0.346	0.129	7.164	0.007
	진출시점	0.203	0.049	16.873	0.000	0.229	0.054	17.618	0.000
	진입방식(합작투자=1)	-0.386	0.201	3.689	0.055	-0.403	0.202	3.984	0.046
	투자비율	-0.172	0.508	0.115	0.734	-0.189	0.508	0.139	0.709
	투자금액	-0.046	0.069	0.442	0.506	-0.043	0.069	0.395	0.529
모기업 요인	기업자산	-0.157	0.037	17.665	0.000	-0.156	0.038	17.270	0.000
	유동비율	-0.718	0.153	22.012	0.000	-0.733	0.153	22.865	0.000
	부채비율	0.414	0.134	9.482	0.002	0.417	0.135	9.575	0.002
	ROA	-0.002	0.002	0.745	0.388	-0.001	0.002	0.599	0.439
	광고집약도	-0.010	0.056	0.030	0.863	-0.009	0.056	0.026	0.873
	연구개발집약도	-0.031	0.032	0.945	0.331	-0.03	0.032	0.884	0.347
통제 변수	시장크기(1인당 GDP)	-0.028	0.489	0.003	0.954	-0.022	0.501	0.002	0.965
	제조임금	0.000	0.000	5.693	0.017	0.000	0.000	7.018	0.008
	대미환율(Yuan / US$)	-0.002	0.008	0.066	0.797	-0.003	0.008	0.107	0.743
산업 더미	가죽신발	-0.547	0.372	2.170	0.141	-0.406	0.382	1.131	0.287
	고무플라스틱	-0.782	0.413	3.595	0.058	-0.798	0.420	3.618	0.057
	기계장비	-0.992	0.391	6.433	0.011	-0.979	0.410	5.716	0.017
	기타제조	0.022	0.384	0.003	0.954	0.183	0.398	0.211	0.646
	목재가구	-0.872	0.588	2.200	0.138	-0.760	0.593	1.642	0.200
	비금속	-0.475	0.367	1.676	0.195	-0.406	0.369	1.208	0.272
	섬유의복	-0.134	0.318	0.177	0.674	-0.027	0.338	0.006	0.936
	음식료품	-0.462	0.313	2.179	0.140	-0.414	0.326	1.614	0.204
	일차금속	-0.973	0.586	2.755	0.097	-0.951	0.593	2.570	0.109
	전기전자	-0.166	0.300	0.307	0.580	-0.068	0.320	0.046	0.831
	조립금속	-0.355	0.339	1.098	0.295	-0.238	0.362	0.434	0.510
	종이인쇄	-0.706	0.675	1.093	0.296	-0.747	0.691	1.167	0.280
	화학제품	-0.510	0.337	2.292	0.130	-0.471	0.344	1.874	0.171
	Constant	-0.788	2.173	0.131	0.717	-0.842	2.183	0.149	0.700
	Chi-Square	292.47				292.54			
	d.f	32				35			
	유의도	0.000				0			
	-2Log likelihood	1987.0				1983.9			

182

<表 VI-13> 전체 밀도요인을 포함한 분석

구분	변 수 명	모델-7				모델-8			
		B	S.E	Wald	Sig.	B	S.E	Wald	Sig.
밀도 요인	동일산업 내 외국기업 수	0.004	0.002	3.790	0.052	0.011	0.007	2.687	0.101
	동일산업 내 중국기업 수	0.000	0.001	0.546	0.460	-0.002	0.003	0.551	0.458
	동일산업 내 한국기업 수	-0.002	0.001	7.006	0.008	-0.006	0.002	8.160	0.004
	동일산업 내 외국기업 수 **2 / 1000					-0.025	0.023	1.211	0.271
	동일산업 내 중국기업 수 **2 / 1000					0.001	0.002	0.192	0.661
	동일산업 내 한국기업 수 **2 / 1000					0.000	0.000	3.915	0.048
	여타산업에 속한 외국기업 수	-0.139	0.201	0.480	0.488	-0.279	0.262	1.136	0.287
	여타산업에 속한 중국기업 수	0.575	0.401	2.061	0.151	0.739	0.716	1.066	0.302
	여타산업에 속한 한국기업 수	-0.013	0.160	0.006	0.937	0.207	0.198	1.095	0.295
	여타산업에 속한 외국기업 수 **2 / 1000					0.000	0.000	0.001	0.981
	여타산업에 속한 중국기업 수 **2 / 1000					0.000	0.000	0.097	0.755
	여타산업에 속한 한국기업 수 **2 / 1000					0.000	0.000	0.012	0.912
자회사 요인	자회사연령	0.199	0.063	10.136	0.001	0.216	0.079	7.526	0.006
	선행투자 건수	-0.340	0.149	5.236	0.022	-0.342	0.149	5.252	0.022
	투자품목(핵심부문=1)	-0.331	0.130	6.487	0.011	-0.327	0.130	6.323	0.012
	진출시점	0.203	0.065	9.907	0.002	0.223	0.081	7.643	0.006
	진입방식(합작투자=1)	-0.401	0.202	3.962	0.047	-0.397	0.204	3.794	0.051
	투자비율	-0.148	0.509	0.085	0.771	-0.199	0.514	0.149	0.699
	투자금액	-0.051	0.069	0.556	0.456	-0.044	0.069	0.408	0.523
모기업 요인	기업자산	-0.158	0.038	17.705	0.000	-0.156	0.038	17.108	0.000
	유동비율	-0.715	0.153	21.817	0.000	-0.732	0.154	22.704	0.000
	부채비율	0.417	0.135	9.564	0.002	0.421	0.135	9.740	0.002
	ROA	-0.002	0.002	0.707	0.400	-0.001	0.002	0.452	0.501
	광고집약도	-0.011	0.056	0.041	0.839	-0.019	0.057	0.113	0.737
	연구개발집약도	-0.032	0.032	0.959	0.327	-0.031	0.032	0.899	0.343
통제 변수	시장크기(1인당 GDP)	0.009	0.618	0.000	0.988	-0.092	0.681	0.018	0.893
	제조임금	0.000	0.000	4.655	0.031	0.000	0.000	3.801	0.051
	대미환율(Yuan / US$)	-0.002	0.009	0.075	0.785	-0.003	0.009	0.147	0.701

구분	변 수 명	모델-7				모델-8			
		B	S.E	Wald	Sig.	B	S.E	Wald	Sig.
산업 더미	가죽신발	-0.603	0.373	2.610	0.106	-0.376	0.393	0.915	0.339
	고무플라스틱	-0.828	0.414	4.005	0.045	-0.799	0.427	3.496	0.062
	기계장비	-1.000	0.392	6.494	0.011	-0.901	0.442	4.151	0.042
	기타제조	-0.008	0.387	0.000	0.983	0.294	0.42	0.491	0.483
	목재가구	-0.977	0.594	2.705	0.100	-0.836	0.607	1.897	0.168
	비금속	-0.506	0.369	1.879	0.170	-0.455	0.372	1.492	0.222
	섬유의복	-0.149	0.326	0.209	0.648	0.185	0.389	0.225	0.636
	음식료품	-0.471	0.314	2.257	0.133	-0.352	0.345	1.038	0.308
	일차금속	-0.993	0.590	2.834	0.092	-0.868	0.602	2.075	0.150
	전기전자	-0.163	0.300	0.296	0.586	0.070	0.353	0.040	0.842
	조립금속	-0.368	0.339	1.177	0.278	-0.082	0.376	0.047	0.828
	종이인쇄	-0.589	0.683	0.744	0.388	-0.397	0.742	0.286	0.593
	화학제품	-0.526	0.339	2.407	0.121	-0.421	0.365	1.334	0.248
	Constant	-2.284	2.561	0.795	0.373	-2.627	3.091	0.722	0.395
	Chi-Square	294.59				299.67			
	d.f	35				41			
	유의도	0.000				0.000			
	-2Log likelihood	1984.9				1979.8			

6.3.8 모기업 자원

일반적으로 해외투자기업이 독점적 우위를 창출할 수 있는 자산을 소유하고 있는 경우, 해당기업은 그렇지 못한 기업에 비해 우월한 성과를 나타내는 것으로 인식되고 있다. 이러한 주장의 기본적 논거는 자원베이스 관점에 따른 것이다. 자원베이스 이론[7]에 따르면 기업의 경쟁우위는 해당 기

---

7) 자원베이스 이론의 기본가정은 다음과 같다. ① 산업 내 기업들은 자원측면에서 이질적이다(Barney, 1991). ② 자원의 불완전한 이동성 때문에 기업간 이질성은 오래 지속된다(Barney, 1991). ③ 경쟁자에 대한 자원방벽을 구축할 수 있다면 자원은 기업에 수익성을 가져다준다(Wenerfelt, 1984). ④ 대체재의 가용성은 자원에 대한 수익성을 감소시킨다(Wenerfelt, 1984). ⑤ 기업특유 자원은 기업 경쟁우위의 원천이며, 유지 가능한 경쟁우위는 비모방적 자원 소유로부터 발생한다(Barney, 1991; Dierickx & Cool, 1989). ⑥

184

업이 소유하고 있는 독특한 자원으로부터 발생하게 되는데, 이러한 자원은 해당 기업 통제하에 있으며, 해당 기업에 의해서만 활용될 수 있는 기업의 지식, 절차, 특성, 정보, 역량, 자산 등을 모두 포함하는 것이다(Barney, 1991).

자원베이스 이론에서는 기업의 전략실행에 사용되는 자원의 종류를 여러 가지 부류로 구분하고 있다. 예로 Dierickx & Cool(1989)은 기술, 조직적 루틴, 문화, 고객 충성도, 기업의 명성 등이 기업특유 자원에 포함된다고 주장하고 있다. Reed & DeFillippi(1990)과 Porter(1985, 1990)는 기업의 중요한 기업특유자원으로 기업의 독특한 역량을 제시하고 있다.

기업의 독특한 역량은 지식을 제품으로 전환하는 데 필요한 기업특유 지식과 자원을 수반한다(Reed & Defillippi, 1990). Wenerfelt(1984)는 브랜드 네임, 숙련 노동력, 기계, 효율적 절차 등을 기업특유 자원으로 제시하고 있다. 그러나 일반적으로 보면 기업의 자원은 크게 유형의 자원과 무형의 자원, 재무자원, 인적자원 등으로 나눌 수 있다.

본 연구에서는 모기업의 자원, 특히 재무적 자원과 무형의 자원이 해당 기업 자회사의 생존에 어떠한 영향을 미치는가를 살펴보고 있다. 기존의 해외투자기업 자회사의 생존과 관련된 연구들에서는 모기업의 자원역할에 대해 직접적인 분석을 하지 못하고 있으며, 분석을 한다 하더라도 기업규모에 대한 더미 변수화 등의 방법으로 변수처리를 하고 있다는 한계점을 갖고 있다. 그러나 본 연구에서는 객관적인 기업 재무제표를 활용하여 투자 모기업 자원요인의 영향력에 대해 측정하고 있다. 재무자원은 투자 모기업의 자산규모, 유동비율, 부채비율, 자산수익률 등으로 세분화하였으며, 무형자원은 광고집약도와 연구개발 집약도를 변수로 사용하고 있다.

먼저 재무자원의 경우 모기업의 자산규모와 유동비율 간에는 유의한 강한 부의 관계성이 존재함을 알 수 있었다. 즉 모기업의 규모가 크고 단기

기업은 장기적 ROI를 최대화시키기 위해 존재하며, 이를 통해 유지 가능한 경쟁우위를 확보·유지할 수 있다(Cooner, 1991). ⑦ 경쟁은 동태적 특성을 갖고 있다.

유동비율이 높은 경우 해당기업 자회사의 철수가능성은 낮아지는 것으로 나타났다. 이와 같은 결과는 全 모델에서 동일하게 나타나고 있다. 부채비율의 경우에는 철수가능성과 정의 관계를 갖지만 유의성은 없는 것으로 나타났다. 자산수익률의 경우에도 철수가능성과는 정의 관계를 갖는 것으로 나타났지만, 유의성은 없는 것으로 나타났다.

왜 모기업의 재무자원이 양호한 흐름을 보여야 하는가에 대한 논리는 다음의 예에서 찾아 볼 수 있다. 중국에서는 생산자이건 최종소비자를 위한 대리점 판매이건 물품 공급 후 일반적으로 6~12개월 정도의 외상거래가 보편화되어 있다. 따라서 자회사가 탄탄한 재무구조를 갖지 못하는 경우에는 현지 활동을 위해 모기업의 자본에 어느 정도 의존할 수밖에 없다. 특히 중국 자회사의 내수시장에 대한 이해, 브랜드 확산을 위한 판촉 및 광고활동 등에 최소 2~3년의 시간이 경과해야 하기 때문에, 무리한 외형신장만을 추구하다가는 외상 매출액 증가 등의 이유로 심각한 경영난에 처할 수 있다.

한편 무형자원의 경우 광고집약도와 연구개발집약도 모두 철수가능성과 부의 관계를 갖지만 유의성이 없는 것으로 나타났다. 기존 연구에 의하면 무형자산의 경우 시장진입 결정에 있어서는 유의한 정의 영향을 미치는 것으로 나타나고 있다. 하지만 철수결정에 있어서는 아무런 영향을 미치지 못하는 것으로 나타나는 것은 주목할 만한 결과라 할 수 있다.

6.3.9 기타 요인

본 연구에서는 시장크기, 제조업부문 임금수준, 대미환율, 그리고 산업더미를 통제변수로 사용하고 있다. 먼저 1인당 GDP수준으로 측정된 시장크기변수의 경우 마이너스의 부호를 보이고 있으나, 모든 모델에서 유의성은 없는 것으로 나타났다. 대미 환율의 경우에는 철수가능성과는 부의 관계성을 갖는 것으로 나타나고 있지만 유의성은 없었다.

임금수준의 경우에는 철수가능성과는 유의한 부의 관계성을 갖는 것으로 나타나, 임금상승률이 높은 경우 철수가능성이 높은 것을 알 수 있었다. 특히 주요 성시를 대상으로 한 경우와 노동집약적 산업의 경우에 있어서 이들 양자간 관계성이 강하게 나타나고 있다.

그 동안 한국기업의 대중투자(對中投資)는 저임노동력 활용을 위한 원가절감형 투자가 주를 이루고 있으며, 이러한 투자의 대부분은 원가구조, 특히 임금비용에 민감한 중소기업 주도로 이루어졌다. 실제로 중국 도시 근로자 평균 임금은 한국 근로자 평균임금의 1 / 14 수준에 불과하다. 이렇게 저렴한 노동력 때문에 1990년대 초 많은 한국 중소기업들이 중국으로 노동집약적 생산공정을 이전하였을 뿐 아니라 아직도 많은 기업들이 중국의 저렴한 노동력에 관심을 보이고 있다.

그러나 단순한 평균임금을 비교해서 중국이 한국의 1 / 10에도 못 미치는 저임금이라는 평가와는 달리, 한국 기업이 실제로 중국 노동자를 고용하는 데 드는 비용은 훨씬 비싼 것으로 평가되고 있다.[8]

즉 중국은 외자기업에 대해서 정책적으로 고임금 지급을 요구하고 있고, 각종 사회보장제도와 관련되는 간접 임금의 비율이 높으며, 투자여건이 좋

---

8) 중국 내에서 활동하는 외자기업의 노무비용은 실수령임금(實得工資) 이외에도 복리비, 국가보조금 등 두 가지 항목이 추가된다. 그 중 실수령임금은 외자기업의 경우 대개 해당 지역 국유기업 임금 수준의 120-150%를 지급하도록 각 지방 정부별로 임금 수준을 규정하고 있다. 따라서 외자기업은 우선 실수령임금에서부터 일반적으로 알려진 중국의 평균 임금보다 20-50% 높은 금액을 지불해야 한다. 99년 외자기업 평균 임금은 중국 전체기업 평균 임금의 1.55배에 달하고 있다.

　여기에 기업이 정부 등에 납부해야 하는 복리비와 국가보조금을 포함하면 실제 노무비용은 훨씬 늘어난다. 복리비란 기업이 임금의 20-30% 가량을 납부하도록 되어 있는 양로보험 기금(국민연금에 해당, 지역 별로 요율에 차이)과 임금의 7-8%에 상당하는 의료보험 등을 말한다. 또 국가보조금이란 정부가 제공하는 주택에 대한 보조금 등이 중요한 구성 항목인데 지역에 따라 임금의 10-25%를 기업이 지방정부에 납부하도록 되어 있다. 결국 이러한 각종 형태의 간접임금을 모두 포함하면, 외자기업이 실제로 지출하는 노무비용은 해당 지역 평균 임금의 2.4-2.7배 수준이다. 지만수(2001), 『중국, 더 이상 저임금 아니다』, 주간경제 635호, 서울: LG경제연구원.

은 연해 지역의 임금은 여타 지역에 비해 월등히 높다.[9] 또 최근에는 고급 관리 인력 및 IT 분야 인력의 임금이 빠르게 상승하고 있다. 이러한 요인들로 인해 원가절감을 목적으로 중국에 진입했던 기업들이 원가상승 부담으로 인해 오히려 중국에서 철수하는 현상이 발생하고 있는 것이다.

6.4 철수 유형별 결정요인 분석

한편 본 연구에서는 철수를 유형별로 나누어 결정요인을 비교·분석하고 있다. 철수 유형은 완전철수와 부분매각으로 나누어서 살펴보고 있다. 일반적으로 철수에는 세 가지 유형, 즉 인수합병과 자발적 청산, 그리고 파산이 있다. 이들 세 가지 유형들은 각기 다른 경제적 차이를 갖고 있다. 그러나 기존의 연구 흐름은 철수를 형태별로 세분하지 않고 모두 동질적인 것으로 보고 분석하고 있다(Schary, 1991).

---

9) 중국은 그 면적이 남한 면적의 100배에 달할 정도로 광대한 나라로, 1980년대 초부터 일찍 개혁개방이 시작된 연해 지역과 1990년대 들어서야 본격 개발된 내륙 지역은 서로 같은 나라라고 믿어지지 않을 만큼 큰 차이가 있다. 그런데 외자기업들은 비교적 사회간접자본이나 산업기반이 잘 갖추어진 연해 지역에 입지하는 경향이 있다. 한국 기업이 많이 진출해 있는 티엔진(天津), 랴오닝성(遼寧省), 샨둥성(山東省) 등 역시 이러한 연해지역에 속한다. 이처럼 지역 편중적인 경제 발전이 이루어지고 있는 반면, 중국의 독특한 호구(戸口) 제도로 인해 노동력의 지역 간 이동에는 아직 제약이 큰 편이다. 그런데 이동의 제약으로 인해 노동력의 공급은 지역별로 비탄력적인 반면, 연해지역의 노동력에 대한 수요는 급증하고 있어서 임금이 상승하고 있다. 특히 연해지역의 임금은 여타 지역에 비해 월등히 높다. 가장 임금이 높은 샹하이(上海) 지역의 제조업 월 평균임금은 임금이 가장 낮은 허난성(河南省)의 3배에 이르고, 같은 연해지역이면서 한국 기업이 많이 진출해 있는 랴오닝성(遼寧省)이나 샨둥성(山東省)에 비해서도 두 배 이상이다. 지만수(2001), 『중국, 더 이상 저임금 아니다』, 주간경제 635호, 서울: LG경제연구원.

경제적 차이와 관련해서 보면, 인수합병의 경우 생산능력의 상당부분이 산업 내에 남아 있게 되고 투자자는 매각에 따른 프리미엄(혹은 디스카운트)을 획득할 수 있다. 자발적 청산의 경우, 생산능력은 산업 내에서 제거되지만 채권자는 청산에 따른 채무를 변제받을 수 있다. 그러나 파산의 경우에는 생산능력이 완전히 소멸되는 동시에 채권의 일부만을 변제받을 가능성이 크다. 이와 같은 단순한 경제적 논리만 따지더라도 철수 형태별로 상당한 차이가 있게 되지만, 기존 연구에서는 형태별로 구분치 않고 모든 유형을 철수라는 동질적 카테고리에 포함시켜 분석을 행하고 있다.

본 연구에서는 철수유형별로 결정요인상의 차이가 있는가를 추가 분석하고 있으며, 투자방식별로도 철수 유형상에 차이를 보이는가를 살펴보고 있다. 먼저 밀도 요인의 경우, 부분회수와 완전청산 모두 한국기업의 밀도와는 부의 관계를 갖는 것으로 나타나고 있다. 그러나 외국기업의 수가 많을수록 부분회수를 선택하는 경향이 있으며, 중국기업의 수가 많을수록 부분회수보다는 완전청산을 선택하는 것으로 나타났다. 자회사 요인에 있어서는 부분회수와 완전청산 모두에 있어 자회사 연령, 진출시점과는 정의 관계를 가지며, 선행투자 건수와는 부의 관계를 갖는 것으로 나타났다. 그러나 핵심품목으로의 진입한 경우와 투자금액이 많은 경우에는 완전청산을 하지 않으려는 성향이 있는 것을 알 수 있었다.

모기업 자원 요인과 관련해서는 부분회수와 완전청산 모두에 있어 모기업 자산 및 유동비율과는 부의 관계를 갖는 것으로 나타났으며, 부채비율과는 정의 관계를 갖는 것으로 나타나, 기본 분석 모형의 결과와 별다른 차이를 나타내지 않는 것을 알 수 있었다. 시장요인에 있어서는 양자 모두에 있어 제조업 임금과는 정의 관계를 갖는 것으로 나타나고 있다.

한편 본 연구에서는 진입방식별로 철수 유형에 있어서 결정요인상의 차이가 있는가를 추가로 분석하고 있다. 먼저 부분회수를 투자방식별로 나누어 살펴보았다. 부분회수 결정에 있어서는 단독투자보다는 합작투자의 경우에 있어서 한국기업의 밀도와 부의 관계를 갖는 것으로 나타났다. 즉 합작투자를 통해 진입한 기업들의 경우 단독투자 기업들에 비해 상대적으로 한국기업들이 많을수록 부분회수를 하려는 경향을 보이는 것으로 나타났다. 합작투자를 통해 진입한 기업들의 경우 자회사 연령이 많을수록 그리고 후발 진입 기업들일수록 부분회수를 하는 경향이 있으며, 투자금액이 많은 기업들일수록 부분회수를 하지 않으려는 경향을 보이는 것으로 나타났다. 선행투자 건수가 많은 단독투자기업들의 경우 부분회수를 하지 않으려는 성향을 보이는 것으로 나타났다. 모기업 요인에 있어서는 합작투자를 통해 진입한 기업들의 경우, 유동비율이 높을수록 부분회수를 하지 않으려는 성향을 보이나, 부채비율이 높을수록 부분회수를 선택하는 것으로 나타났다. 단독투자를 통해 진입한 기업들의 경우에는 기업자산 규모가 클수록 부분회수를 하지 않으려는 성향이 있음을 알 수 있었다.

완전청산의 경우, 합작과 단독투자 모두에 있어 중국기업의 수가 많을수록 완전청산 가능성이 높은 것으로 나타났다. 합작투자의 경우에는 한국기업들이 많을수록 완전청산을 하지 않는 것으로 나타났지만, 단독투자의 경우에 있어서는 유의성이 없었다. 자회사 요인에 있어서는 합작투자로 진출한 경우, 자회사 연령이 많을수록, 후발 진입 기업들일수록 완전청산 가능성이 높지만, 핵심품목으로 진입한 경우와 투자금액이 상대적으로 큰 경우에는 완전청산을 하지 않으려는 성향을 보이는 것으로 나타났다.

모기업 요인에 있어서는 합작투자의 경우에 있어서 기업규모가 크고 유동비율이 높을 경우에는 완전청산 가능성과 부의 관계를 갖지만 부채비율이 높은 경우에는 완전청산 가능성과 정의 관계를 갖는 것으로 나타났다. 단독투자의 경우에는 자산대비 수익률 정도가 높을수록 완전청산 가능성과 부의 관계를 갖는 것으로 나타났다. 이상의 결과를 종합하면, 청산 유형별로 결정요인상의 차이가 분명히 존재하고 있으며, 각 철수유형별로도 어떠한 진입방식을 선택했는가에 따라 각기 결정요인상의 차이가 분명히 존재함을 알 수 있었다.

<표 VI-14> 철수 유형별 분석

구 분	변수명	부분회수		완전청산	
		모델-1	모델-2	모델-3	모델-4
밀도요인	외국기업 수	.005[*] (3.717)	.013[**] (3.862)	.000 (.000)	-.007 (.842)
	외국기업 수 ([**]2 / 100)		-.031 (1.810)		.032 (1.398)
	중국기업 수	-.001 (2.420)	-.002 (.904)	.001 (1.417)	.005[*] (3.385)
	중국기업 수 ([**]2 / 100)		.001 (.075)		-.004 (2.338)
	한국기업 수	-.002[**] (4.475)	-.004[**] (3.979)	-.002[**] (4.860)	-.006[**] (5.639)
	한국기업 수 ([**]2 / 100)		.000 (1.383)		.000 (2.635)
자회사요인	자회사연령	.187[***] (8.284)	.230[***] (10.664)	.201[***] (8.548)	.212[***] (7.959)
	선행투자 건수	-.363[*] (3.399)	-.363[*] (3.393)	-.339 (2.552)	-.367[*] (2.968)
	투자품목 (핵심부문=1)	-.268 (2.443)	-.276 (2.569)	-.456[**] (6.148)	-.446[**] (5.890)
	진출시점	.186[***] (7.973)	.235[***] (10.545)	.215[***] (9.315)	.223[***] (8.180)
	진입방식 (합작투자=1)	-.411 (2.226)	-.384 (1.904)	-.332 (1.405)	-.411 (2.141)
	투자비율	.261 (.129)	.248 (.114)	-.652 (.914)	-.662 (.959)
	투자금액	.091 (.863)	.903 (.911)	-.176[*] (3.557)	-.177[*] (3.617)
모기업요인	기업자산	-.120[***] (6.562)	-.119[**] (6.342)	-.199[***] (12.108)	-.200[***] (11.978)
	유동비율	-.702[***] (13.214)	-.726[***] (13.995)	-.721[***] (9.946)	-.741[***] (10.498)
	부채비율	.292[*] (2.956)	.299[*] (3.089)	.547[***] (7.443)	.550[***] (7.489)
	ROA	.002 (.484)	.002 (.605)	-.004[*] (3.012)	-.004 (2.633)
	광고집약도	-.011 (.024)	-.016 (.044)	-.008 (.009)	.003 (.001)
	연구개발집약도	-.133 (2.111)	-.130 (2.031)	.003 (.014)	.005 (.028)

구 분	변수명	부분회수		완전청산	
		모델-1	모델-2	모델-3	모델-4
통제변수	시장크기 (1인당 GDP)	-.367 (.308)	-.538 (.615)	.381 (.331)	.477 (.497)
	제조부문 임금	.000 (1.880)	.000* (3.057)	.000* (3.592)	.000* (3.571)
	대미환율 (Yuan / US$)	-.006 (.266)	-.006 (.312)	.002 (.018)	.000 (.001)
	산업더미(13개)	Not Shown			
	상수(Constant)	-1.037 (.122)	-.617 (.042)	-2.891 (.955)	-3.097 (1.102)
Chi-Square		162.35	165.57	184.94	189.94
d.f.		32	35	32	35
유의도		.000	.000	.000	.000
-2 Log likelihood		1246.37	1243.14	1130.11	1124.65
N		3381	3381	3301	3301

주: 1) ( )안은 Wald 통계량
2) ***p〈.01; **p〈.05; *p〈.10: All two-tailed tests

<표 Ⅵ-15> 진입방식별 부분회수 결정요인

구분	변수명	합작투자		단독투자	
		모델-1	모델-2	모델-3	모델-4
밀도요인	외국기업 수	.001 (.025)	.004 (.095)	.006 (2.698)	.011 (1.724)
	외국기업 수 (**2 / 100)		-.021 (.173)		-.021 (.492)
	중국기업 수	.000 (.096)	-.006 (1.681)	-.001 (1.823)	-.001 (.038)
	중국기업 수 (**2 / 100)		.006 (1.499)		.001 (.169)
	한국기업 수	-.005** (5.072)	-.001** (4.892)	-.001 (.801)	-.004 (1.547)
	한국기업 수 (**2 / 100)		.000 (1.049)		.000 (.968)
자회사요인	자회사연령	.240** (6.428)	.216** (4.083)	.138 (2.071)	.178* (3.094)
	선행투자 건수	.100 (.097)	-.136 (.174)	-.621** (4.836)	-.604** (4.618)
	투자품목 (핵심부문=1)	-.311 (1.315)	-.341 (1.557)	-.270 (1.252)	-.264 (1.202)
	진출시점	.228** (5.598)	.200* (3.299)	.107 (1.258)	.154 (2.225)
	진입방식 (합작투자=1)	-	-	-	-
	투자비율	-.127 (.028)	-.213 (.076)	-	-
	투자금액	-.334** (4.274)	-.354** (4.699)	-.071 (.300)	-.062 (.235)
모기업요인	기업자산	-.125 (2.707)	-.123 (2.614)	-.161** (5.491)	-.153** (4.825)
	유동비율	-1.142*** (13.949)	-1.138*** (13.640)	-.377 (1.869)	-.424 (2.339)
	부채비율	.522* (3.455)	.500* (3.165)	.247 (1.179)	.249 (1.193)
	ROA	.002 (.247)	.002 (.269)	.003 (.897)	.004 (1.012)
	광고집약도	-.010 (.009)	-.015 (.019)	-.013 (.015)	-.014 (.019)
	연구개발집약도	-.086 (.896)	-.091 (.948)	-.342 (1.461)	-.331 (1.359)

구분	변수명	합작투자		단독투자	
		모델-1	모델-2	모델-3	모델-4
통제변수	시장크기 (1인당 GDP)	-.544 (.263)	-.551 (.233)	.342 (.149)	.273 (.090)
	제조부문 임금	.000 (1.090)	.000 (.546)	.000 (.547)	.000 (1.153)
	대미환율 (Yuan / US$)	.009 (.257)	.009 (.237)	-.016 (1.054)	-.017 (1.181)
	산업더미(13개)				
	상수(Constant)	-2.471 (.329)	-.211 (.220)	-6.532 (.211)	-6.476 (.207)
Chi-Square		89.116	92.065	99.302	101.036
d.f.		31	34	30	33
유의도		.000	.000	.000	.000
-2 Log likelihood		539.560	536.611	666.629	664.89
N		2121	2121	1698	1698

주: 1) ( )안은 Wald 통계량
   2) ***p$<$.01; **p$<$.05; *p$<$.10: All two-tailed tests

<표 Ⅵ-16> 진입방식별 완전청산 결정요인

구분	변수명	합작투자		단독투자	
		모델-5	모델-6	모델-7	모델-8
밀도요인	외국기업 수	.003 (.251)	.002 (.017)	.003 (.325)	-.013 (1.455)
	외국기업 수 (**2 / 100)		-.002 (.001)		.001 (.062)
	중국기업 수	.002* (3.470)	.015*** (9.698)	.000 (.242)	0.61* (3.020)
	중국기업 수 (**2 / 100)		-.013*** (8.222)		-.001 (.065)
	한국기업 수	-.002* (3.286)	-.009** (5.066)	-.002 (1.597)	-.006 (2.437)
	한국기업 수 (**2 / 100)		.000** (3.998)		.000 (1.474)
자회사요인	자회사연령	.300*** (8.183)	.439*** (12.680)	.086 (.636)	.069 (.369)
	선행투자 건수	-.607* (3.606)	-.714** (4.728)	-.127 (.177)	-.225 (.525)

구분	변수명	합작투자		단독투자	
		모델-5	모델-6	모델-7	모델-8
자회사요인	투자품목 (핵심부문=1)	-.409 (2.374)	-.387 (2.075)	-.493[*] (3.022)	-.465 (2.780)
	진출시점	.298[***] (7.398)	.433[***] (11.241)	.131 (1.530)	.106 (.856)
	진입방식 (합작투자=1)	-	-	-	-
	투자비율	-1.224 (2.562)	-1.394 (2.230)	-	-
	투자금액	-.315[**] (5.913)	-.340[***] (6.837)	-.053 (.061)	-.007 (.002)
모기업요인	기업자산	-.322[***] (12.364)	-.364[***] (13.808)	-.118[*] (2.757)	-.115 (2.582)
	유동비율	-.873[***] (7.401)	-.895[***] (7.463)	-.721[**] (4.732)	-.758[**] (5.090)
	부채비율	1.038[***] (9.857)	1.196[***] (11.947)	.295 (1.158)	.275 (.977)
	ROA	.002 (.176)	.003 (.490)	-.008[**] (4.846)	-.007[**] (4.143)
	광고집약도	.074 (.726)	.078 (.791)	-.432 (2.146)	-.431 (2.059)
	연구개발집약도	.017 (.304)	.017 (.279)	-.008 (.014)	-.008 (.014)
통제변수	시장크기 (1인당 GDP)	1.361 (1.172)	.149 (.011)	-.262 (.094)	-.003 (.000)
	제조부문 임금	.000 (2.361)	.000[*] (3.782)	.031[*] (3.717)	.027[*] (2.913)
	대미환율 (Yuan / US$)	-.033 (2.684)	-.034 (2.586)	.000 (.326)	.000 (.158)
	산업더미(13개)				
	상수(Constant)	-2.396 (.199)	1.453 (.061)	-3.328 (1.005)	-3.676 (1.354)
Chi-Square		137.46	148.134	101.08	105.47
d.f.		31	34	30	33
유의도		.000	.000	.000	.000
-2 Log likelihood		537.932	527.268	535.774	531.39
N		2128	2128	1676	1676

주: 1) ( )안은 Wald 통계량
 2) [***]p〈.01; [**]p〈.05; [*]p〈.10: All two-tailed tests

VII
결과 및 토의

7.1 연구의 결론

기업의 생존과 도태는 그 기업 내부요인 때문에 나타날 수도 있으나 그 기업을 둘러싼 환경요인으로 인해 나타나기도 한다. 기업의 생존기간이 얼마이며 어떤 요인에 의해 기업의 생존이 결정되는지는 매우 중요한 실증적인 문제이다. 자회사 생존이 어떤 요인에 의존하느냐 하는 문제는 투자기업의 차원에서 매우 중요한 이슈라 할 수 있다. 자회사 생존에 대한 연구는 최근에 와서야 활발하게 진행되고 있는데, 생존기간에 영향을 미치는 요인 규명, 청산 유형별 결정요인 규명 등으로 연구의 초점이 맞춰지고 있다. 본 연구에서는 조직생태학 요인과 전략적 요인, 자원요인을 고려하여 통합적 시각에서 해외투자 자회사의 철수에 대해 살펴보고 있다.

설명변수가 종속변수인 철수여부에 미치는 영향을 분석하기 위해 이항 로지스틱스 분석(Binary logistics model with time varying covariates)을 이용하여 분석하였다. 통상 생존분석에서는 콕스모형을 주로 사용하고 있지만, 본 연구에서는 시간가변 변수를 포함하고 있기 때문에, 이들의 영향력을 가장 잘 나타낼 수 있는 모형인 이항 로지스틱스 분석을 사용하였다. 이항 로지스틱스 모델의 추정에는 크게 네 가지 범주의 설명변수가 사용되었다.

첫 번째 유형은 밀도요인으로 각 성시별·산업별·연도별 외국기업의 수, 중국기업의 수, 한국기업의 수와 이들 변수들의 제곱값을 1000으로 나눈 값을 변수로 사용하고 있다. 이들 변수들은 모두 조직생태를 설명하는 요인들이다.

두 번째 유형은 자회사 요인으로 진입시기, 자회사 규모, 자회사 연령, 다각화 여부, 투자경험, 투자비율, 진입방식 등의 변수를 포함하고 있다. 이들 자회사 요인 중 자회사 규모와 자회사 연령은 조직생태 변수로 소규모 조직의 불리성과 신생기업의 불리성을 파악하기 위한 변수이다. 기타 진입시기, 진입방식 등의 변수들은 전략요인으로 분류된다.

세 번째 유형은 모기업의 자원기반을 나타내는 변수들로 모기업 자산, 유동 및 부채비율, 자산수익성 등의 재무적 자원요인과 광고집약도, 연구개발 집약도 등의 무형자원 요인을 포함하고 있다.

네 번째 범주는 기타 통제변수들로 각 성시의 연도별 시장크기와 제조부문의 임금수준, 그리고 대미환율 변수를 포함하고 있다. 특히 산업더미로 섬유의복, 가죽신발, 일차금속, 비금속, 운송기기 등의 13개 산업을 더미화하여 통제변수로서 분석에 포함시키고 있다.

상기 네 가지 범주중 자회사요인 범주에 포함되는 변수들 모두와 산업더미(13개 산업) 변수를 제외하면 다른 모든 변수들은 기업의 생존기간 동안 변화하는 시간가변 변수(time varying covariates) 변수들이다.

철수 결정요인에 대한 실증분석은 전체기업을 대상으로 하는 분석과 대우계열사를 제외한 분석, 주요 성시만을 대상으로 한 분석, 산업별 분석, 청산유형별 분석으로 세분하였다. 대우 계열사를 제외한 분석과 주요 성시만을 대상으로 한 분석은 전체 기업을 대상으로 했을 때의 연구결과에 대해 Robustness를 알아보기 위한 것이다. 특히 1999년과 2000년에 상당히 많은 대우계열 기업들이 청산 내지는 회수를 했는데, 이들 기업들로 인해 연구결과의 왜곡이 발생할 가능성이 있으므로, 이들을 제외한 추가 분석을 한 것이다.

분석 결과, 설정 가설을 대체적으로 지지하는 것으로 나타나고 있다. 밀도요인의 경우, 한국기업의 밀도수준은 한국기업 자회사의 퇴출률과 부의 관계를 갖는 것으로 나타나고 있다. 즉 동일산업에 속한 한국기업 수의 증가는 해당 성시·산업 내 투자한 샘플대상기업의 생존가능성을 높이는 요인으로 작용하는 것으로 나타나고 있다. 특히 한국기업 밀도는 비단조적 형태를 갖는 것으로 나타나고 있다. 이는 한국기업들의 집적형성이 초기 정당성 확보에 긍정적인 영향을 미치지만, 일정 시점이 지나면 오히려 집적에 따른 경쟁증가(예를 들면 제한된 요소자원에 대한 경쟁)로 인해 퇴출가능성이 높아지는 것으로 해석할 수 있다.

또한 여타산업에 속한 한국기업의 수가 자회사 생존에 아무런 영향을 미치지 못하는 것으로 나타나고 있는데, 이를 통해서도 한국기업들의 경우에는 동일산업에 속한 기업들 간 네트워크 외부성이 강하게 나타남을 확인할 수 있다.

한편 외국기업의 존재성은 한국기업 생존에 아무런 영향을 미치지 못하는 것으로 나타나고 있는데, 이는 외국기업들과 한국기업들의 집적 형성지 자체가 상이하기 때문일 것이다. 일반적으로 외국기업, 특히 미국, 일본, 대만, 싱가포르 기업들은 광동, 북경, 상해, 복건 지역을 중심으로 투자가 이루어지고 있다.

이에 반해 한국기업들의 투자는 한국과 지리적으로 인접한 발해만 유역 특히 산동성, 천진시, 요녕성, 흑룡강성 등에 집중되어 있다. 이들 지역에 대한 투자는 지리적 이점 외에도 조선족 활용 등 주로 생산비 절감 차원의 투자가 주를 이루고 있다. 특히 한국기업들의 투자가 상기 지역을 중심으로 이루어지고 있는 것은 외국기업과의 직접적 경쟁을 피하기 위한 것으로 풀이되고 있다. 이처럼 투자입지 선정 패턴 자체가 다르기 때문에 외국기업의 존재성이 한국기업 자회사 생존에 아무런 영향을 미치지 못하는 것으로 해석할 수 있을 것이다.

중국기업 밀도의 경우에도 모든 모델에서 아무런 유의성을 갖지 못하는 것으로 나타나고 있다. 이는 아직까지도 중국기업들이 기술적 노하우나 경영관리 등의 측면에서 한국기업에 뒤떨어져 있기 때문에, 이들의 존재성이 한국기업들의 생존에 아직까지는 큰 영향을 미치지 못한 것으로 분석된다.

그러나 최근에는 중국 현지기업들이 가전산업을 중심으로 급성장해 외자기업을 추격·추월하는 현상이 나타나고 있다. 하이테크 부문에서도 중국산 브랜드가 외국브랜드를 압도하고, 외형규모로는 글로벌 기업 수준에 근접한 기업도 나타나고 있다.

기술력 측면에서도 일부산업에 국한되지만, 선진기술 도입을 통해 단시간 내에 선진국수준으로 도약하고 있으며, 인사제도 등 기업 내 각종제도 및 시스템도 서구식으로 빠르게 변화되는 추세에 있다. 실증분석에서는 중국기업의 존재성이 아무런 유의성이 없는 것으로 나타나고 있지만, 향후에는 중국기업의 존재성이 한국기업 자회사의 생존에 영향을 미치는 결정적 요인으로 작용하게 될 것으로 전망된다.

자회사 요인 중에서는 연령이 많을수록 철수 가능성이 높은 것으로 나타나, 성숙기의 불리성과 관련된 가설이 채택되었다. 특히 연령과 철수 간에는 비선형적 관계가 있음을 알 수 있었다. 즉 연령이 증가함에 따라 조직의 사멸가능성이 선형적으로 증가하는 것이 아니며, 양자간에는 비선형적 관계가 존재하는 것으로 나타났다. 성숙기의 불리성이 강하게 나타나는 이유로는 첫째, 관성을 들 수 있을 것이다. 상대적으로 오래된 조직은 내외적 요소들에 의해 기존의 관성을 유지하려 하고, 이러한 관성은 변화하는 환경에 대한 조직의 변화와 적응능력을 키우는 데 저해요소로 작용하게 된다.

둘째, 연령이 증가할수록 사멸률이 증가하고 있는 것은 해외에 진출한 자회사들이 지속적인 자원개발활동에 성공하고 있지 못함을 나타내 준다. 해외직접투자의 동기로는 조직의 기존 자원을 이용하고자 하는 목적과 다른 한편으로는 새로운 시장에서 새로운 지식을 추구하는 목적이 있다. 그러나 조직의 연령이 증가할수록 사멸률이 높아진다는 것은 기존의 자원을 활용하는 데는 어느 정도 성공했지만, 현지에서 지속기업으로 남아 있기 위한 새로운 자원개발에는 성공하지 못했기 때문이다.

투자방식에 있어서는 단독투자 시보다는 합작투자 시에 철수가능성이 낮게 나타남을 알 수 있었다. 이의 이유로는 먼저, 단독투자에 따른 투자철수 상의 용이성을 들 수 있을 것이다. 중국시장에서의 활동이 불만족스러울 경우 단독투자방식의 경우에는 상대적으로 용이하게 철수과정을 밟을 수 있지만, 합작이나 합자투자의 경우에는 각종 제도적 철수장벽으로 인해 용이하게 퇴출과정에 들어갈 수 없다. 두 번째는 합작방식이 현지시장에 대한 학습의 통로가 될 수 있다는 것이다. 특히 합작투자의 경우 현지파트너의 기여도를 평가할 필요가 있다. 즉 합작투자의 경우에는 단독투자방식 선택 시 누릴 수 없는 여러 가지 현지시장 특유적 지식 획득의 혜택을 누릴 수 있다. 중국과 같이 시장 자체가 반시장경제주의적이고 꽌시가 중요성을 갖는 시장에서는 현지파트너의 역할이 두드러질 수밖에 없다. 특히 여러 가지 정부규제, 현지시장 보호주의, 사업네트워크 관계 설정 등은 하나의 진입장벽 역할을 하게 된다. 이러한 시장환경에서는 현지 파트너와의 관계를 통해 보다 수월히 현지시장 특유적 지식을 획득할 수 있다.

중국시장을 대상으로 한 실증분석을 보더라도 보다 빠른 시장진입과 시장접근성 제공, 현지 정부와 현지 네트워크에 대한 접근성 제공 등의 이유로 인해 합작투자 방식을 통해 중국에 진출한 기업들이 단독투자방식으로 진입한 기업들보다 더 우월한 성과를 내는 것으로 나타나고 있다(Pan & Chi, 1999).

투자경험에 있어서는 선행투자 경험이 많은 기업들일수록 철수가능성이 상대적으로 낮은 것으로 나타나, 투자활동에 따른 경험과 학습의 중요성을 확인할 수 있었다. 중국시장에 대한 투자 시 초기 신생투자기업(first-time investor)은 여러 가지 불리성에 직면하게 되며 조직간 내외적 네트워크도 처음부터 새로이 설정해야 하는 어려움에 봉착하게 된다. 투자대상국 시장에 있어서 신생 자회사는 처음부터 고객·공급자·하청업체 등과 새로운 관계를 설정해야 하기 때문에 신생기업의 불리성에 직면하게 된다. 모기업 체제 내에서도 모기업과 자회사간 의사소통을 원활하게 할 수 있는 조직구조도 구축해야 한다. 이러한 요인들은 결국 높은 퇴출률로 이끌게 된다.

반대로 후속투자의 경우 이전 활동으로부터 획득된 경험과 학습으로부터 혜택을 받을 수 있다. 모기업은 투자대상국 시장에 대한 보다 나은 지식을 획득할 수 있다. 후속투자기업은 또한 기설정된 내외적 네트워크 활용에 따른 상대적 우위에 놓이게 된다. 현지시장 조건을 잘 아는 경험 있는 관리자 활용가능성도 현지시장에서의 애로요인 극복에 큰 도움이 된다. 결국 투자대상국 시장에서 획득된 경험은 후속투자기업의 퇴출률을 낮추는 요인으로 작용하게 된다.

다각화전략 요인의 경우 비관련부문으로 진입한 기업보다는 관련부문으로 진입한 기업들의 생존가능성이 상대적으로 높음을 알 수 있었다. 일반적으로 해외시장에 진입하는 것 자체가 높은 위험을 수반하는 것이라 할 수 있다. 특히 모기업의 핵심사업과 상이한 사업부문을 통해 친숙성이 낮은 신규시장으로 진입할 경우에는 위험도가 상대적으로 더 높아지게 되며, 이의 결과 현지시장에서의 사업실패 가능성도 높아지게 될 것이다. 때문에 해외시장으로의 확장을 꾀할 적에는 모기업의 핵심사업과 연관성이 높은 부문으로 진출해야 한다.

진입시기와 관련해서는 후발기업들의 사멸률이 초기 진입기업들에 비해 상대적으로 높은 것으로 나타났으며, 통계적으로도 유의한 갖는 것으로 나타났다. 이와 같은 결과는 선발 진입자가 후발 진입자보다 상대적으로 지속적인 우위를 향유한다는 기존 연구 결과와 일치하는 것이다

모기업의 자원기반과 관련해서는 재무적 자원 가용성을 나타내는 유동비율과 부채비율 변수가 각각 유의한 부의 값과 정의 값을 갖는 것으로 나타나 유동비율이 높을수록, 부채비율이 낮을수록 자회사 생존가능성이 높아지는 것으로 나타났다. 또한 모기업의 규모를 나타내는 자산규모도 유의한 부의 값을 갖는 것으로 나타났다. 다만 자산수익성 변수는 유의성이 없는 것으로 나타났다. 그러나 대우를 제외한 분석에서는 자산수익성 변수가 유의한 부의 관계를 갖는 것으로 나타났다. 모기업의 무형자산 보유정도를 나타내는 광고집약도와 연구개발 집약도는 부의 관계를 갖는 것으로 나타났지만 유의성은 없는 것으로 나타났다. 기존 연구에 의하면 무형자산의 경우 시장진입 결정에 있어서는 유의한 정의 영향을 미치는 것으로 나타나고 있다. 하지만 청산결정에 있어서는 아무런 영향을 미치지 못하는 것으로 나타나는 것은 주목할 만한 결과라 할 수 있다.

기타 통제변수의 경우에는 1인당 GDP로 측정한 시장크기 변수의 경우에는 유의성이 없는 것으로 나타났지만, 제조부문 임금수준 변수는 유의한 정의 관계를 갖는 것으로 나타나고 있다. 특히 동 변수의 경우 자본집약적 산업에서는 유의성이 없는 것으로 나타났지만, 노동집약적 산업에서는 강한 정의 관계성을 갖는 것으로 나타나고 있다. 거시경제 요인을 나타내는 대미환율변수의 경우에는 자회사 철수와 아무런 관련성이 없는 것으로 나타났다.

〈표 Ⅶ-1〉 분석 결과 종합

가 설	지지 여부
가설 1) 합작투자를 통해 중국시장에 진입한 기업들은 단독투자를 통해 시장에 진입한 기업들보다 상대적으로 높은 퇴출가능성을 보일 것이다.	기각
가설 2) 후발 진입 기업들은 중국시장 개방초기에 진입한 기업들에 비해 상대적으로 높은 퇴출가능성을 보일 것이다.	지지
가설 3) 중국시장 진입 시 모기업의 주력품목과 연관성이 낮은 부문으로 진입한 기업들은 모기업 주력품목과 연관성이 높은 부문으로 진입한 기업들에 비해 상대적으로 높은 퇴출가능성을 보일 것이다.	지지
가설 4) 중국시장에서의 활동경험이 적은 기업들은 보다 오래 활동한 기업들에 비해 상대적으로 높은 퇴출가능성을 보일 것이다.	기각
가설 5) 중국시장에서 보다 오래 활동한 자회사들은 활동경험이 적은 기업들에 비해 상대적으로 높은 퇴출가능성을 보일 것이다.	지지
가설 6) 중국시장에 처음으로 투자하는 신생투자기업(de novo)들은 선행투자(prior entries) 경험이 많은 기업들에 비해 상대 상대적으로 높은 퇴출가능성을 보일 것이다.	지지
가설 7) 초기투자규모가 작은 기업들은 대규모 투자기업들에 비해 상대적으로 높은 퇴출가능성을 보일 것이다.	기각
가설 8) 중국에 투자한 한국기업 자회사의 퇴출률은 동일 산업 내 외국기업의 밀도와 부의 관계를 가질 것이다.	기각
가설 9) 중국에 투자한 한국기업 자회사의 퇴출률은 동일 산업 내 중국기업의 밀도와 정의 관계를 가질 것이다.	기각
가설 10) 중국에 투자한 한국기업 자회사의 퇴출률은 동일 산업 내 한국기업의 밀도와 부의 관계를 가질 것이다.	지지
가설 11) 모기업의 무형자산 보유정도가 높을수록, 해당 자회사의 퇴출가능성은 낮아질 것이다.	기각

7.2 연구의 기여도

본 연구는 크게 세 가지 측면에서 기여도를 평가할 수 있다. 먼저 해외 투자 자회사의 철수를 설명하는 데 있어 조직생태학 접근의 적용 가능성에 대해 살펴보고 있다는 점이다. 조직생태학의 핵심개념은 정당성과 경쟁이라 할 수 있다. 정당성 확보는 사멸 가능성을 낮추지만 경쟁요인은 사멸가능성을 높이는 것으로 알려져 있다. 국제경영분야에서 진입 시 투자입지 선택에 있어 조직생태요인의 영향력에 대한 연구가 최근에 나타나고 있지만, 아직까지 철수에 대해 적용한 것은 전무한 실정이다.

조직생태학 관점에서 자회사 철수에 대한 대표적 연구로는 Delacroix(1993)나 Shaver(1997) 등의 연구가 있지만, 특정산업만을 대상으로 국가단위에서 분석을 하고 있기 때문에 연구의 일반화가 어렵다는 문제점을 안고 있다. 본 연구에서는 분석대상을 국가 단위가 아닌 지역단위로 하고 있으며, 산업도 특정산업이 아닌 제조업 전체산업을 대상으로 하여 연구 결과의 일반화 가능성을 높였다.

이와 함께 밀도요인의 영향력을 파악하는 데 있어 기업군의 존재성을 보다 세분화하여 이들 각각이 특정 자회사 철수에 어떠한 영향을 미치는가를 살펴보았다. 기존 연구에서는 경험과 학습의 효과, 정보비용의 효과 등을 분석함에 있어, 대도시로 진입했는가, 집적단지로 진입했는가, 선행투자가 몇 건이나 되는가, 계열에 속하는가, 외국기업의 수가 얼마나 되는가 등으로 분석을 하고 있다. 그러나 본 연구에서는 특정 성시에서 특정산업에 속한 기업들이 전체 외국기업, 중국기업, 한국기업군별로 얼마나 되는가에 대해 보다 세분화하여 이들의 직접적인 영향력을 살펴보고 있다. 또한 여타 산업에 속한 외국·중국·한국 기업군들의 존재성이 특정 자회사 철수에 어떠한 영향을 미치는가도 살펴보고 있다.

두 번째는 모기업의 자원 역할에 대해 객관적인 2차 자료를 바탕으로 분석을 하고 있다는 것이다. 퇴출에 대한 대표적 연구인 Li(1992), Shaver(1997) 등의 경우, 모기업 자원을 더미로 측정하거나 연구시점에서 모기업의 재무제표를 활용할 수 있는가 등으로 측정하고 있다. 본 연구에서는 객관적인 2차 자료를 활용하여 선행연구들의 한계점을 극복하였다.

세 번째는 방법론에 있어 시간가변변수를 고려한 로짓모델을 사용하여 연구결과의 신뢰성을 높였다. 특정 시점을 기준으로 상태를 보는 단순 로짓모델이 아닌 시간변화에 따른 독립변수들의 영향력을 정확히 볼 수 있는 Discrete time logit model을 사용하고 있다.

7.3 연구의 시사점

본 연구를 통해 얻은 몇 가지 관리적 시사점을 제시하면 다음과 같다. 먼저, 자회사 자원축적의 중요성이다. 신생조직이 연령이 높을수록 사멸률이 높아진다는 것은 기존 자원이 시간에 따라 고갈됨으로써 더 이상 환경의 변화에 대해 완충작용을 하지 못하고 있다는 것이다. 따라서 새로운 자원이나 지식의 개발로 조직의 사멸률을 줄여 주어야 한다. 해외투자 자회사들은 전혀 새로운 조직이 아니고 모기업의 자회사라는 특징은 모기업에서의 여유자원의 이전이 자회사의 사멸률을 낮추는 데 있어서 중요함을 나타내고 있다. 그리고 조직의 연령이 증가할수록 사멸률이 높아지는 것은 새로운 자원이나 지식의 개발 활동이 이루어지고 있지 않음을 의미한다. 해외에 진출한 자회사는 기존자원이나 지식의 활용으로 어느 정도의 기간 동안은 환경압력을 줄일 수 있지만 새로운 자원이나 지식의 개발 없이는 오랫동안 존속할 수 없다. 조직은 기존자원이나 지식을 활용하기 위해서 탐색활동을 하는 것도 중요하지만 새로운 자원이나 지식을 계속해서 개발하는 활동을 해야 한다. 이와 같은 자원이나 지식의 활용과 개발을 통해서 조직의 지식을 축적해야 한다.

두 번째는 모기업 자원의 중요성이다. 해외시장 진입 시 모기업 자원의 중요성은 이미 많은 연구를 통해서 검증되어졌다. 그러나 모기업 자원과 자회사 사멸 간 관계성에 대해서는 아직까지도 불명확한 상태이다. 본 연구결과, 모기업의 재무자원은 자회사 퇴출에 부의 효과를 갖는 것으로 나타나, 양호한 재무적 자원흐름을 갖는 모기업의 자회사는 퇴출률도 상대적으로 낮게 나타남을 알 수 있었다. 이는 모기업의 양호한 재무적 자원흐름은 모기업 조직의 여유자원을 발생시키고, 이러한 여유자원은 자회사에 대한 모기업의 몰입을 강화시키기 때문이다.

해외투자 자회사가 투자대상국 시장에서 안정적인 활동기반을 구축하는 데는 어느 정도 시간이 소요되며, 이 기간동안에는 자체적인 자원확보도 중요성을 갖지만 모기업에 의한 자원투입도 큰 중요성을 갖는다. 자회사가 현지시장에서 활동기반을 구축하는 데 있어 당장 필요한 것은 이전이 어려운 모기업의 무형자산보다는 즉각적 투입이 가능한 재무자원이다. 따라서 양호한 재무자원을 확보하는 있는 기업의 자회사들이 상대적으로 퇴출률이 낮게 나타나는 것으로 해석할 수 있다.

세 번째는 시장진입 시 선행투자기업들로부터 발생하는 네트워크 외부성을 향유할 수 있는 방식으로 투자하는 것이 중요하다. 본 연구결과에 따르면 이종산업보다는 동종산업의 기업들이 많을수록 그리고 여타기업의 경험보다는 자사의 투자경험이 많을수록 사멸률이 낮게 나타나고 있다. 따라서 자사의 선행투자와 동종 산업 내 기업들과 연계성을 확보하는 것이 중요하다. 투자의 연계성을 갖는 진입방식으로는 국내에서 거래관계를 맺고 있는 독립기업과의 동반진출, 세트업체와의 동반진출, 자사의 선행투자 사업부문이 현지에서 구축하고 있는 유무형의 자원을 공유할 수 있는 부문으로의 진출 등이 있을 것이다.

투자입지 선정에 있어서도 국내 투자업체간 상호 네트워크 외부성이 발생할 수 있는 지역으로 투자하는 전략이 필요하다. 그동안 한국기업의 대중투자(對中投資) 패턴을 보면 문화적·지리적 연계성 초점을 두고 있다. 그러나 이제는 문화적·지리적 연계성보다는 투자산업 간·기능 간 연계성에 초점을 둘 필요가 있다. 특히 국제화에 미흡한 중소기업으로서는 지리적 인접성, 문화적 유사성과 동포 활용 가능성 등을 기준으로 투자입지를 선정하는 경향이 있다. 그러나 이들 요인들이 투자초기 심리적 부담을 줄이는 데는 일조를 할지 몰라도, 경영성과에는 큰 영향을 미치지 못하는 것으로 나타나고 있다. 따라서 문화적·지리적 요인보다는 산업간·기능 간 연계성을 갖출 수 있는 지역으로 투자하는 것이 바람직하다. 예로, 우리기업이 진출을 많이 한 천진, 산동, 요녕 등의 경우 투자비중 대비 청산이 가장 적게 나타나고 있는데, 국내 동종기업간 투자밀집에 따른 상호 정보교환 등으로 역경을 헤쳐나가는 데 긍정적으로 작용했기 때문이다.

이는 진입품목 측면에서도 동일하게 적용된다. 새로운 자회사의 사업라인은 모기업의 사업라인과 다를 수 있다. 자회사 제품라인이 모기업 핵심 사업라인과 연관성이 없으면 없을수록 불확실성은 더욱 커지게 된다(Caves, 1982). 동일한 제품라인으로 해외시장 확대를 할 경우 해당 자회사는 모기업의 여러 가지 기술 및 무형자산 등을 적용·활용할 수 있는 기회의 폭이 넓어진다. 때문에 동일 제품라인으로의 해외시장 확대는 모기업과 해당 자회사 간의 내적 네트워크를 더욱 강화시키는 경향이 있으며, 그만큼 해외시장에서의 실패 가능성도 줄일 수 있게 된다.

투자입지선정과 관련해서, 기존 진출 기업들의 입지선택 요인은 외자유치정책, 시장, 인프라, 임금수준 등의 순으로 고려되어 왔다. 그러나 외자유치 정책의 재검토 등에 따라 정책적인 요소가 균일화되고, 교통과 통신 인프라가 급속히 정비되고 있으며, 인구의 유동화가 이루어지고 있다는 등의 요인으로 기존의 입지선택 요소는 더 이상 큰 이점을 제공하지 못할 것이다. 특히 중국의 산업구조와 소비구조의 고도화가 진전됨에 따라 산업 집적 지역의 입지적 장점이 더욱 커질 것으로 판단된다.

집적형성은 외국인비용을 줄이는 효과를 가질 뿐 아니라 집적 자체의 기능에 따른 생산비 절감효과도 가질 수 있다. 집적에 따른 효과로는 정보공유, 유통 및 소싱망 확보, 조기 안정적인 성장기반 구축, 높은 인력 활용도, 중국 정부에 대한 공동 대응 등을 들 수 있다. 중국의 빠른 산업발전으로 전자산업 등 일부산업에서는 중국 각지에 세계적인 경쟁력을 갖춘 산업클러스터가 형성되고 있다. 주강 삼각주의 둥관 일대, 장강 삼각주의 쑤저우 일대가 대표적이다. 이 지역에는 무수한 관련 기업이 입지하여 부품 및 원자재를 신속하고 저렴하게 조달할 수 있고, 관련 기술정보나 시장정보에도 빠르게 접근할 수 있다. 특히 중소기업의 경우 대기업에 비해 정보수집능력이나 마케팅 능력 등이 열위에 있는데, 이러한 열위를 극복하기 위한 방안으로 집적지로의 투자를 적극 고려할 필요가 있다.

시장진입방식과 관련해서는 중국시장과 같이 아직까지는 시장불확실성이 상존하고 있고, 꽌시가 중요성을 갖는 시장에서는 단독투자보다는 현지기업과의 합작투자를 통해 진입하는 것이 상대적으로 사멸률을 낮추는 것을 알 수 있었다. 이는 합작투자방식이 현지시장에 대한 학습의 통로로 활용되고 있는 것으로 이해할 수 있다. 중국시장에 합작투자로 진출하는 주된 이유로는 중국시장에 대한 이해 부족으로 인한 리스크 분산, 특정업종 진입장벽의 회피 등이 있다. 특히 신규투자 진출 시 문화적 차이, 상거래 관행의 차이 등으로 투자 리스크가 크기 때문에 이를 피할 수 있는 방법으로 합작투자를 하는 것이다. 그러나 합작투자를 통한 학습의 효과를 최대화하기 위해서는 전략적 일치성, 파트너의 능력, 사업 참여의 적극성 등을 기준으로 능력 있는 기업을 파트너로 삼는 전략이 필요하다.

7.4 연구의 한계

본 연구의 한계점을 몇 가지 제시하면 다음과 같다. 먼저 기업의 규모와 관련된 것이다. 기업규모가 기업의 생존에 영향을 준다는 것은 많은 실증

분석에서 검증된 정형화된 사실(stylized facts)이다. 그러나 초기규모와 현재의 기업규모 중 어느 것이 기업의 생존에 더 큰 영향을 줄 것인가 하는 점이다. 본 연구에서는 해당 자회사에 대한 초기투자규모만을 변수로 사용하고 있으며, 현재의 규모에 대해서는 자료 확보상의 어려움으로 인해 분석을 하지 못하고 있다. 향후에는 해당 자회사의 현재규모변수를 추가한 분석이 필요할 것이다.

두 번째는 진입유형에 관한 것으로, 본 연구에서는 투자방식 측면에서 완전소유 단독투자와 합작투자만을 대상으로 하고 있다. 설립방식 측면에서 인수와 신설투자간 차이에 대해서는 분석치 못하고 있다. 물론 중국시장에 대한 투자 유형을 보면 아직까지는 인수방식을 통해 진입한 사례가 극히 일부에 지나지 않고 있다. 그러나 인수와 신설투자간 선택의 문제는 자기선택적 성격을 갖는 것으로 각기 다른 결정요인에 의해 시장진입이 결정된다. 때문에 인수와 신설투자간 퇴출에 있어서도 어떠한 요인의 영향을 받는지 추가적으로 분석할 필요가 있다.

세 번째는 기업유형에 대한 것으로 독립기업에 의해 투자가 이루어졌는가 아니면 계열기업에 의해 투자가 이루어졌는가를 고려할 필요가 있다. 계열기업에 의해 설립된 자회사들은 투자국의 경제적인 조건에 대해 보다 잘 알고 있고, 경영에 관한 핵심역량을 갖고 있는 경영단위에 의해 창업되는 경우가 일반적이다. 따라서 이들 기업은 산업 특유적인 요인은 물론 경제환경에 대해서도 보다 민감하게 반응한다. 더구나 같은 계열기업 내 기업의 자원, 인력 등을 공유하고 내부거래를 함으로써 위험을 분산시킬 수 있어 독립기업에 비해 더 오래 생존할 수 있다.

네 번째는 산업특성에 대한 고려이다. 진입조건, 경쟁정도 등은 중요한 산업특성이라 할 수 있다. 신생기업이 산업활동을 하고 있는 산업에서의 산업진입의 정도가 기업생존에 매우 중요하다. 예로 진입률이 높은 산업에서 신생진입자는 다른 진입자와 치열한 경쟁을 하게 되는데, 이 경우 진입 후 신생기업의 생존은 더욱 어렵게 된다. 이처럼 산업의 진입조건이나 경쟁정도 등과 같은 산업특성을 고려한 분석이 요구된다.

7.5 향후 연구방향

　본 연구에서는 전략적 접근과 생태학적 접근을 중심으로 중국에 투자한 한국기업의 철수에 대해 살펴보았다. 본 연구를 수행하는 과정에서 흥미를 느끼게 된 향후 연구과제 몇 가지를 제시하면 다음과 같다.

　먼저 조직간 연계성과 생존 간 관계에 대해 살펴볼 필요가 있다. 제도학파의 주장에 따르면 조직의 생존가능성은 해당 조직이 사회적으로 가치 있는 외적 구성원과 정당한 연계성을 형성할 수 있는 능력 보유여부에 달려 있다는 주장을 하고 있다. 이와 유사하게 Aldrich & Auster(1986)도 규모가 크고 확고하게 자리잡은 조직과의 연계성(linkage) 형성은 해당 조직의 생존가능성을 향상시킨다는 주장을 하고 있다. 결국 정당화된 제도권(legitimated institutions)과의 조직간 연계성 형성은 생존 가능성을 높여줄 뿐만 아니라 가치 있는 자원으로의 접근가능성도 높여준다. 본 연구에서는 전략적 요인과 조직생태요인만을 분석하고 있지만 향후 연구에서는 제도적 이론을 통한 조직간 연계성 요인도 분석할 필요가 있다. 특히 중국에서와 같이 아직까지는 시장경제체제가 완전히 정착되지 못하고 있고 꽌시가 중요성을 갖는 시장에서는 제도적 이론을 통한 분석이 필요하다 할 수 있다. 진입 시 성시 정부와 연계성을 맺었는가, 합작투자로 진입한 경우 명성과 기술력이 있는 기업과 합작을 했는가 아니면 현물만 제공하는 기업과 합작을 했는가, 국내 관계기업과 연계성을 형성한 진입을 했는가(Guillen, 2002, 2003) 등과 같은 요인들을 고려할 필요가 있다. 즉 조직생태요인이나 전략적 요인 외에 상기 제도적 요인을 고려하여 이들 요인들이 조직의 생존에 어떠한 영향을 미치는가를 살펴볼 필요가 있다.

　둘째, 조직군집(organizational population)에 대한 연구가 글로벌 차원(Delacroix & Carroll, 1983; Hannan, Carroll, Dundon & Torres, 1995)으로 변화함에 따라 외국인비용에 대해 체계적으로 분석할 필요가 있다. 즉

210

외국기업으로서의 불리성이 규모나 연령의 불리성 등과 함께 같은 차원에서 분석될 필요가 있다.[1]

즉 소규모조직의 불리성이나 신생기업의 불리성 외에 외국기업의 불리성 요인이 현지시장에서의 퇴출을 어느 정도 설명할 수 있는가에 대한 체계적 분석이 있어야 할 것이다. 이를 다시 말하면, 외국인비용을 규명함에 있어서는 외국 자회사의 생존에 영향을 미칠 수 있는 "Foreignness"와 관련성이 없는 여타 "Liabilities"를 통제해야 한다. 연령과 관계된 불리성이 좋은 예라 할 수 있다. 외국 자회사는 현지기업보다 연령이 적을 수 있다. 연령의 영향과 관련된 지배적 관점이 바로 신생기업의 불리성이다. 신생조직은 생존에 있어 불리성을 안고 있다. 이와 같은 조직생태학 관점은 보다 젊은 조직은 경험부족 때문에 상대적 열위에 놓일 수밖에 없다는 조직학습 관점과 일치한다. 외국기업이든 자국기업이든 연령 자체가 생존에 영향을 미치기 때문에 이를 주의해야 한다. 또 다른 불리성은 규모와 관련되어 있다. 규모와 관련된 불리성도 외국기업뿐만 아니라 현지기업에게도 영향을 미치게 된다.[2]

셋째, 조직생태학에 따르면 기업들이 신생기업이거나 소규모 조직일 경우 상당히 높은 사멸률을 나타낸다. 초기 높은 사멸률을 보이고 나면(성장기의 불리성으로 제시), 사멸률은 단조적으로 하락하게 된다(Carrloo, 1983; Freeman, Carroll & Hannan, 1983; Sorensen & Stuart, 2000). 이전의 많은 연구들은 연령과 사멸률간 관계에만 초점을 두고 있으며, 사멸 메커니즘에 대해서는 많은 연구가 이루어지지 않고 있다(Baldwin et al.,1997; Brudert, Preisendorfer & Ziegler, 1992; McGrath, 1989). 따라서 각기 다

---

1) Jean-Francois Hennart, Thomas Roehl & Ming Zeng (2002), "Do Exits Proxy a Liability of Foreignness: The Case of Japanese Exits from the US," *Journal of International Management*, Vol.8, 2002, pp.241-264.

2) John M. Mezias (2002), "How to identify liabilities of foreignness and assess their effects on multinational corporations," *Journal of International Management*, Vol.8, 2002, pp.265-282.

른 연령대별로 퇴출 결정요인에 대해 살펴볼 필요가 있다. 좀더 구체적으로 말하면, 왜 신생기업의 사멸률이 높게 나타나는가, 즉 신생기업의 높은 사멸원인에 대해 분석할 필요가 있다. 또한 신설기업의 불리성과 청년기업의 불리성을 극복한 기업들이 일정시점이 지난 후 사멸하게 되는 원인에 대해서도 분석할 필요가 있다.

예를 들면 신생기업은 소규모성이나 재무자원의 부족, 관리적 역량의 부족, 외국인비용 요인 등에 의해 높은 사멸률을 보일 수 있을 것이며, 보다 오래된 기업들은 조직관성에 의해 급변하는 환경에 제대로 적응하지 못했기 때문에 높은 사멸률을 보일 가능성이 있다.[3]

이처럼 왜 기업의 연령에 따라 사멸률이 다르게 나타나며, 각 연령대별 특유적인 사멸 결정요인으로는 무엇이 있는가를 살펴볼 필요가 있을 것이다. 이와 함께 진입초기 사멸한 기업과 일정기간이 지난 후(신생기업 불리성과 성장기 불리성을 극복한 기업들) 사멸한 기업간 비교를 통해 기업 사멸 결정요인 상에 체계적인 차이가 있는가를 분석해 보는 것도 흥미로울 것이라 판단된다.

넷째, 집적지 효과와 기업의 성과 및 생존 간 관계에 대한 연구가 필요하다. 최근 국제경영과 전략분야에서 집적지 관련 연구가 활발히 진행되고 있다.[4] 그러나 연구의 주제가 아직까지는 입지선정 결정요인 등과 같은 제한적 주제에 한정되어 있다. 따라서 집적화와 기업의 성과 및 생존 등에 대한 체계적인 분석이 필요하다. 예를 들면 특정 투자대상국 시장에 대한 투자경험이 없고, 규모가 작은 기업들은 상대적으로 집적지에 위치함으로써 많은 정보를 획득할 수 있을 것이며, 이의 결과 생존 가능성도 더 높아

---

3) Stewart Thornhill & Raphael Amit (2002), "Learning about failure: Bankruptcy, Firm age and the Resource-based view," *Paper Submitted to Organization Science, Working Paper*, Dec. 2002.

4) J. Myles Shaver & Fredrick Flyer (2000), "Agglomeration Economics, Firm Heterogeneity, and Foreign Direct Investment in the United States," *Strategic Management Journal*, Vol.21, 2000, pp.1175-1193.

질 것이라는 가정이 가능할 것이다(Baum & Mezias, 1992)

마지막으로 실패로부터의 학습에 대해 분석할 필요가 있다. 기업들의 철수는 해당 투자산업이나 국가에 대한 정보를 제공할 수 있다. 특히 실패로부터의 학습을 통해 후속 투자하는 기업들은 투자에 대한 성공가능성을 높일 수 있다. 기업 생존과 효율적 성과를 위한 조직학습의 중요성에 대해서는 그 동안 많은 문헌을 통해 연구되어 왔다(Barkema & Vermeulen, 1998; Bartlett & Ghoshal, 1987a, 1987b; Hitt, Hoskisson & Ireland, 1994; Huber, 1991). 그러나 실패로부터의 학습에 대해서는 아직까지 없는 실정이다. Henisz & Delios(2002)의 최근 연구를 보면, 이들은 투자기업의 생존가능성이 여타 유사 조직의 이전 행동이나 의사결정에 상당한 영향을 받는다는 주장을 하였다. 이러한 연구를 기반으로 하여, 철수에 관한 유사 조직의 이전 행동이나 의사결정이 여타 조직의 생존과 성과에 어떠한 영향을 미치는가를 살펴보는 것도 흥미로운 연구가 될 것이다.

〈부표-1〉 전체 변수 간 상관관계

	1	2	3	4	5	6	7	8	9	10	11	12	13	14	15	16	17	18
1	1																	
2	-0.019	1																
3	0.003	0.656	1															
4	0.033	-0.023	0.053	1														
5	-0.015	0.598	0.334	-0.182	1													
6	0.000	0.576	0.818	-0.136	0.252	1												
7	0.023	-0.227	-0.073	0.615	-0.176	-0.198	1											
8	-0.018	0.998	0.656	-0.020	0.600	0.574	-0.222	1										
9	0.003	0.667	0.991	0.059	0.349	0.794	-0.068	0.670	1									
10	0.030	-0.023	0.061	0.997	-0.176	-0.123	0.610	-0.019	0.068	1								
11	-0.015	0.589	0.328	-0.180	0.991	0.245	-0.173	0.592	0.345	-0.172	1							
12	-0.003	0.563	0.786	-0.141	0.270	0.939	-0.191	0.568	0.803	-0.127	0.271	1						
13	0.024	-0.224	-0.067	0.611	-0.175	-0.194	0.983	-0.220	-0.061	0.611	-0.172	-0.186	1					
14	-0.011	0.663	0.382	-0.184	0.741	0.399	-0.216	0.649	0.363	-0.195	0.661	0.309	-0.216	1				
15	0.007	0.277	0.471	-0.030	0.062	0.576	-0.095	0.258	0.357	-0.031	0.042	0.260	-0.094	0.367	1			
16	0.016	-0.187	-0.109	0.587	-0.177	-0.218	0.740	-0.180	-0.107	0.552	-0.179	-0.220	0.623	-0.172	-0.082	1		
17	-0.009	0.462	0.283	-0.136	0.698	0.254	-0.139	0.452	0.275	-0.144	0.598	0.199	-0.140	0.926	0.225	-0.116	1	
18	0.010	0.205	0.315	-0.036	0.034	0.490	-0.077	0.189	0.207	-0.034	0.011	0.160	-0.077	0.348	0.953	-0.072	0.227	1
19	0.010	-0.153	-0.072	0.402	-0.113	-0.144	0.684	-0.145	-0.069	0.377	-0.111	-0.140	0.545	-0.135	-0.067	0.916	-0.087	-0.054
20	-0.252	0.061	0.027	-0.071	0.067	0.030	-0.034	0.061	0.027	-0.064	0.063	0.028	-0.026	0.088	0.019	-0.076	0.078	0.018

	1	2	3	4	5	6	7	8	9	10	11	12	13	14	15	16	17	18
21	-0.248	0.045	0.000	-0.053	0.038	0.005	-0.020	0.044	0.002	-0.048	0.032	0.011	-0.019	0.065	-0.011	-0.043	0.062	-0.011
22	-0.202	0.039	0.002	-0.090	0.057	0.018	-0.056	0.037	0.003	-0.078	0.059	0.021	-0.043	0.043	0.001	-0.121	0.033	0.000
23	-0.039	0.026	0.009	-0.032	-0.024	0.012	-0.056	0.021	0.004	-0.034	-0.033	-0.001	-0.065	0.044	0.036	-0.013	0.038	0.032
24	-0.069	0.026	0.028	-0.053	0.032	0.059	-0.075	0.019	0.027	-0.058	0.023	0.062	-0.079	0.085	0.015	-0.036	0.056	-0.001
25	-0.039	0.066	0.073	0.042	0.073	0.073	0.031	0.066	0.071	0.042	0.077	0.071	0.028	0.053	0.046	0.044	0.043	0.04
26	-0.022	-0.003	0.003	0.248	-0.035	0.002	0.262	0.000	0.006	0.247	-0.031	0.020	0.254	-0.052	-0.037	0.225	-0.048	-0.047
27	-0.071	0.067	0.085	0.041	0.066	0.057	0.036	0.064	0.080	0.046	0.066	0.041	0.037	0.062	0.067	0.016	0.049	0.048
28	0.037	0.083	0.002	0.183	-0.047	-0.001	0.059	0.084	0.006	0.172	-0.049	-0.004	0.040	-0.003	0.004	0.145	-0.024	0.014
29	-0.057	-0.035	0.023	-0.176	0.043	0.006	-0.126	-0.033	0.025	-0.158	0.052	0.021	-0.102	-0.035	-0.028	-0.222	-0.018	-0.043
30	-0.069	0.020	-0.062	-0.031	-0.022	-0.042	-0.058	0.014	-0.073	-0.038	-0.040	-0.069	-0.060	0.096	0.048	-0.017	0.079	0.037
31	-0.079	0.069	0.025	-0.094	0.037	0.023	-0.035	0.067	0.024	-0.092	0.035	0.009	-0.040	0.069	0.038	-0.026	0.042	0.036
32	0.042	0.139	0.139	0.216	0.186	0.107	0.163	0.135	0.125	0.218	0.177	0.057	0.167	0.194	0.168	0.114	0.175	0.148
33	0.000	0.725	0.489	0.191	0.594	0.468	0.019	0.724	0.492	0.197	0.584	0.444	0.020	0.577	0.249	0.006	0.450	0.207
34	-0.008	0.624	0.448	0.028	0.634	0.477	-0.052	0.622	0.440	0.032	0.621	0.439	-0.052	0.610	0.288	-0.065	0.498	0.241
35	-0.014	0.085	0.049	-0.160	0.070	0.091	-0.129	0.085	0.054	-0.159	0.070	0.101	-0.129	0.068	0.006	-0.130	0.049	0.009

	19	20	21	22	23	24	25	26	27	28	29	30	31	31	33	34	35
19	1																
20	-0.048	1															
21	-0.017	0.818	1														
22	-0.086	0.817	0.793	1													
23	-0.025	-0.032	0.091	-0.097	1												
24	-0.033	0.199	0.239	0.196	0.045	1											
25	0.039	0.131	0.075	0.102	0.018	0.025	1										
26	0.199	0.146	0.122	0.094	-0.067	0.000	0.090	1									
27	0.032	0.283	0.150	0.217	-0.088	0.018	0.053	-0.084	1								
28	0.101	-0.070	-0.024	-0.051	-0.003	-0.026	-0.041	-0.059	-0.025	1							
29	-0.162	0.094	0.034	0.101	-0.010	0.029	0.081	0.093	0.049	-0.721	1						
30	-0.029	0.081	0.131	0.039	0.076	0.118	-0.015	0.043	-0.065	0.042	0.014	1					
31	-0.006	0.257	0.202	0.177	0.026	0.104	0.030	0.057	0.077	0.061	-0.034	0.178	1				
32	0.084	-0.008	-0.019	-0.056	-0.007	-0.079	0.073	-0.402	0.305	0.110	-0.137	-0.010	-0.099	1			
33	0.012	0.113	0.077	0.056	-0.036	-0.021	0.125	0.272	0.179	0.072	-0.039	0.038	0.025	0.440	1		
34	-0.033	0.137	0.091	0.059	-0.047	-0.008	0.152	0.311	0.165	0.018	-0.006	0.024	0.023	0.459	0.862	1	
35	-0.078	-0.035	-0.027	-0.026	0.013	0.020	-0.039	-0.165	-0.065	-0.004	-0.008	0.001	-0.002	-0.12	-0.04	-0.055	1

1. 생존여부(청산=1)
2. 전체 외국기업 수
3. 전체 중국기업 수
4. 전체 한국기업 수
5. 전체 외국기업 수[**]2/1000
6. 전체 중국기업 수[**]2/1000
7. 전체 한국기업 수[**]2/1000
8. 여타산업에 속한 외국기업 수
9. 여타산업에 속한 중국기업 수
10. 여타산업에 속한 한국기업 수
11. 여타산업에 속한 외국기업 수[**]2/1000
12. 여타산업에 속한 중국기업 수[**]2/1000
13. 여타산업에 속한 한국기업 수[**]2/1000
14. 동일 산업 내 외국기업 수
15. 동일 산업 내 중국기업 수
16. 동일 산업 내 한국기업 수
17. 동일 산업 내 외국기업 수[**]2/1000
18. 동일 산업 내 중국기업 수[**]2/1000
19. 동일 산업 내 한국기업 수[**]2/1000
20. 모기업 자산
21. 유동비율
22. 부채비율
23. ROA
24. 광고집약도
25. 연구개발집약도
26. 자회사 연령
27. 선행투자 건수
28. 투자비율
29. 진입방식
30. 투자품목
31. 투자금액
32. 진출시점
33. 시장크기
34. 제조임금
35. 대미환율

〈부표-2〉 선행투자 경험이 있는 기업들을 대상으로 한 분석결과

	변 수 명	B	S.E.	Wald	Sig.
밀도요인	동일산업 내 외국기업 수	0.003	0.013	0.046	0.831
	동일산업 내 중국기업 수	-0.007	0.005	2.361	0.124
	동일산업 내 한국기업 수	-0.009	0.004	5.627	0.018
	동일산업 내 외국기업 수 $^{**}2 / 1000$	0.001	0.041	0.000	0.983
	동일산업 내 중국기업 수 $^{**}2 / 1000$	0.007	0.004	2.546	0.111
	동일산업 내 한국기업 수 $^{**}2 / 1000$	0.000	0.000	3.728	0.053
	여타산업에 속한 외국기업 수	0.302	0.488	0.383	0.536
	여타산업에 속한 중국기업 수	1.054	1.279	0.679	0.410
	여타산업에 속한 한국기업 수	0.258	0.370	0.487	0.485
	여타산업에 속한 외국기업 수 $^{**}2 / 1000$	0.000	0.000	0.001	0.979
	여타산업에 속한 중국기업 수 $^{**}2 / 1000$	0.000	0.000	0.718	0.397
	여타산업에 속한 한국기업 수 $^{**}2 / 1000$	0.000	0.000	0.013	0.908
자회사요인	자회사 연령	0.341	0.137	6.210	0.013
	선행투자 건수	-0.186	0.090	4.333	0.037
	투자품목(핵심부문＝1)	-0.388	0.248	2.446	0.118
	진출시점	0.285	0.145	3.845	0.050
	진입방식(합작투자＝1)	0.036	0.372	0.009	0.923
	투자비율	1.283	0.899	2.039	0.153
	투자금액	-0.047	0.104	0.204	0.651
모기업요인	기업자산	-0.090	0.073	1.518	0.218
	유동비율	-1.330	0.294	20.439	0.000
	부채비율	0.717	0.256	7.862	0.005
	ROA	0.002	0.002	1.112	0.292
	광고집약도	-0.036	0.101	0.127	0.721
	연구개발집약도	-0.017	0.035	0.249	0.618

	변 수 명	B	S.E.	Wald	Sig.
통제변수	시장크기(1인당 GDP)	-2.557	1.745	2.148	0.143
	제조임금	0.000	0.000	1.102	0.294
	대미환율(Yuan / US$)	-0.021	0.020	1.114	0.291
산업더미	가죽신발	-1.736	1.145	2.297	0.130
	고무플라스틱	-5.983	10.959	0.298	0.585
	기계장비	0.327	0.855	0.146	0.702
	기타제조	0.266	0.900	0.088	0.767
	목재가구	-6.786	14.091	0.232	0.630
	비금속	-1.241	0.700	3.143	0.076
	섬유의복	0.388	0.717	0.293	0.588
	음식료품	0.106	0.513	0.042	0.837
	일차금속	-0.741	0.736	1.012	0.314
	전기전자	0.956	0.557	2.938	0.087
	조립금속	-0.213	0.763	0.078	0.780
	종이인쇄	1.021	1.085	0.886	0.347
	화학제품	-0.220	0.587	0.140	0.708
	Constant	3.285	6.935	0.224	0.636

Chi-Square	105.58
d.f	41
유의도	0.000
-2Log likelihood	637.40
n	2347

<부표-3> 선행투자 경험이 없는 기업들을 대상으로 한 분석결과

	변 수 명	B	S.E.	Wald	Sig.
밀도요인	동일산업 내 외국기업 수	0.017	0.009	4.107	0.043
	동일산업 내 중국기업 수	0.000	0.003	0.012	0.913
	동일산업 내 한국기업 수	-0.005	0.003	3.229	0.072
	동일산업 내 외국기업 수 $^{**}2/1000$	-0.045	0.029	2.417	0.120
	동일산업 내 중국기업 수 $^{**}2/1000$	-0.001	0.003	0.051	0.821
	동일산업 내 한국기업 수 $^{**}2/1000$	0.000	0.000	1.039	0.308
	여타산업에 속한 외국기업 수	-0.464	0.327	2.017	0.156
	여타산업에 속한 중국기업 수	0.707	0.908	0.606	0.436
	여타산업에 속한 한국기업 수	0.194	0.257	0.569	0.451
	여타산업에 속한 외국기업 수 $^{**}2/1000$	0.000	0.000	0.217	0.641
	여타산업에 속한 중국기업 수 $^{**}2/1000$	0.000	0.000	0.239	0.625
	여타산업에 속한 한국기업 수 $^{**}2/1000$	0.000	0.000	0.246	0.620
자회사요인	자회사연령	0.175	0.101	3.019	0.082
	투자품목(핵심부문=1)	-0.218	0.162	1.807	0.179
	진출시점	0.193	0.103	3.533	0.060
	진입방식(합작투자=1)	-0.650	0.261	6.187	0.013
	투자비율	-0.960	0.659	2.121	0.145
	투자금액	-0.029	0.099	0.089	0.766
모기업요인	기업자산	-0.184	0.047	15.392	0.000
	유동비율	-0.479	0.192	6.213	0.013
	부채비율	0.226	0.169	1.802	0.179
	ROA	-0.008	0.007	1.431	0.232
	광고집약도	0.001	0.069	0.000	0.991
	연구개발집약도	-0.063	0.068	0.868	0.351
통제변수	시장크기(1인당 GDP)	0.273	0.794	0.119	0.730
	제조임금	0.000	0.000	1.630	0.202
	대미환율(Yuan / US$)	0.000	0.010	0.002	0.968

	변 수 명	B	S.E.	Wald	Sig.
산업더미	가죽신발	0.301	0.573	0.276	0.600
	고무플라스틱	-0.018	0.593	0.001	0.976
	기계장비	-0.598	0.640	0.872	0.350
	기타제조	0.874	0.619	1.996	0.158
	목재가구	0.447	0.739	0.366	0.545
	비금속	0.375	0.569	0.435	0.510
	섬유의복	0.650	0.601	1.171	0.279
	음식료품	-0.071	0.563	0.016	0.900
	일차금속	-1.177	1.173	1.007	0.316
	전기전자	0.213	0.578	0.136	0.713
	조립금속	0.456	0.566	0.649	0.421
	종이인쇄	-0.499	1.190	0.176	0.675
	화학제품	0.113	0.588	0.037	0.847
	Constant	-2.930	3.692	0.630	0.427
Chi-Square	224.96				
d.f	40				
유의도	0.000				
-2Log likelihood	1290.63				
n	1640				

<부표-4> 중국의 지역별·연도별 외국인투자 유입 현황(1984~2002)

단위: 백만 달러

권역	성시	84-91	1992	1993	1994	1995	1996	1997	1998	1999	2000	2001	2002
화북	북경	1,634	350	669	1,445	1,403	1,553	1,858	2,298	1,795	1,684	1,768	1,725
	천진	490	232	544	1,017	1,521	2,006	2,511	2,518	1,764	1,166	2,134	1,582
	하북	221	182	359	523	787	1,240	1,600	1,688	1,042	683	670	783
	산서	43	58	90	60	84	156	287	245	391	225	234	212
	내몽골	0	-	60	70	104	54	84	56	65	106	107	177
	소계	2,388	822	1,721	3,114	3,899	5,009	6,341	6,804	5,057	3,863	4,913	4,478
동북	요녕	1,119	464	1,257	1,429	1,414	1,933	2,761	2,424	1,062	2,045	2,516	3,412
	길림	152	75	275	318	408	452	505	409	301	337	338	245
	흑룡강	239	104	230	348	515	567	735	526	318	301	341	355
	소계	1,510	644	1,761	2,096	2,337	2,951	4,001	3,359	1,681	2,682	3,195	4,011
화동	상해	1,616	1,576	2,322	3,231	3,265	4,721	4,809	3,638	2,837	3,160	4,292	4,272
	강소	1,030	1,418	3,015	4,209	4,869	5,250	6,342	6,769	6,078	6,426	6,915	10,190
	절강	330	305	1,038	1,150	1,263	1,605	2,217	1,322	1,233	1,613	2,212	3,076
	산동	984	1,054	1,914	2,594	2,724	2,769	3,048	2,798	2,466	3,028	3,521	4,734
	소계	3,960	4,352	8,289	11,184	12,120	14,345	16,416	14,527	12,612	14,226	16,939	22,272

권역	성시	84-91	1992	1993	1994	1995	1996	1997	1998	1999	2000	2001	2002
화중	안휘	109	53	259	701	483	708	663	387	261	319	337	384
	강서	75	100	208	262	289	301	526	577	321	227	396	1,082
	하남	193	108	344	429	482	526	647	618	521	564	457	405
	호북	186	212	536	602	623	689	878	1,014	988	1,036	1,189	1,427
	호남	119	133	438	331	501	745	956	979	654	678	810	900
	소계	682	605	1,785	2,325	2,377	2,969	3,670	3,575	2,745	2,824	3,189	4,197
화남	복건	1,733	1,424	2,874	3,731	4,044	4,079	4,197	4,013	4,024	3,432	3,918	3,838
	광동	9,055	3,704	7,556	9,613	10,260	11,976	12,895	13,055	12,892	12,835	11,932	11,334
	해남	589	452	1,048	874	1,055	790	711	717	485	431	467	512
	소계	11,377	5,579	11,478	14,219	15,359	16,844	17,803	17,785	17,401	16,698	16,317	15,684
서부지역	중경	–	–	–	–	–	–	–	–	241	246	257	196
	사천	283	112	571	922	542	441	249	–	341	437	582	556
	귀주	65	20	43	64	57	31	50	45	41	25	28	38
	운남	39	29	97	203	225	180	165	146	154	128	65	112
	시장	–	–	–	–	–	–	–	–	–	–	–	–
	섬서	473	46	234	238	324	330	671	300	242	288	352	360
	감숙	30	47	56	29	74	90	41	39	41	62	74	61
	청해	3	2	7	3	7	6	15	10	5	–	37	47

권역	성시	84-91	1992	1993	1994	1995	1996	1997	1998	1999	2000	2001	2002
서부 지역	녕하	7	4	12	50	32	37	34	5	51	17	17	22
	신강	68	29	57	48	95	125	51	133	24	19	20	19
	광서	380	194	885	827	674	673	886	886	635	528	384	417
	소계	1,348	482	1,962	2,383	2,029	1,913	2,162	1,564	1,775	1,751	1,815	1,829
합 계		21,264	12,484	26,996	35,320	38,121	44,031	50,394	47,615	41,272	42,044	46,367	52,472

자료: 『중국통계연감』 각년판

<부표-5> 중국 각 성·시의 중국기업 수

단위: 개

지역	1990	1991	1992	1993	1994	1995	1996	1997	1998	1999	2000	2001	2002	총계
감숙	102	105	106	109	113	114	115	116	117	118	118	118	118	118
강서	129	132	142	147	153	154	157	160	162	163	163	163	163	163
강소	885	901	967	1010	1040	1056	1073	1089	1101	1105	1106	1108	1108	1108
광동	992	1058	1152	1243	1293	1321	1346	1364	1384	1392	1394	1399	1399	1399
광서	240	247	254	265	270	273	274	274	274	275	275	275	275	275
귀주	176	176	177	180	186	186	186	188	188	188	188	188	188	188
길림	281	285	292	305	311	317	318	320	320	320	320	320	320	320
내몽고	118	122	129	138	138	140	142	144	145	146	146	146	146	146
복건	442	478	522	551	560	566	574	577	578	581	587	587	587	587
북경	1804	1865	2031	2185	2241	2282	2316	2341	2370	2395	2409	2412	2413	2413
사천	396	406	428	442	458	461	464	470	476	477	477	477	480	480
산동	494	506	539	573	593	616	634	651	668	680	684	684	684	684
산서	96	99	101	106	109	109	111	117	120	121	121	121	121	121
상해	862	904	991	1077	1128	1186	1241	1282	1326	1374	1387	1398	1399	1399
서하		0	0	0	0	0	1	1	1	1	1	1	1	1
섬서	174	174	190	194	200	203	204	207	207	207	207	209	209	209

지 역	1990	1991	1992	1993	1994	1995	1996	1997	1998	1999	2000	2001	2002	총 계
신 강	24	24	30	31	32	32	34	36	36	36	36	36	36	36
안 휘	214	224	247	262	265	274	283	295	302	304	304	304	304	304
영 하	16	16	16	18	19	19	21	21	22	22	22	22	22	22
요 녕	863	913	983	1019	1050	1065	1076	1093	1098	1106	1106	1106	1106	1106
운 남	117	120	122	139	142	143	145	145	150	152	152	152	152	152
절 강	711	724	776	827	853	879	896	911	919	932	936	936	936	936
중 경	123	127	136	138	145	149	158	159	159	160	160	160	160	160
천 진	322	331	378	404	408	417	426	431	435	436	437	437	437	437
청 해	.	0	0	0	0	1	4	6	6	6	6	6	6	6
티 벳	.	0	0	0	0	0	2	2	2	2	2	2	2	2
하 남	293	293	297	315	326	335	340	345	353	354	356	356	356	356
하 북	449	455	472	481	496	511	518	532	540	545	545	545	545	545
해 남	77	84	91	101	111	113	116	122	126	126	126	126	126	126
호 남	465	468	489	503	505	510	515	527	533	536	539	539	539	539
호 북	260	267	282	300	305	307	310	317	319	323	324	325	325	325
흑룡강	257	262	272	292	299	312	317	317	319	322	322	322	322	322
총 계	11413	11797	12645	13392	13789	14094	14360	14606	14804	14954	15005	15029	15034	15034

자료: Kompass DB
주: 누계기준

<부표-6> 중국 각 성·시의 외국인투자 기업 수

단위: 개

지 역	1990	1991	1992	1993	1994	1995	1996	1997	1998	1999	2000	2001	2002	총계
강 서	0	0	0	1	1	1	1	1	1	1	1	1	1	1
강 소	40	42	42	43	47	60	67	69	71	71	71	71	71	71
광 동	228	281	354	444	508	570	586	600	611	615	615	615	615	615
광 서	0	0	0	0	0	0	0	0	0	0	1	1	1	1
길 림	1	2	2	2	3	6	6	6	6	6	6	6	6	6
내몽고	0	0	1	1	1	1	2	2	2	2	2	2	2	2
복 건	17	17	20	22	24	25	25	25	25	25	25	25	25	25
북 경	100	150	234	364	457	528	565	593	599	604	604	604	605	605
사 천	20	26	35	43	55	61	66	67	69	70	70	70	70	70
산 동	9	9	11	14	15	19	19	22	22	22	22	22	22	22
상 해	128	228	386	683	980	1255	1470	1589	1669	1706	1720	1720	1720	1720
안 휘	2	2	2	2	2	2	4	4	4	4	4	4	4	4
요 녕	54	55	55	55	60	64	64	64	64	67	67	67	67	67
절 강	16	16	17	18	20	23	23	25	26	27	27	27	27	27
천 진	24	24	26	30	34	38	40	44	44	45	45	45	45	45
천 진	48	70	114	187	237	310	335	347	351	352	352	352	352	352

지 역	1990	1991	1992	1993	1994	1995	1996	1997	1998	1999	2000	2001	2002	총계
하 남	0	0	0	1	1	1	1	1	2	2	2	2	2	2
하 북	4	4	4	4	4	6	7	7	7	8	8	8	8	8
해 남	2	2	2	2	2	2	2	2	2	2	2	2	2	2
호 남	0	1	1	1	1	1	1	1	1	1	1	1	1	1
호 북	1	1	1	2	2	2	2	2	2	2	2	2	2	2
흑룡강	6	6	6	6	7	8	8	8	8	8	8	8	8	8
총 계	700	936	1313	1925	2461	2983	3294	3479	3586	3640	3655	3655	3656	3656

자료: D&B DB, CIS DB
주: 누계기준

〈부표-7〉 중국 각 성·시의 연도별 GDP규모

단위: 억 위안

	1989년	1990년	1991년	1992년	1993년	1994년	1995년	1996년	1997년	1998년	1999년	2000년	2001년	2002년
북경	455.8	500.8	598.9	709.1	863.5	1084.0	1395.0	1615.7	1810.1	2011.3	2174.5	2478.8	2845.7	3130.0
천진	283.3	311.0	342.7	411.2	536.1	725.0	920.1	1102.4	1235.3	1336.4	1450.1	1639.4	1840.1	2022.6
하북	748.9	836.1	1072.1	1278.5	1690.8	2147.0	2849.5	3453.0	3953.8	4256.0	4569.2	5089.0	5577.8	6076.6
산서	350.1	399.9	468.5	570.0	704.7	853.0	1092.5	1308.0	1480.1	1486.1	1506.8	1643.8	1780.0	2001.8
내몽고	257.9	286.7	359.7	421.7	532.7	681.0	832.9	984.8	1099.8	1192.3	1268.2	1401.0	1545.8	1724.8
요녕	922.1	965.7	1200.1	1473.0	2010.8	2584.0	2793.4	3157.7	3582.5	3881.7	4171.7	4669.1	5033.1	5458.2
길림	361.3	394.0	463.5	558.1	718.0	968.0	1129.4	1337.2	1446.9	1557.8	1669.6	1821.2	2032.5	2243.0
흑룡강	582.2	659.0	824.2	864.0	1203.2	1618.0	2014.5	2402.6	2708.5	2798.9	2897.4	3253.0	3561.0	3901.5
상해	696.5	744.7	893.8	1114.3	1511.6	1971.0	2462.6	2902.2	3360.2	3688.2	4035.0	4551.2	4950.8	5408.8
강소	1232.8	1315.8	1601.4	2136.0	2998.2	4057.0	5155.3	6004.2	6680.3	7200.0	7697.8	8582.7	9511.9	10636.3
절강	792.4	836.9	1081.8	1365.1	1909.5	2666.0	3524.8	4146.1	4638.2	4987.5	5364.9	6036.3	6748.2	7670.0
안휘	573.1	606.5	663.6	801.2	1069.8	1488.0	2003.6	2339.3	2670.0	2805.5	2908.6	3038.2	3290.1	3569.0
복건	416.7	459.5	622.0	787.7	1133.5	1685.0	2160.5	2583.8	3000.4	3286.6	3550.2	3920.1	4253.7	4682.0
강서	363.5	419.5	479.4	572.6	723.1	1032.0	1205.1	1517.3	1715.2	1852.0	1962.3	2003.1	2175.7	2450.0
산동	1175.1	1333.4	1810.5	2196.5	2779.5	3872.0	5002.3	5960.4	6650.0	7162.2	7662.1	8542.4	9438.3	10550.0
하남	826.1	895.7	1045.7	1279.8	1662.8	2198.0	3002.7	3661.2	4079.3	4356.6	4576.1	5137.7	5640.1	6163.2

	1989년	1990년	1991년	1992년	1993년	1994년	1995년	1996년	1997년	1998년	1999년	2000년	2001년	2002년
호북	700.8	791.1	913.4	1088.4	1424.4	1878.0	2391.4	2970.2	3450.2	3704.2	3858.0	4276.3	4662.3	4975.6
호남	640.8	702.6	833.3	997.9	1278.3	1694.0	2195.7	2647.2	2993.0	3118.1	3326.8	3691.9	3983.0	4340.9
광동	1311.7	1471.8	1780.6	2293.5	3225.3	4240.0	5381.7	6519.1	7315.5	7919.1	8464.3	9662.2	10647.7	11674.4
광서	349.4	392.8	518.6	646.6	893.6	1241.0	1497.6	1697.9	1817.3	1903.0	1953.3	2050.1	2231.2	2437.2
해남	86.8	95.0	120.5	181.7	258.1	331.0	364.2	389.5	409.9	438.9	471.2	518.5	546.0	602.7
중경	.	.	.	.	.	.	.	1179.1	1350.1	1492.3	1479.7	1589.3	1749.8	1971.1
사천	998.4	1144.9	1383.0	1624.5	2096.5	2777.0	3534.0	2985.2	3320.1	3580.3	3711.6	4010.3	4421.8	4875.1
귀주	235.5	254.9	295.9	339.9	416.1	521.0	630.1	713.7	793.0	841.9	911.9	993.3	1084.9	1180.0
운남	319.1	396.0	517.4	618.7	779.2	974.0	1206.7	1491.6	1644.2	1793.9	1855.7	1955.1	2074.7	2231.9
티벳	21.8	24.5	30.5	33.3	45.8	45.0	56.0	64.8	77.0	91.2	105.6	117.5	138.7	145.7
섬서	336.9	374.1	466.9	540.5	671.4	846.0	1000.0	1175.4	1300.3	1381.5	1487.6	1660.9	1844.3	2036.0
감숙	217.4	234.0	271.4	317.8	372.2	451.0	553.4	714.2	781.3	869.8	932.0	983.4	1072.5	1161.0
청해	60.3	66.3	75.1	87.5	109.6	138.0	165.3	183.6	202.1	220.2	238.4	263.6	301.0	341.0
영하	55.8	61.1	71.8	83.1	103.8	134.0	169.8	193.6	210.9	227.5	241.5	265.6	298.4	329.7
신강	217.4	251.9	335.9	402.3	505.6	673.0	825.1	912.2	1050.1	1116.7	1168.6	1364.4	1485.5	1598.3

자료: 『중국통계연감』각년판

<부표-8> 중국 각 성·시의 연도별 GDP 증가율 추이

단위: %

	1989년	1990년	1991년	1992년	1993년	1994년	1995년	1996년	1997년	1998년	1999년	2000년	2001년	2002년
북 경	104.4	105.4	107.5	111.6	112.1	113.5	112.4	109.2	109.6	109.8	110.2	111	111.2	110.0
천 진	101.6	102.5	104.4	111.7	112.1	114.3	114.9	114.3	112.1	109.3	110	110.8	112	109.9
하 북	104.3	104.7	109	115.6	117.7	114.9	113.9	113.5	112.5	110.7	109.1	109.5	108.7	108.9
산 서	104.5	105.1	103.3	113.8	112.2	109.4	111.1	111	110.5	109	105.1	107.8	108.4	112.5
내몽고	102.3	108.2	107.5	111	110.6	110.1	109.1	112.7	109.7	109.6	107.8	109.7	109.6	111.6
요 녕	102.3	100.3	105.5	112.1	114.9	111.2	107.1	108.6	108.9	108.3	108.2	108.9	109	108.4
길 림	95.6	103.5	104.8	112.2	112.8	114.3	109.7	113.7	109.2	109	108.1	109.2	109.3	110.4
흑룡강	105	104.5	103.9	106.8	107.6	108.8	109.6	110.5	110	108.3	107.5	108.2	109.3	109.6
상 해	103	103.5	107	114.9	114.9	114.3	114.1	113	112.7	110.1	110.2	110.8	110.2	109.3
강 소	101.4	104.4	106.9	126	120.7	116.5	115.4	112.2	112	111	110.1	110.6	110.2	111.8
절 강	99.4	104	115.4	119	122	120	116.7	112.7	111.1	110.1	110	111	110.5	113.7
안 휘	104.8	103.2	96.3	116.8	121	120.7	114.3	114.4	112.7	108.5	108.1	108.3	108.6	108.5
복 건	106.5	107	114.4	120.3	125.2	121.7	115.2	115.4	114.5	111.4	110	109.5	109	110.1
강 서	105.1	104.9	108.2	114.8	113.7	117	114.5	113.4	111.5	108.2	107.8	108	108.8	112.6
산 동	104	105.3	113.9	116.9	118.8	116.3	114.2	112.2	111.2	110.8	110.1	110.5	110.1	111.8
하 남	104.4	104.5	106.9	113.7	115.8	113.8	114.8	113.9	110.4	108.7	108	109.4	109.1	109.3

	1989년	1990년	1991년	1992년	1993년	1994년	1995년	1996년	1997년	1998년	1999년	2000년	2001년	2002년
호 북	102.5	102.5	104.5	114.1	114.3	115.2	114.6	113.2	113	110.3	108.3	109.3	109.1	106.7
호 남	103.6	104	107.8	112.4	113.1	111	110.9	112.6	110.8	109.1	108.3	109	109	109.0
광 동	107	111.3	117.3	122	122.3	119.1	114.9	110.7	110.6	110.2	109.5	110.8	109.6	109.6
광 서	102.9	107	112.7	118.3	121.2	116	115.3	110.3	108.1	109.1	107.7	107.3	108.2	109.2
해 남	105.4	109.5	112.4	123.3	120.9	111.9	104.3	104.8	106.7	108.3	108.6	108.8	108.9	110.4
중 경	.	.	.	.	.	.	.	111.2	111	108.4	107.6	108.5	109	112.6
사 천	102.8	103.7	107.7	112.6	113.9	111.1	110	110.1	110.2	109.1	105.6	109	109.2	110.3
귀 주	104.6	104.2	109.9	108.1	109.9	108.5	107.5	108.9	109	108.5	108.3	108.7	108.8	108.8
운 남	105.8	108.7	106.6	110.9	110.6	111.6	111.2	110.4	109.4	108	107.2	107.1	106.5	107.6
티 벳	108.4	108.9	101.6	107.1	108.2	115.6	117.9	113.2	111.3	110.2	109.6	109.4	112.8	105.0
섬 서	103.3	104.3	110.9	108.2	113.3	108.5	109	110.2	109.2	109.1	108.4	109	109.1	110.4
감 숙	108.8	105.5	106.5	109.9	111.6	110.4	109.9	111.5	108.5	109.2	108.3	108.7	109.4	108.3
청 해	101.2	103.7	104.7	107.4	109.6	108.2	108	108.6	109	109	108.2	109	112	113.3
영 하	108.4	103.8	104.2	108.6	110.1	108.2	109	118.1	107.6	108.5	108.7	109.8	110.1	110.5
신 강	105.9	109.2	113.9	113.1	110.3	110.9	110.3	106.4	111	107.3	107.1	108.2	108.1	107.6

자료: 『중국통계연감』각년판
주: 전년대비 증가율로 전년을 100으로 하고 있음.

<부표-9> 중국 각 성·시의 연도별 1인당 GDP

단위: 위안

	1989년	1990년	1991년	1992년	1993년	1994년	1995년	1996년	1997년	1998년	1999년	2000년	2001년	2002년
북 경	4495	4880	5781	6805	8240	10265	13210	15044	16735	18482	19846	22460	25523	27746
천 진	3353	3497	3944	4696	6074	8164	10361	12270	13796	14808	15976	17993	20154	22068
하 북	1283	1340	1545	1843	2682	3376	4481	5345	6079	6525	6932	7663	8362	9047
산 서	1272	1417	1467	1744	2352	2819	3610	4220	4736	5040	4727	5137	5460	6098
내몽고	1210	1327	1466	1712	2382	3013	3685	4259	4691	5068	5350	5872	6463	7233
요 녕	2364	2450	2707	3254	5015	6103	6597	7730	8525	9333·	10086	11226	12041	13000
길 림	1509	1617	1781	2071	2868	3703	4320	5163	5504	5916	6341	6847	7640	8322
흑룡강	1702	1831	2099	2433	2343	4427	5512	6468	7243	75454	7660	8562	9349	10235
상 해	5489	5818	6675	8652	11700	15204	18996	22275	25750	28253	30805	34547	37382	40627
강 소	1900	1957	2143	2858	4308	5784	7350	8447	9344	10021	10665	11773	12922	14397
절 강	1892	1977	2310	2850	4431	6149	8130	9455	10515	11247	12037	13461	14655	16570
안 휘	1057	1090	1052	1253	1672	2521	3395	3881	4390	4576	4707	4867	5221	5817
복 건	1444	1573	1803	2264	3649	5386	6906	8136	9258	10369	10797	11601	12362	13510
강 서	992	1112	1212	1439	1835	2376	2775	3715	4155	4484	4661	4851	5221	5827
산 동	1441	1572	1876	2307	3222	4473	5779	6834	7590	8120	8673	9555	10465	11643
하 남	983	1045	1141	1377	1867	2475	3381	4032	4430	4712	4894	5444	5924	6431

	1989년	1990년	1991년	1992년	1993년	1994년	1995년	1996년	1997년	1998년	1999년	2000년	2001년	2002년
호 북	1352	1496	1584	1827	2565	3341	4254	5122	5899	6300	6514	7188	7813	8319
호 남	1074	1159	1280	1487	2053	2701	3501	4130	4643	4953	5105	5639	6054	6565
광 동	2191	2395	2823	3575	4938	6380	8098	9513	10428	11143	11728	12885	13730	14908
광 서	845	993	1058	1318	2031	2772	3345	4081	4356	4076	4148	4319	4668	5062
해 남	1372	1473	1645	2126	3815	4820	5303	5500	5698	6022	6383	6894	7135	8054
중 경	.	.	.	.	.	.	.	.	4452	4684	4826	5157	5654	6353
사 천	938	1065	1180	1356	1911	2516	3202	3763	4029	4339	4452	4784	5250	5766
귀 주	749	793	890	1009	1034	1553	1878	2093	2215	2342	2475	2662	2895	3140
운 남	878	1074	1147	1334	2006	2490	3085	3715	4042	4355	4452	4637	4866	5178
티 벳	978	1165	1388	1486	1642	1984	2468	2732	3194	3716	4262	4559	5307	5983
섬 서	1057	1151	1292	1458	1041	2344	2771	3313	3707	3834	4101	4549	5024	5523
감 숙	897	1053	1133	1314	1600	1925	2362	2901	3137	3456	3668	3838	4163	4493
청 해	1320	1498	1592	1821	2337	2910	3486	3748	4066	4367	4662	5087	5735	6424
영 하	1235	1358	1451	1635	2123	2685	3401	3731	4025	4270	4473	4839	5340	5800
신 강	1493	1688	2047	2458	2980	3953	4846	5167	5904	6229	6470	7470	7913	8365

자료: 『중국통계연감』각년판

<부표-10> 중국 각 성·시의 연도별 제조업 임금수준

단위: 위안

	1988년	1989년	1990년	1991년	1992년	1993년	1994년	1995년	1996년	1997년	1998년	1999년	2000년	2001년	2002년
북 경	2094	2369	2701	2985	3518	4621	6242	7570	8821	9964	11370	12683	14423	16571	19057
천 진	1942	2264	2429	2734	3116	3979	5022	6020	6828	7352	9053	10292	11444	12401	13517
하 북	1688	1871	2058	2220	2539	2882	3870	4514	4822	5138	5850	6363	7056	7745	8520
산 서	1763	2096	2318	2503	2727	2756	3348	4087	4509	4500	4879	5546	6228	6962	7867
내몽고	1565	1767	1945	2117	2357	2580	3339	3681	4095	4523	5127	5612	6135	6733	7406
요 녕	1797	2008	2199	2396	2704	3092	3972	4523	4766	4927	6794	7372	8373	9375	10594
길 림	1626	1772	1894	2042	2270	2565	3324	4132	5140	5232	6510	6932	8102	8932	10004
흑룡강	1641	1838	1903	2129	2326	2389	2898	3628	3611	3903	5498	6425	7244	8255	9411
상 해	2247	2624	2877	3374	4317	5612	7020	8890	10051	10771	12944	15644	17185	20406	23467
강 소	1851	1977	2180	2378	2883	3654	4660	5674	6062	6318	7398	8152	9182	10125	11441
절 강	1798	1990	2177	2391	2827	3741	5054	6059	6644	7300	8321	9366	10767	12060	13869
안 휘	1534	1737	1940	2105	2360	2716	3483	4246	4751	4891	5592	5963	6620	7202	8066
복 건	1642	1926	2170	2461	2856	3568	4714	5931	6666	7317	8220	8854	9666	10252	11277
강 서	1504	1641	1792	1934	2167	2393	3091	3939	4856	4808	5197	6232	6457	6982	7610
산 동	1840	1999	2250	2405	2653	2909	3800	4729	5038	5252	5679	6282	7010	7881	8906
하 남	1522	1711	1938	2071	2374	2542	3191	4034	4550	4638	5148	5416	6114	6664	7330
호 북	1614	1759	1937	2163	2430	2819	3785	4479	4859	4945	6175	6479	6992	7996	9195

	1988년	1989년	1990년	1991년	1992년	1993년	1994년	1995년	1996년	1997년	1998년	1999년	2000년	2001년	2002년
호 남	1727	1915	2099	2247	2551	3043	3824	4536	4665	4604	6108	6702	7535	8743	10229
광 동	2329	2766	3023	3511	4178	5482	6838	7913	8570	9088	10337	11317	12519	13512	15944
광 서	1760	1892	2099	2312	2669	3509	4457	5311	5511	5537	6153	6703	7887	8698	9916
해 남	1646	2062	2366	2722	3237	4274	4691	5139	5347	5422	7380	7636	8466	8709	9580
중 경	.	.	.	.	.	.	.	4489	4987	5278	6392	6862	7709	8870	10378
사 천	1657	1882	2107	2311	2528	3092	3927	4622	5095	5466	6488	6873	7774	8892	10226
귀 주	1663	1875	2171	2351	2683	3149	3918	4704	5009	5328	6193	6733	7796	8541	9651
운 남	1795	2037	2316	2540	2876	3787	4632	5677	6680	7379	8126	8416	9712	10867	12388
티 벳	2525	2584	3093	3116	3355	3410	4167	4789	5211	5536	5612	6361	7831	9745	12084
섬 서	1695	1990	2089	2246	2441	2758	3476	4093	4560	4693	5586	6280	7353	8242	9561
감 숙	2005	2323	2531	2715	2986	3623	4498	5488	5906	6105	6567	6892	8261	9140	10785
청 해	2231	2387	2535	2652	2905	3161	4184	4761	5177	5479	5880	6902	7569	9685	11041
영 하	1959	2242	2473	2665	2925	3009	3737	4746	5190	5518	6362	6828	7946	8686	9815
신 강	2028	2248	2449	2617	2897	3164	4138	5220	5673	6216	6708	7402	8209	9846	11815

자료: 『중국통계연감』각년판

〈부표-11〉 중국 각 성·시의 연도별 제조업 임금 증가율

단위: %

	1989년	1990년	1991년	1992년	1993년	1994년	1995년	1996년	1997년	1998년	1999년	2000년	2001년	2002년
북 경	113.1	114.0	110.5	117.9	131.4	135.1	121.3	116.5	113.0	114.1	111.5	113.7	114.9	115.0
천 진	116.6	107.3	112.6	114.0	127.7	126.2	119.9	113.4	107.7	123.1	113.7	111.2	108.4	109.0
하 북	110.8	110.0	107.9	114.4	113.5	134.3	116.6	106.8	106.6	113.9	108.8	110.9	109.8	110.0
산 서	118.9	110.6	108.0	108.9	101.1	121.5	122.1	110.3	99.8	108.4	113.7	112.3	111.8	113.0
내몽고	112.9	110.1	108.8	111.3	109.5	129.4	110.2	111.2	110.5	113.4	109.5	109.3	109.7	110.0
요 녕	111.7	109.5	109.0	112.9	114.3	128.5	113.9	105.4	103.4	137.9	108.5	113.6	112.0	113.0
길 림	109.0	106.9	107.8	111.2	113.0	129.6	124.3	124.4	101.8	124.4	106.5	116.9	110.2	112.0
흑룡강	112.0	103.5	111.9	109.3	102.7	121.3	125.2	99.5	108.1	140.9	116.9	112.7	114.0	114.0
상 해	116.8	109.6	117.3	127.9	130.0	125.1	126.6	113.1	107.2	120.2	120.9	109.9	118.7	115.0
강 소	106.8	110.3	109.1	121.2	126.7	127.5	121.8	106.8	104.2	117.1	110.2	112.6	110.3	113.0
절 강	110.7	109.4	109.8	118.2	132.3	135.1	119.9	109.7	109.9	114.0	112.6	115.0	112.0	115.0
안 휘	113.2	111.7	108.5	112.1	115.1	128.2	121.9	111.9	102.9	114.3	106.6	111.0	108.8	112.0
복 건	117.3	112.7	113.4	116.1	124.9	132.1	125.8	112.4	109.8	112.3	107.7	109.2	106.1	110.0
강 서	109.1	109.2	107.9	112.0	110.4	129.2	127.4	123.3	99.0	108.1	119.9	103.6	108.1	109.0
산 동	108.6	112.6	106.9	110.3	109.6	130.6	124.4	106.5	104.2	108.1	110.6	111.6	112.4	113.0
하 남	112.4	113.3	106.9	114.6	107.1	125.5	126.4	112.8	101.9	111.0	105.2	112.9	109.0	110.0

	1989년	1990년	1991년	1992년	1993년	1994년	1995년	1996년	1997년	1998년	1999년	2000년	2001년	2002년
호 북	109.0	110.1	111.7	112.3	116.0	134.3	118.3	108.5	101.8	124.9	104.9	107.9	114.4	115.0
호 남	110.9	109.6	107.1	113.5	119.3	125.7	118.6	102.8	98.7	132.7	109.7	112.4	116.0	117.0
광 동	118.8	109.3	116.1	119.0	131.2	124.7	115.7	108.3	106.0	113.7	109.5	110.6	107.9	118.0
광 서	107.5	110.9	110.1	115.4	131.5	127.0	119.2	103.8	100.5	111.1	108.9	117.7	110.3	114.0
해 남	125.3	114.7	115.0	118.9	132.0	109.8	109.6	104.0	101.4	136.1	103.5	110.9	102.9	110.0
중 경	.	.	.	.	.	.	.	111.1	105.8	121.1	107.4	112.3	115.1	117.0
사 천	113.6	112.0	109.7	109.4	122.3	127.0	117.7	110.2	107.3	118.7	105.9	113.1	114.4	115.0
귀 주	112.7	115.8	108.3	114.1	117.4	124.4	120.1	106.5	106.4	116.2	108.7	115.8	109.6	113.0
운 남	113.5	113.7	109.7	113.2	131.7	122.3	122.6	117.7	110.5	110.1	103.6	115.4	111.9	114.0
티 벳	102.3	119.7	100.7	107.7	101.6	122.2	114.9	108.8	106.2	101.4	113.3	123.1	124.4	124.0
섬 서	117.4	105.0	107.5	108.7	113.0	126.0	117.8	111.4	102.9	119.0	112.4	117.1	112.1	116.0
감 숙	115.9	109.0	107.3	110.0	121.3	124.2	122.0	107.6	103.4	107.6	104.9	119.9	110.6	118.0
청 해	107.0	106.2	104.6	109.5	108.8	132.4	113.8	108.7	105.8	107.3	117.4	109.7	128.0	114.0
영 하	114.4	110.3	107.8	109.8	102.9	124.2	127.0	109.4	106.3	115.3	107.3	116.4	109.3	113.0
신 강	110.8	108.9	106.9	110.7	109.2	130.8	126.1	108.7	109.6	107.9	110.3	110.9	119.9	120.0

자료: 『중국통계연감』각년판

주: 전년대비 증가율로 전년을 100으로 하고 있음.

<부표-12> 1984~2001년 지역별 FDI 및 기타 외국인투자 이용 누계

단위: 백만 달러

	2001	2000	1999	1998	1997	1996	1995	1994	1993	1992	1991	1990	84-2001
북 경	1,768.2	1,683.7	1,795.3	2,297.8	1,858.3	1,552.9	1,402.8	1,444.6	668.9	350.0	244.9	279.0	16,456.5
천 진	2,133.5	1,166.0	1,764.0	2,518.0	2,511.4	2,005.9	1,520.9	1,016.6	543.9	232.0	94.3	83.5	15,902.3
하 북	669.9	682.9	1,042.0	1,687.5	1,600	1,240.3	787.0	523.4	358.8	182.4	78.3	44.5	8,994.8
산 서	233.9	224.7	391.3	244.5	286.8	155.5	84.2	59.6	89.7	57.7	5.8	7.6	1,870.6
내몽골	107.0	105.7	64.6	56.4	84.3	54.2	103.7	69.5	60.0	-	-	0.13	705.6
요 녕	2,516.1	2,044.5	1,061.7	2,423.6	2,761.0	1,932.8	1,413.7	1,429.1	1,256.5	464.2	357.3	269.8	18,421.7
길 림	337.7	337.0	301.2	409.2	505.2	451.6	408.0	318.3	275.3	75.3	31.6	19.7	3,570.6
흑룡강	341.1	300.9	318.3	526.4	734.9	566.9	515.4	348.1	229.6	104.2	23.1	46.8	4,225.2
상 해	4,291.6	3,160.1	2,836.7	3,638.2	4,809.4	4,720.9	3,264.9	3,231.0	2,321.8	1,575.5	183.4	191.2	35,466.0
강 소	6,914.8	6,425.5	6,077.6	6,768.6	6,341.6	5,250.3	4,868.9	4,209.4	3,015.0	1,418.4	269.8	161.7	52,320.2
절 강	2,211.6	1,612.7	1,232.6	1,322.1	2,217.4	1,604.9	1,262.7	1,150.4	1,037.6	304.8	92.4	49.3	14,287.1
안 휘	336.7	318.5	261.3	387.3	662.5	707.8	482.6	701.3	259.1	53.3	11.3	13.5	4,279.8
복 건	3,918.0	3,431.9	4,024.0	4,012.6	4,197.1	4,078.8	4,043.9	3,731.2	2,874.4	1,423.6	349.4	321.2	37,468.6
강 서	395.8	227.2	320.8	577.2	526.4	301.3	289.1	261.7	208.2	99.7	19.5	9.4	3,282.1
산 동	3,520.9	3,027.6	2,465.5	2,797.9	3,047.6	2,768.6	2,723.7	2,593.5	1,914.1	1,053.6	220.9	253.1	26,896.6
하 남	457.3	564.0	521.4	617.9	647.4	525.7	482.1	429.0	343.9	107.9	38.0	11.4	4,889.6

	2001	2000	1999	1998	1997	1996	1995	1994	1993	1992	1991	1990	84-2001
호 북	1,188.6	1,036.1	988.1	1,013.7	878.1	688.8	622.5	601.8	535.8	211.7	53.4	30.5	7,951.2
호 남	810.1	678.3	653.7	979.1	955.8	745.3	501.0	331.2	437.5	132.7	25.4	15.3	6,343.3
광 동	11,932	12,835	12,892	13,055	12,895	11,976	10,260	9613	7,556	3704	1943	1585	115,773
광 서	384.2	527.7	635.1	886.1	885.8	673.1	673.5	826.9	885.2	193.9	50.1	42.5	6,951.4
해 남	466.9	430.8	484.5	717.2	711.3	789.6	1,055.0	874.4	1,047.8	451.6	176.6	100.7	7,618.4
중 경	256.5	245.8	241.4	-	-	-	-	-	-	-	-	-	743.6
사 천	581.9	436.9	341.0	-	248.5	440.9	541.6	921.7	571.4	112.1	80.9	25.6	4,478.9
귀 주	28.3	25.0	40.9	45.4	49.8	31.4	57.0	63.6	42.9	19.8	14.1	10.6	469.0
운 남	64.6	128.1	153.9	145.7	165.0	180.0	225.0	203.0	97.0	28.8	3.5	7.4	1,430.0
섬 서	351.7	288.4	242.0	300.2	671.3	330.1	324.1	238.1	234.3	45.8	45.7	52.6	3,498.7
감 숙	74.4	62.4	41.0	38.6	41.4	90.0	73.9	28.8	56.1	47.4	0.9	4.8	584.0
청 해	36.5	-	4.6	10.4	14.7	6.0	6.9	3.0	7.1	1.7	0.2	-	93.8
녕 하	16.8	17.4	51.3	5.2	34.2	36.5	32.1	49.8	11.9	3.5	1.1	1.0	265.8
신 강	20.4	19.1	24.0	132.8	51.4	124.5	95.2	48.3	56.5	28.6	4.1	11.2	669.2

자료: 『중국통계연감』각년판

240

<부표-13> 중국의 환율제도 변천

	시 기	주요 특징 및 변동 사항
계획 환율제도	'49~'78년	● 일괄적인 수지관리, 집중관리 및 통일관리 원칙 ● 70년대 이전에는 환율변동이 없는 고정환율제
이중 환율제도	'79~'84년	● 공식환율은 외자유치나 관광관련 거래에 적용 ● 81년부터 수출촉진과 수입억제를 위해 무역거래에는 　내부결제환율을 적용
환율단일화	'85~'86년	● 공식환율의 평가절하로 환율단일화 실현
이중 환율제도	'87~'93년	● 기업 간 외환거래를 통한 조절환율과 정부가 정하는 　공정환율의 이중환율제도 운영 ● 무역의 대부분이 조절환율을 통해 거래
관리변동 환율제도	'94~'97년	● 조절환율을 기준으로 환율 단일화 ● 기업간 외환조절센터 폐지 ● 은행간 외환조절센터 구축
사실상의 고정환율제	'97~현재	● 금융당국의 개입으로 환율 변동폭이 유명무실 ● 달러당 8.27~8.28위안 사이에서 사실상 고정

부록

〈부록〉 외상투자기업 청산방법

(1996년 6월 15일 국무원 비준, 1996년 7월 9일 대외무역경제 합작부 반포)

제1장 총칙

제1조 외국투자기업 청산의 순조로운 진행을 보장하고 채권자와 투자자의 합법적 권익을 보호하며 사회경제질서를 수호하기 위하여 관련 법률규정에 근거하여 본 방법을 제정한다.

제2조 중화인민공화국 내에 법에 따라 설립한 중외합자경영기업, 중외합작경영기업, 외자기업(이하 기업이라 약칭함)의 청산에 본 방법을 적용한다. 기업이 법에 따라 파산을 선고 했을 경우에는 관련 파산청산 법률, 행정법규에 따라 처리한다.

제3조 기업이 자체로 청산위원회를 구성하여 청산할 수 있는 경우에는 본 방법 보통 청산관련규정에 따라 청산한다. 기업이 자체로 청산위원회를 구성하여 청산할 수 없거나 보통 청산규정에 따라 청산하는 데 심각한 장애가 발생했을 경우에는 기업의 이사회나 공동관리위원회 등 의결기구(이하 기업 의결 기구라 약칭함), 투자자 혹은 채권자는 기업 심사비준기관에 특별청산을 신청할 수 있다. 기업심사비준기관이 특별 청산을 비준하였을 경우에는 본 방법 특별 청산 관련규정에 따라 청산한다. 기업이 법에 따라 파산령을 받고 해산되어 청산하는 경우에는 본 방법 특별청산 관련규정에 따라 청산한다.

제4조 기업의 청산은 반드시 국가 관련 법률, 행정법규의 규정에 따라 이미 인가된 기업계약서. 정관의 기초 위에서 공정. 합리하게, 기업·투자자·채권자의 합법적 권익을 보호하든 원칙에서 진행하여야 한다.

제2장 보통청산

제1절 청산기한

제5조 기업청산 개시일은 기업경영기한 만료일, 혹은 기업심사비준기관의 기업해산 비준일, 혹은 인민법원의 기업계약종지 판결일, 혹은 중재기구의 기업계약종지 재결일이다.

제6조 기업청산기한은 청산개시일로부터 기업심사비준기관에 청산보고서를 회부한 날까지이며 최고 180일을 넘지 못한다. 특수한 상황이 있어 청산기한을 연기하여야 할 경우에는 청산위원회가 청산기한만료 15일전에 기업심사비준기관에 청산기한 연기를 신청하여야 한다. 연장기한은 최고 90일이다.

제7조 기업은 청산기간에 신규 경영활동을 하지 못한다.

제2절 청산기구

제8조 기업이 청산하는 경우에는 기업권력 기구가 청산위원회를 구성하여야 한다. 청산위원회는 청산개시일로부터 15일 내에 성립되어야 한다.

제9조 청산위원회는 최소 3명으로 구성하며 그 구성원은 해당기업의 의결기구가 기업의결기구의 구성원 중에서 선정하거나 관련 전문요원을 초빙하여 담당하게 한다. 청산위원회는 주임 1명을 두며 의결기구에서 임명한다. 청산위원회는 의결기구의 동의를 얻고 작업요원을 초빙하여 청산의 구체적인 업무를 처리하게 할 수 있다.

제10조 청산기간에 다음 상황 중 하나가 있을 경우에는 청산위원회 구성원을 교체하여야 한다.

　　1. 청산위원회 구성원이 위법행위를 한 경우.

　　2. 채권자의 청구가 있고 정당한 이유가 있는 경우.

　　3. 청산위원회의 구성원이 사망했거나 행위능력을 상실한 경우.

제11조 청산위원회는 청산기간에 다음 직권을 행사한다.

1. 기업 재산의 정리, 재산 대차대조표와 개산명세서 작성, 청산안 작성.
2. 미확인 채권자를 위한 공고, 확인된 채권자에 대한 서면통지.
3. 청산과 관련 기업현안 업무처리.
4. 재산평가 및 계산근거 제출.
5. 체납세금청산.
6. 채권. 채무 정리.
7 기업채무 상환 후 잉여재산 처분.
8. 기업대표로 민사소송활동 참가.

제12조 청산위원회가 작성한 재산 대차대조표와 재산명세서, 제출한 재산 평가 및 계산근거와 청산안은 의결기구가 확인한 후 기업심사비준 기관에 보고, 등록하여야 한다.

제13조 청산위원회의 성립 후 기업의 관련 직원은 청산위원회가 정한 기한 내에 기업의 회계통계표, 재무장부, 재산목록, 채권자, 채무자명부 및 청산관련 기타 자료를 청산위원회에 회부하여야 한다.

제14조 청산위원회는 법에 따라 청산의무를 이행하고 협상원칙에 의거 청산 관련 업무를 처리하여야 한다. 청산위원회의 구성원은 직무에 충실하여야 하고 직권을 이용하여 뇌물을 수수하거나 불법 소득을 취득하여서는 아니 되며 기업재산을 침범하여서는 안 된다.

제15조 청산기간에 기업심사비준기관과 기타 관련 주관기관은 기업 청산관 련회의에 출석하여 기업의 청산작업을 감독할 수 있다.

제3절 통지와 공고

제16조 기업은 청산개시일로부터 7일 내에 기업의 명칭. 주소. 청산원인. 청산개시일자 등을 기업심사비준기관, 기업주관 부문, 세관, 외환관 리기관, 기업등록기관, 세무기관, 기업구좌개설은행 등 관련단위에 서면 통지하여야 하며 기업에 국유자산이 있는 경우에는 국유자산 관리행정 주관부문에도 통지하여야 한다.

제17조 청산위원회는 성립 일로부터 10일 내에 확인한 채권자에게 서면통지를 발송하여 채권청구를 하게 하여야 하며 성립 일로부터 60일 내에 최소 2회, 전국 일간지 1종과 당지 省級 혹은 市級신문 1종에 공고문을 게재하여야 한다. 청산 공고문에는 기업명칭. 주소. 청산원인. 청산개시일. 청산위원회. 연락주소. 구성원 명단. 및 연락인 등을 명시하여야 한다.

제18조 채권자는 통지 접수 일로부터 30일 내에 통지를 접수하지 못했을 경우에는 제1차 공고 일로부터 90일 내에 청산위원회에 채권청구를 하여야 한다.

제19조 채권자는 규정된 기한 내에 채권청구와 아울러 채권액수 및 채권 관련 증명 자료를 회부하여야 한다. 채권청구기한 내에 채권청구를 하지 아니한 경우에는 다음 규정에 따라 처리한다.

1. 확인된 채권자의 채권은 청산에 산입한다.

2. 미확인 채권자의 채권은 기업잉여재산의 배분결속 전에 상환청구를 할 수 있으며 잉여재산 배분결속 후에는 채권포기로 간주한다.

제4절 채권 채무와 변제

제20조 청산위원회는 채권자가 청구한 채권을 등록하고 사정 확인한 후 그 결과를 채권자에게 서면 통지하여야 한다.

제21조 채권자는 채권에 대한 청산위원회의 사정결과에 대하여 이의가 있을 경우 서면통지서를 접수한 날로부터 15일 내에 청산위원회에 재 사정을 요구할 수 있다. 채권자가 재 사정 결과에 대하여 여전히 이의가 있을 경우에는 재 사정 서면통지서를 접수한 날로부터 15일 내에 기업 소재지 인민법원에 소송을 제기할 수 있으며 채권자와 기업이 중재약정을 했을 경우에는 법에 따라 중재에 회부하여야 한다. 소송 혹은 중재기간에 청산위원회는 분쟁대상재산을 배분하여서는 안 된다.

제22조 청산위원회는 청산기간에 발생한 재고손익, 매각, 상환불능채무와 회수불능 채권, 청산기간의 수입과 손실 등에 대하여 의결기구에 서면설명과 증명을 제시하고 이를 청산손익에 산입하여야 한다.

제23조 하기 청산비용은 청산재산에서 우선 지불하여야 한다.

　　　1. 기업의 청산재산의 관리, 매각, 배분에 소요되는 비용.

　　　2. 공고, 소송, 중재비용.

　　　3. 청산과정에 지불하여야 할 기타 비용.

제24조 청산 개시일전에 발생한 재산담보채권의 채권자는 그 담보물에 대하여 우선 변제받을 권한을 가진다. 재산담보채권의 액수가 담보를 환가 소득액을 초과할 경우에 채권자가 변제받지 못한 부분은 본 방법 제25조에 규정한 순서에 따라 변제받을 수 있다.

제25조 청산재산은 청산비용을 우선 지불한 후 다음 순서에 따라 변제한다.

　　　1. 종업원의 노임, 근로보험비.

　　　2. 국가세금.

　　　3. 기타 채무.

제26조 청산비용을 지불하지 않고 기업채무를 변제하기 전에는 기업재산을 배분하지 못한다. 청산비용을 지불하고 기업채무를 변제한 후 남은 기업재산은 투자자의 실제 투자비율에 따라 배분한다. 단, 법률, 행정법규 혹은 기업계약, 정관에 따로 규정이 있는 것은 제외한다.

제27조 청산과정에 기업의 재산으로 채무를 변제하기에 부족하다는 것이 발견 되었을 경우 청산위원회는 인민법원에 기업파산선고를 신청하여야 한다. 법에 따라 파산을 선고할 경우에는 파산청산 관련법률, 행정법규에 따라 청산한다.

제28조 청산개시 전 180일 내에 발생한 기업의 하기 행위는 무효이다.

　　　1. 기업재산의 무상양도.

　　　2. 비정상적 덤핑가격에 의한 기업재산.

　　　3. 재산담보가 없는 채무에 재산담보 제공.

　　　4. 채무의 기한 만료 전 상환.

　　　5. 본 기업 채권의 포기.

청산개시일로부터 파산결속 일까지 중 외국투자자는 기업의 재산을 처분할 수 있다.

제5절 청산재산의 평가와 처분

제29조 청산재산의 평가는 다음 규정에 따라야 한다.
1. 기업의 계약, 정관에 규정이 있는 것은 기업의 계약, 정관에 따른다.
2. 기업의 계약, 정관에 규정이 없는 것은 중 외국투자자가 협의하여 결정하고 기업심사비준기관에 보고하여 비준을 받아야 한다.
3. 기업의 계약, 정관에 규정이 없고 중 외국투자자가 협의하여 합의를 보지 못할 경우에는 청산위원회가 국가의 관련 규정 및 자산평가기구의 의견을 참조하여 확정하고 기업심사비준기관에 보고하여 비준을 받아야 한다.
4. 법원이 기업의 계약종지를 판결했거나 중재기구가 기업의 계약종지를 재결하고 청산재산 평가방법을 규정한 경우에는 판결 혹은 재결규정에 따라야 한다.

제30조 청산재산을 매각하는 경우 기업투자자에게 우선 구매권이 있으며 높은 가격을 신고하는 측이 구매한다.

제6절 청산의 종지

제31조 청산위원회는 청산안에 규정한 작업을 끝낸 후 청산보고서를 작성하여야 한다. 청산보고서에는 다음 내용이 포함되어야 한다.
1. 청산의 원인, 기한, 과정.
2. 채권, 채무 처리결과.
3. 청산재산 처분결과.

제32조 청산보고서는 의결기구의 확인을 받은 다음 기업심사비준기관에 보고하며 등록하여야 한다.

제33조 청산위원회는 청산보고서를 기업심사비준기관에 보고한 날로부터 10일 내에 세무기관과 세관에 각각 등록말소수속을 하여야 한다. 청산위원회는 전항의 수속을 완료한 날로부터 10일 이내에 청산보고서, 세무기관과 세관에서 교부한 등록말소 증명서류를 기업등록기관에 보고 하여 기업 등록말소수속을 하고 영업허가증을 반납함과 아울러 전국일간지 1종, 당지 省級 혹은 市級신문 1종에 기업종지 공고문을 게재하여야 한다.

제34조 기업의 청산이 완료된 후 기업 등록말소수속을 하기 전에 보관하고 있는 각종회계증빙, 회계장부, 회계통계표 등 자료는 다음 규정에 따라 인계하여야 한다.

1. 중외합자경영기업, 중외합작경영기업은 중국 측 투자자가 보관하고 중국 측 투자자가 2인 이상일 경우에는 기업주관부문이 지정한 기업에서 보관한다.

2. 외자기업은 기업심사비준기관이 지정한 단위에서 보관한다.

제3장 특별청산

제35조 기업심사비준기관이 특별청산을 비준한 날 또는 기업이 법에 의하여 파산령을 받은 날이 특별신청 개시일이다.

제36조 기업이 특별신청에 들어갈 경우에는 기업심사비준기관이나 그가 위임한 부문이 중 외국투자자, 관련 기관의 대표, 관련 전문요원으로 청산위원회를 구성한다.

제37조 청산위원회는 주임 1명을 두며 기업심사비준기관이나 그가 위임한 부문에서 지정한다. 특별청산기간에는 청산위원회주임이 기업 법정대표의 직권을 행사하고 청산위원회가 기업권력 기구의 직권을 행사한다. 청산위원회는 청산 관련 업무를 처리하고 그 활동을 기업심사비준기관에 보고한다.

제38조 청산위원회는 기업 권력기구회의와 채권자회의를 소집하고 청산과

관련된 구체사항을 토의할 수 있다.

제39조 모든 채권자는 채권자회의의 구성원이며 채권자회의의 구성원은 의결권을 행사한다. 단, 재산담보채권자가 우선 변제받을 권한을 포기하지 않았을 경우에는 제외한다. 채권자회의의 대표는 기업심사비준기관이나 그가 위임한 부문이 유권 채권자 중에서 지정한다.

제40조 채권자회의는 청산위원회가 소집한다. 청산위원회는 채권자회의 소집 15일전에 서면으로 채권자에게 통지하여야 한다. 채권자가 채권자회의에 출석하지 못할 경우에는 대리인에게 위임하여 출석하게 하여야 한다.

제41조 채권자회의는 하기 직권을 행사한다.

    1. 채권자가 제공한 채권 관련 증명자료, 채권액수 및 담보상황을 심사한다.

    2. 채무 변제상황을 파악하고 청산위원회에 청산 안 및 채무 변제상황에 대한 채권자의 의견을 제출한다.

제42조 청산위원회가 제정한 청산안과 작성한 청산보고서는 기업심사비준기관의 확인을 받아야 한다.

제43조 특별청산에 대하여 본 장에서 규정하지 않은 사항은 본 방법 제2장의 규정을 적용한다.

제4장 법률책임

제44조 청산기간에 기업이 신규 경영활동을 전개하는 경우에는 기업등록기관이 그 시정을 명하고 1만 원 이상, 10만 원 이하의 벌금을 부과할 수 있다.

제45조 기업이 본 방법 제17조의 규정에 따라 채권자에게 서면통지를 하지 않거나 공고문을 게재하지 않을 경우에는 기업등록기관이 그 시정을 명하고 1만 원 이상, 10만 원 이하의 벌금을 부과할 수 있다.

제46조 중 외국투자자가 본 방법 제28조 제2항의 규정을 위반하고 청산기

간에 기업의 재산을 처분하였을 경우에는 기업심사비준기관이 처분한 재산의 원상복구 혹은 반환을 명하고 손해를 초래하였을 경우에는 법에 따라 배상책임을 져야 한다.

제47조 청산위원회가 본 방법 제32조, 제33조의 규정에 따라 청산보고서를 기업심사비준기관에 보고하여 등록하지 않고 기업등록기관에 보고하지 않거나 청산보고서에 중요한 사실을 숨기거나 중대한 누락이 있을 경우에는 기업심사비준기관, 기업등록기관이 그 시정을 명한다. 청산위원회가 본 방법 제33조의 규정에 따라 기업 등록말소 수속을 하지 않을 경우에는 기업등록기관이 그 영업허가증을 회수하여 공고한다.

제48조 기업이 청산기간에 재산을 은닉하거나, 재산 대차대조표 또는 재산명세서에 허위 기재하거나, 청산비용을 지불하지 않고 기업채무를 변제하기 전에 기업의 재산을 배분하였을 경우에는 기업심사비준기관, 기업등록기관이 그 시정을 명하고 기업등록기관에서 기업이 은닉한 재산 또는 기업의 채무를 완전히 변제하기 전에 배분한 기업재산 액의 1% 이상, 5% 이하의 벌금을 부과하고 직접책임이 있는 주관자와 기타 책임이 있는 요원에게 1만 원 이상, 10만 원 이하의 벌금을 부과한다.

제49조 청산위원회 구성원이 직권을 이용하여 부정행위로 불법소득을 취득하거나 기업의 재산을 침범하였을 경우에는 기업심사비준기관, 기업등록기관이 침범한 기업재산의 반환을 명하고, 기업등록기관이 불법소득을 몰수함과 아울러 불법소득의 1배 이상, 5배 이하의 벌금을 부과할 수 있다.

제50조 본 방법의 규정을 위반하여 범죄를 구성하였을 경우에는 법에 따라 형사책임을 추궁한다.

참고문헌

252

〈DB 및 연감〉

한국수출입은행, 『해외투자현지법인현황』 DB
(주)한국신용정보 DB(NICE DB)
IMF, *International Financial Statistics DB*
『中國統計年鑑』, 國家統計局, 北京: 中國統計出版社, 1988~2003년 각년판.
『中國統計摘要』, 國家統計局, 北京: 中國統計出版社, 1988~2003년 각년판.
Commercial Intelligence Service, *Foreign Companies in China 2003/4 CD-ROM*
Kompass DB
Dun & Bradstreet, *Major Corporations in P.R.China (Vol.1 Foreign Companies and Joint Ventures 2000/2001)*
Dun & Bradstreet, *Major Corporations in P.R.China (Vol.2 Chinese Companies 2000/2001)*

〈외국문헌〉

Aaker, D. A., and G. S. Day. (1986), "The perils of high growth markets," *Strategic Management Journal*, Vol.7, pp.409-421.

Akhter, Syed H., and Yusuf A. Choudhry. (1993), "Forced Withdrawal from a Country Market: Managing Political Risk," *Business Horizons*, May-June, pp.47-54.

Alchian, Armen A. and Harold Demsetz. (1972), "Production, Information Costs, and Economic Organization," *The American Economic Review*, Vol. 62, issue 5, Dec, pp.777-795.

Aldrich, Howard. E. (1979), *Organizations and environment*, Englewood Cliffs, NJ: Prentice-Hall.

Aldrich, Howard. E. (1999), *Organizations evolving*, London etc.: Sage.

Aldrich, Howard. E. (1990), "Using an ecological perspective to study organizational founding rates," *Entrepreneurship Theory and Pra-*

ctice, Vol.14, No.3, pp.7-24.

Aldrich, Howard. E., and E. R. Auster. (1986), "Even dwarfs started small: Liabilities of age and size and their strategic implications." In Staw, B. M. and Cummings L. L (eds.), *Research in Organizational Behavior*, Vol.8, pp.165-198.

Aldrich, H., Staber, U., Zimmer, C., and J. J. Beggs. (1990), "Minimalism and Organizational Mortality: Patterns of Disbanding Among U.S. Trade Associations, 1900-1983.," In J. V. Singh (eds.), *Organizational Evolution*, Newbury Park, London, New Delhi: SAGE Publications.

Aldrich, H. and C. Zimmer. (1986), "Entrepreneurship through social networks," In S. D. & R. Smilor (in Eds.), *The art and science of entrepreneurship*. Cambridge, MA: Ballinger.

Altman, E. I. (1983), *Corporate Financial Distress: A Complete Guide to Predicting, Avoiding and Dealing with Bankruptcy*, Toronto: Wiley & Sons.

Amburgey, Terry L., Dawn Kelly, and William P. Barnett. (1993), "Resetting the clock: The dynamics of organizational change and failure," *Administrative Science Quarterly*, Vol.38, pp.51-73.

Anne S. Miner, Terry L. Amburgey and Timothy M. Stearns. (1990), "Interorganizational Linkages and Population Dynamics: Buffering and Transformational Shilds," *Administrative Science Quarterly*, Vol.35, pp.689-713.

Arthur, W. B.(1994), *Increasing Returns and Path Dependence in the Economy*, Ann Arbor: Michigan University Press.

Astley, W., and C. Fombrun. (1983), "Collective strategy: Social ecology of organizational environments," *Academy of Management Review*, Vol.8, No.4, pp.576-587.

Audretsch, D. B. (1991), "New Firm Survival and the Technological

Regime," *The Review of Economics and Statistics*, Vol.60, pp.441-450.

Audretsch, D. B., Santarelli, Enrico and Marco Vivarelli. (1999), "Start Up Size and Industrial Dynamics: Some Evidence from Italian Manufacturing," *International Journal of Industrial Organization*, Vol.17, pp.965-983.

Audretsch, D. B., and T. Mahmood. (1995), "New Firm Survival: New Results Using a Hazard Function," *The Review of Economics and Statistics*, LXXVII, pp.97-103.

Audretsch, D. B., and T. Mahmood. (1991), "The hazard rate of new establishments: a first report," *Economics Letters*, Vol.36, pp.409-412.

Audretsch, D. B., and T. Mahmood. (1994), "The Rate of Hazard Confronting New Firms and Plants in U.S. Manufacturing," *Review of Industrial Organisation*, Vol.9, pp.41-56.

Bain, J. (1956), *Barriers to new competition*. Harvard: Harvard University.

Bane, W. T. and F. F. Neubauer. (1981), "Diversification and the failure of new foreign activities," *Strategic Management Journal*, Vol.2, No.3, pp.219-233.

Barkema, H. G., J. H. Bell and J. M. Pennings. (1996), "Foreign entry, cultural barriers and learning," *Strategic Management Journal*, Vol.17, pp.151-166.

Barnett, William P. (1997), "The dynamics of competitive intensity," *Administrative Science Quarterly*, Vol.42, pp.128-160.

Barnett, William P., and Terry L. Amburgey. (1990), "Do Larger Organizations Generate Stronger Competition?," In J.V. Singh (eds.), *Organizational Evolution*, Newbury Park, London, New Delhi: SAGE Publications.

Barnett, William P., and Glenn R. Carroll. (1987), "Competition and Mutualism Among Early Telephone Companies," *Administrative*

Science Quarterly, Vol.32, pp.400-421.

Barnett, William P., and Glenn R. Carroll. (1993), "How institutional constraints affected the organization of early American telephony," *Journal of Law, Economics and Organization*, Vol.9, pp.98-126.

Barney, Jay. B. (1991), "Firm Resources and Sustained Competitive Advantage," *Journal of Marketing*. Vol.17, pp.99-119.

Barney Jay. B. (1986), "Strategic Factor Markets: Expectations, Luck and Business Strategy," *Management Science*, Vol.32, No.10, pp.1231-1241.

Barron, D. N., E. West and M.T. Hannan. (1994), "A Time to Grow and a Time to Die: Growth and Mortality of Credit Unions in New York City, 1914-1990," *American Journal of Sociology*, Vol..100, pp.381-421.

Baum, Joel A. C., and Christine Oliver. (1991), "Institutional linkages and organizational mortality." *Adminstrative Science Quarterly*, Vol.36, pp.187-218.

Baum, Joel A. C., and Christine Oliver. (1992), "Institutional embeddedness and the dynamics of organizational populations." *American Sociological Review*, Vol.57, pp.540-559.

Baum, Joel A. C., and House, R. J. (1990), "Commentary. On the Maturation and Aging of Organizational Populations," In J. V. Singh (eds.), *Organizational Evolution*, Newbury Park, London, New Delhi: SAGE Publications.

Baum, Joel A. C., and Paul L. Ingram. (1996), "Population-level learning in the Manhattan hotel industry, 1898-1980," *Working paper*, University of Toronto and Carnegie Mellon University.

Baum, Joel A. C., and S. J. Mezias. (1992), "Localized Competition and Organizational Failure in the Manhattan Hotel Industry," *Administrative Science Quarterly*, Vol.42, pp.304-338.

Benito, G. R. G. (1997), "Divestment of Foreign Production Operations," *Applied Economics*, Vol.29, pp.1365-1377.

Benoto, G. R. G. (1997), "Why are foreign subsidiaries divested? A conceptual framework," In Bjorkman, I. and Forsgren, M. (eds), *The nature of the international firm: Nordic contributions to international business research*, Copenhagen Business School Press, Copenhagen.

Benito, G. R. G., and G. Gripsrud. (1992), "The expansion of foreign direct investments: Discrete rational location choices or a cultural learning process?," *Journal of International Business Studies*, Vol.23, No.3, pp.461-476.

Bergh, Donald D. (1995), "Size and relatedness of units sold: An agency theory and resource-based perspective" *Strategic Management Journal*, Vol.16, No.3, pp.221-239.

Boddewyn, J. J. (1983), "Foreign and domestic divestment and investment decisions: like or unlike," *Journal of International Business Studies*, Vol.14, No.3, pp.23-35.

Boddewyn, J. J. (1979), "Foreign divestment: magnitude and factors," *Journal of International Business Studies*, Vol.10, No.1, pp.21-26.

Boddewyn, J. J., and R. L. Torneden (1974), "Foreign Divestment: Too Many Mistakes," *Columbia Journal of World Business*, Vol.9, Issue.3, Fall, pp.87-94.

Bowman, E. H., and D. Hurry. (1993), "Strategy through the options lens: An integrated view of resource investments and the incremental choice process," *Academy of Management Review*, Vol.18, No.4, pp.760-782.

Brittain, Jack and Wholey, Douglas H. (1988), "Competition and Coexistence in Organizational Communities: Population Dynamics in Electronics Components Manufacturing," In G.R. Carroll (ed.),

Ecological Models of Organizations, Cambridge, MA: Ballinger.

Bruderl, J. and R. Schußler. (1990), "Organizational Mortality: The Liability of Newness and Adolescence," *Administrative Science Quarterly*, Vol.35, pp.530-547.

Buckley, Peter J. and Mark C. Casson. (1976), *The Future of Multinational Enterprise*, London: Macmillan.

Buckley, Peter J. and Mark C. Casson. (1981), "The optimal timing of a Foreign Direct Investment," *The economic journal*, March, pp.75-87

Burgelman, R. A. (1990), "Strategy-Making and Organizational Ecology: A Conceptional Integration," In J. V. Singh (eds.), *Organizational Evolution*, Newbury Park, London, New Delhi: SAGE Publications.

Carroll, G. R. (1984), "Dynamics of publisher succession in newspaper organizations," *Administrative Science Quarterly*, Vol.29, pp.93-113.

Carroll, G. R., and A. Swaminathan. (1991), "Density dependent evolution in the American brewing industry from 1633 to 1988," *Acta Sociologica*, Vol.34, pp.155-75.

Carroll, G. R., and A. Swaminathan. (1992), "The Organizational Ecology of Strategic Groups in the American Brewing Industry from 1975 to 1990," *Industrial and Corporate Change*, Vol.1, pp.65-97.

Carroll, G. R, and J. Delacroix. (1982), "Organizational Mortality in the Newspaper Industries of Argentina and Ireland: An Ecological Perspective," *Administrative Science Quarterly*, Vol.27, pp.169-198.

Carroll, G. R., and M. T. Hannan. (1990), "Density Delay in the Evolution of Organizational Populations: A Model and Five Empirical Tests," In J. V. Singh (eds.), *Organizational Evolution*, Newbury Park, London, New Delhi: SAGE Publications.

Carroll, G. R., and M. T. Hannan. (2000), *The demography of corporations and industries*, Princeton: Princeton University Press.

Carroll, G. R., and M. T. Hannan. (1989), "Density dependence in the evolution of populations of newspaper organizations," *American Sociological Review*, Vol.54, pp.524-41.

Carroll, G. R., and Y. Huo. (1986), "Organizational Task and Institutional Environments in Ecological Perspective: Findings from the Local Newspaper Industry," *American Journal of Sociology*, Vol.91, pp.838-73.

Caves, R. E. (1971), "International corporations: The industrial economics of foreign investment," *Economica*, Vol.38, pp.1-27.

Caves, R. E. (1982), *Multinational Enterprise and Economic Analysis*, Cambridge, MA: California University Press.

Caves, R., and M. R. Porter. (1976), "Barriers to Exit," in Essays in *Industrial Organization* in Honor of Joe Bain, Eds. R. Masson and P. Qualss, Ballinger, Cambridge MA.

Caves, R. E., and M. R. Porter. (1977), "From entry barriers to mobility barriers," *The Quarterly Journal of Economics*, Vol.9, pp.241-67.

Caves, R. E., and S. K. Mehra. (1986), "Entry of foreign multinationals into U.S. manufacturing industries," In M.E. Porter (eds.), *Competition in global industries*, Boston: Harvard Business School Press.

Chowdhury, Jafor. (1992), "Performance of International Joint Ventures and Wholly Owned Foreign Subsidiaries: A Comparative Perspective," *Management International Review*, Vol.32, pp.115-133.

Chow, Y. K., and R. T. Hamilton (1993), "Corporate Divestment: An Overview," *Journal of Managerial Psychology*, Vol.8, pp.9-13.

Chung, W., and J. Song. (2003), "Sequential investment, firm motivation and agglomeration of Japanese electronic firms in the United States, *Working Paper*.

Conner, K. (1991), "A Historical Comparison of Resource-Based Theory and Five Schools of Thought Within Industrial Organization Economics: Do we Have a New Theory of the Firm?," *Journal of Management.* Vol 17.

Cox, D. R., and D. Oaks. (1984), *Analysis of Survival Data,* London: Chapman and Hall.

Cyert, Richard M. and James G. March. (1963), *A Behavioral Theory of the Firm.* Englewood Cliffs, NJ: Prentice-Hall.

David B. Audretsch. (1995), "Innovation, Growth and Survival," *International Journal of Industrial Organization,* Vol.13, pp.441-457.

David B. Audretsch. (1991), "New Firm Survival and the Technological Regime," *The Review of Economics and Statistics,* Vol.73, No.3, Aug. pp.441-450.

David N. Barron, Elizabeth West and Michael T. Hannan. (1994), "A Time to Grow and a Time to Die: Growth and Mortality of Credit Unions in New York City, 1914-1990," *American Journal of Sociology,* Vol.100, pp.196-241.

Davidson, W., and D. McFetridge. (1984), "International Technology Transactions and the Theory of the Firm," *Journal of Industrial Economics,* Vol.32, pp.253-64.

Davis, G. F., and Powell, W. W. (1992), "Organization-environment relations," In M. D. Dunnette and L. M. Hough (Eds), *Handbook of Industrial and Organizational Psychology,* California: Consulting Psychologists Press.

David Ulrich and Jay B. Barney. (1984), "Perspectives in Organizations: Resource Dependence, Efficiency, and Population," *Academy of Management Review,* Vol.9. No.3, pp.471-481.

De Castro, Julio. O., and Chrisman, James. J. (1995), "Order of Market Entry, Competitive Strategy, and Financial Performance," *Journal of Business Research,* Vol.33, pp.165-177.

Deepak Sethi and Stephen Guisinger. (2002), "Liabilities of Foreignness to Competitive Advantage: How Multinational Enterprise Cope with the International Business Environment," *Journal of International Management*, Vol.8, pp.223-240.

Dierickx, I., and K. Cool. (1989), "Asset stock accumulation and sustainability of competitive advantage," *Management Science*, Vol.35, pp.1504-1511.

DiMaggio, P. J. (1988), "Interest and agency in institutional theory," In L. G. Zucker (Eds.), *Institutional patterns and organizations: culture and environment*, Cambridge, Massachusetts: Ballinger.

Delacroix, Jacques. (1993), "The European Subsidiaries of American Multinationals: An Exercise in Ecological Analysis," In Sumantra Ghoshal and D. Eleanor Westney (eds.), *Organization Theory and the Multinational Corporation*, New York: St. Martin's Press.

Delacroix, Jacques., and J. Carroll. (1983), "Organizational foundings: An ecological study of the newspaper industries of Argentina and Ireland," *Administrative Science Quarterly*, Vol.28, pp.274-291.

Delacroix, J., A. Swaminathan and M. Solt. (1989), "Density dependence vs population dynamics: an ecological study of failings in the california wine industry," *American sociological review*, No54, pp.245-262.

Delios, A., and P. W. Beamish. (1999), "Ownership strategy of Japanese firms: Transactional, institutional and experience influences," *Strategic Management Journal* Vol.20, No.10, pp.915-933.

Delios, A., and P. W. Beamish. (2001), "Survival and profitability: The roles of experience and intangible assets in foreign subsidiary performance," *Academy of Management Journal*, Vol.44, No.5, pp.1028-1038.

Delios, A., and W. J. Henisz. (2000), "Japanese firms' investment strategies in emerging economies," *Academy of Management Journal*, Vol.43, pp.305-323.

DiMaggio, Paul J. and Walter W. Powell. (1983), "The iron cage revisited: Institutional isomorphism and collective rationality in organizational fields," *American Sociological Review*, Vol.48, pp.147-160.

Dobrev, S., T. Y. Kim, and M. Hannan. (2001), "Dynamics of Niche Width and Resource Partitioning," *American Journal of Sociology*, Vol.106, pp.1299-1337.

Duhaime, I. M., and I. S. Baird. (1987), "Divestment Decision-Making: The Role of Business Unit Size," *Journal of Management*, Winter, pp.483-498.

Dunne, T., M. Roberts and L. Samuelson. (1989), "The growth and failure of U.S. manufacturing plants," *Quarterly Journal of Economics*, Vol.104. No.3, pp.671-698.

Dunne, Roberts and L. Samuelson. (1988), "Patterns of Firm Entry and Exit in U.S. Manufacturing Industries," *Rand Journal of Economics*, Vol.19, No.4, pp.495-515.

Dunning, John. H. (1988), "The eclectic paradigm of international production: a restatement and some possible extensions," *Journal of International Business Studies*, Vol.19, No.1, pp.1-32.

Dunning, John H. (1977), "Trade, Location of Economic Activity and The MNE: A Search for an Eclectic Approach," in B. Olin, P. Hesselborn and P. M. Wijkman (eds.) *The International Allocation of Economic Activity: Proceedings of a Nobel Symposium Held at Stockholm*. London: Macmillan.

Dyke, L. S., E. M. Fischer and A. R. Reuber. (1992), "An Inter-Industry Examination of the Impact of Owner Experience on Firm Performance," *Journal of Small Business Management*, Vol.30, No.4,

262

pp.72-86.

Eden, L., and Miller, S. (2001), "Opening the black box: the multinational enterprise and the cost of doing business abroad." In Nagao, D. H. (ed.), *Best Paper Proceedings, Academy of Management Meeting,* Washington, DC. IM C1-C6.

Elaine Romanelli. (1989), "Environments and Strategies of Organization Start-up: Effects on Early Survival," *Administrative Science Quarterly,* Vol.34, pp.369-387.

Evans, D. S. (1987), "The Relationship between Firm Growth, Size, and Age : Estimates for 100 Manufacturing Industries, *Journal of Industrial Economics,* Vol.35, pp.567-581.

Fatemi, Ali. (1984), "Shareholder benefits from corporate international diversification." *Journal of Finance,* December, pp.1325-1344.

Fichman, M. and D. A. Levinthal. (1991), "Honeymoons and the Liability of Adolescence: A New Perspective on Duration Dependence in Social and Organizational Relationships," *Academy of Management Review,* Vol.16, No.2, pp.442-468.

Freeman, John. (1990), "Ecological Analysis of Semiconductor Firm Mortality," In J. V. Singh (eds.), *Organizational Evolution,* Newbury Park, London, New Delhi: SAGE Publications.

Freeman, John. (1982), "Organizational Life Cycles and Natural Selection Processes," In *Research in Organizational Behaviour,* pp.1-32.

Freeman, John, Glenn R. Carroll and Michael T. Hannan. (1983), "The Liability of Newness: Age Dependence in Organizational Death Rates," *American Sociological Review,* Vol.48, pp.692-710.

Freeman, John and Michael T. Hannan. (1983), "Niche Width and the Dynamics of Organizational Populations," *American Journal of Sociology,* Vol.88, pp.1116-1145.

Georgios Fotopoulos and Helen Louri. (2000), "Location and Survival of

New Entry," *Small Business Economics*, Vol.14, pp.311-321.

Geringer, M. J., Beamish, B. W., and R. C. daCosta. (1989), "Diversification Strategy and Internationalization: Implications for MNE Performance," *Strategic Management Journal*, Vol.10, pp.109-119.

Gersoki, P. A. (1995), "What do we know about entry?," *International Journal of Industrial Organization*, Vol.13, pp.412-440.

Geroski, P. A., Jose Mata and Pedro Portugal. (2002), "Founding Conditions and The Survival of New Firms," *Working Paper*, 2002-09-18.

Ginsberg, G. Q., and H. Bulchholz. (1990), "Converting to For-Profit Status: Corporate Responsiveness to Radical Change," *Academy of Management Journal*, Vol.33, pp.445-477.

Granovetter, M. (1992), "Economic Action and Social Structure: The Problem of Embeddedness," In R. Swedberg & M. Granovetter (eds.). *The Sociology of Economic Life*, Boulder, Colorado: Westview Press.

Greene, W. H. (1997), *Econometric analysis(3rd ed.)*, Upper Saddle River, NJ: Prentice Hall.

Grunberg, L. (1981), *Failed Multinational Ventures: The Political Economy of International Divestment*, Toronto: Lexington Books.

Guillen, M. F. (2002), "Imitation, inertia, and foreign expansion: South Korean firms and business groups in China, 1987-1995," *Academy of Management Journal*, Vol45, No.3, pp.509-525.

Guillen, M. F. (2003), "Experience, imitation, and the sequence of foreign entry: Wholly owned and joint-venture manufacturing by South Korean firms and business groups in China, 1987-1995," *Journal of International Business Studies*, Vol.34, Issue.2, pp.185-198.

Hall, Bronwyn H. (1987), "The relationships between firm size and firm growth in the U.S. manufacturing sector," *Journal of Industrial*

Economics, Vol.35, June, pp.583-605.

Hannan, Michael T., and John Freeman. (1989), *Organizational ecology*, Cambridge: Harvard University Press.

Hannan, Michael T. and John Freeman. (1987), "The Ecology of Organizational Founding: American Labor Unions 1836-1985," *American Sociological Review*, Vol.92, pp.910-943.

Hannan, Michael T., and John Freeman. (1977), "The Population Ecology of Organizations," *American Journal of Sociology*, Vol.82, pp.929-964.

Hannan, Michael T. and John Freeman. (1984), "Structural Inertia and Organizational Change," *American Sociological Review*, Vol.49, pp.149-164.

Hannan, Michael T. and Glenn R. Carroll. (1992), *Dynamics of Organizational Populations: Density, Legitimation, and Competition*, Oxford, Oxford University Press.

Hannan, Michael T., Glenn R. Carroll, Elizabeth A. Dundon and John C. Torres. (1995), "Organizational Evolution in a Multinational Context: Entries of Automobile Manufacturers in Belgium, Britain, France, Germany, and Italy," *American Sociological Review*, Vol.60, pp.509-528.

Hannan, Michael T., Ranger-Moore, J., and Banaszak-Holl, J. (1990), "Competition and the Evolution of Organizational Size Distributions," In J. V. Singh (eds.). *Organizational Evolution*, Newbury Park, London, New Delhi: SAGE Publications.

Harrigan, K. R. (1980), "The effect of exit barriers upon strategic flexibility," *Strategic Management Journal*, Vol1, pp.165-176.

Hause, John and du Rietz. (1984), "Entry, Industry Growth, and the Micro dynamics of Industry supply," *Journal of Political Economy*, Vol.92, pp.733-57.

Hawley, A. H. (1986), *Human Ecology: A Theoretical Essay*, Chicago: University of Chicago Press.

Hayek, F.(1996), *Individualism and Economic Order*, NY: Routledge.

Head, K., Reis, J., and D. Swenson. (1995), "Agglomeration benefits and location choice: evidence from Japanese manufacturing investments in the United States," *Journal of International Economics*, Vol.38, pp.223-247.

Hennart, Jean-Francois. (1982), *A Theory of Multinational Enterprise*, Ann Arbor: University of Michigan Press.

Hennart, Jean-Francois, Barkema, H., Bell, J., Benito, G., Larimo, J., Pedersen, T., and Zeng, M., (1997), "The impact of national origin on the survival of foreign affiliates: A comparative study of North European and Japanese investors in the United States," *CIBER Working Paper no.103*, University of Illinois at Urbana-Champaign.

Hennart, Jean-Francois, and Kim, D. J., and Zeng, M.(1998), "The impact of joint venture status on the longevity of Japanese stakes in U.S. manufacturing affiliates," *Organization Science*, Vol.9, pp.382-395.

Hill, C. W. L., P. Hwang, and W. C. Kim. (1990), "An eclectic theory of the choice of international entry mode," *Strategic Management Journal*, Vol.11, pp.117-128.

Huff, James O., Huff, Anne S., and Thomas, Howard. (1992) "Strategic renewal and the interaction of cumulative stress and inertia," *Strategic Management Journal*, Vol.13, pp.55-75.

Hymer, Stephen H. (1976), *International operations of national firms: A study of direct foreign investment*, Cambridge, Ma: M.I.T. Press.

Irene M. Duhaime and Inga S. Baird. (1987), "Divestment Decision-Making: The Role of Business Unit Size," *Journal of Management*, Winter, pp.483-498.

Isobe, H., Makino, S., and Montgomery, D. (2000), "Resource commitment, entry timing, and market performance of foreign direct investments in emerging economies: The case of Japanese international joint ventures in China," *Academy of Management Journal*. Forthcoming.

Janet Bercovitz and Will Mitchell (2002), "When is more better?: The impact of business scale and scope on long term business survival, while controlling for profitability," *Working Paper*, October 17.

Jean-Francois Hennart, Thomas Roehl and Ming Zeng. (2002), "Do Exits Proxy a Liability of Foreignness: The Case of Japanese Exits from the US," *Journal of International Management*, Vol.8, pp.241-264.

Jemison, D. B., and S. B. Sitkin. (1986), "Corporate acquisitions: A process perspective," *Academy of Management Review*, Vol.11, pp.145-163.

Jiatao Li. (1992) "Competitive asymmetries: Market entries of foreign and domestic bank," In L. R. Jauch and j. L. Wall(eds.), *Best paper proceedings*, Las Vegas: Academy of Management

Jiatao Li. (1995) "Foreign entry and survival: Effects of strategic choices on performance in international markets," *Strategic Management Journal*, Vol.16. No.3, pp.331-351.

Jiatao Li and Stephen Guisinger. (1991), "Comparative Business Failures of Foreign Controlled Firms in the United States," *Journal of International Business Studies*, Vol 22. No 2, 2nd Qtr., pp.209-224.

Johanson, J., and Vahlne, J. E. (1977), "The internationalization process of the firm: A model of knowledge development and increasing foreign market commitments," *Journal of International Business Studies*, Vol.8, pp.23-32.

John M. Mezias. (2002), "How to identify liabilities of foreignness and assess their effects on multinational corporations," *Journal of Inte-*

rnational Management, Vol.8, pp.265-282.

Josef Bruderl and Rudolf Schussler. (1990), "Organizational Mortality: The Liabilities of Newness and Adolescence," *Administrative Science Quarterly*, Vol.35, pp.530-547.

Jose Mata and Pedro Portugal. (1994), "Life Duration of New Firms," *The Journal of Industrial Economics*, Vol.42, Issue.3, pp.227-245.

Kim, W. Chan, Peter Hwang and William P. Burgers. (1989), "Global diversification strategy and corporate profit performance," *Strategic Management Journal*, Vol.10. No.1, pp.45-57.

Kindleberger, Charles P. (1969), *American business abroad: Six lectures on direct investment*, New York and London: Yale University Press.

Kogut, Bruce. (1983), "Foreign direct investment as a sequential process," In C. P. Kindleberger (ed.), *The multinational corporations in the 1980s*, Cambridge, MA: MIT Press.

Kogut, Bruce. (1989), "The Stability of Joint Ventures: Reciprocity and Competitive Rivalry," *Journal of Industrial Economics*, Vol.38, pp.183-198.

Kogut, Bruce and Udo Zander. (1993), "Knowledge of the firm and the evolutionary theory of the multinational corporation," *Journal of International Business Studies*, Vol.24. No.4, pp.625-645.

Lambkin, Mary. (1988), "Order of Entry and Performance in New Markets," *Strategic Management Journal*, Vol.9, pp.127-140.

Lambkin, Mary, and G. S. Day. (1989), "Evolutionary Processes in Competitive Markets: Beyond the Product Life Cycle," *Journal of Marketing*, Vol.53, pp.4-20.

Larimo, J. (2000), "Divestment of foreign production operations by Nordic firms: Similar or different determinants?," *Paper presented at the Academy of International Business Annual Meeting*, Phoenx,

268

Arizona, November.

Levinthal, D. A. (1990), "Organizational Adaption, Environmental Selection, and Random Walks," In J.V. Singh (eds.), *Organizational Evolution*, Newbury Park, London, New Delhi: SAGE Publications.

Levinthal, D. A. (1991), "Organizational adaptation and environmental selection: interrelated processes of change," *Organization Science*, Vol.2, pp.140-145.

Levinthal, D. A., and M. Fichman. (1988), "Dynamics of interorganizational attachments: Auditor-client relationships," *Administrative Science Quarterly*, Vol.33, pp.345-369.

Levitt, B., and J. G. March. (1988), "Organizational learning," In W. R. Scott and J. Blake (Eds.), *Annual Review of Sociology*, pp.319-340. Palo Alto, CA: Annual Reviews.

Lieberman, Marvin. B. and Montgomery, D. B. (1988), "First-Mover Advantages," *Strategic Management Journal*, Vol.9, Summer, pp.41-58.

Lumsden, C. J., and Singh, J. V. (1990), "The Dynamics of Organizational Speciation," In J.V. Singh (eds.), *Organizational Evolution*, Newbury Park, London, New Delhi: SAGE Publications.

Luo Yadong. (2002), "Liabilities of Foreignness: Concepts, Constructs, and Consequences," *Journal of International Management*, Vol.8, pp.217-221.

Lupo, L. A., A. Gilbert, and M. Liliestedt. (1978), "The Relationship between Age and Rate of Return of Foreign Manufacturing Affiliates of U.S. Manufacturing Parent Companies," *Survey of Current Business*, Vol.58, August, pp.60-66

Madhok, Annop. (1997), "Cost, Value and foreign market entry mode: The transcation and the firm," *Strategic Management Journal*, Vol.18. No.1, pp.39-61.

Magee, S. P. (1977), "Multinational Corporations, the Industry Technology Cycle and Development," *Journal of World Trade Law*, Vol.2, pp.297-321.

March, J. G., and H. A. Simon. (1958), *Organizations*. New York,, Wiley.

Mark Fichman and Daniel A. Levinthal. (1991), "Honeymoons and The Liability of Adolescence: A New Perspective on Duration Dependence in Social and Organizational Relationships," *Academy of Management Review*, Vol.16. No.2, pp.442-468.

Martha A. Schary. (1991), "The Probability of Exit," *The RAND Journal of Economics*, Vol.22, Issue.3, Autumn, pp.339-353.

Mascarenhas, B. (1992), "First-Mover Effects in Multiple Dynamic Markets," *Strategic Management Journal*, Vol.13. No.3, pp.237-243.

Mascarenhas, B. (1992), "Order of entry and performance in international markets," *Strategic Management Journal*, Vol.13, pp.499-510.

Mata, J. and P. Portugal. (2000), "Closure and divestiture by foreign entrant: The impact of entry and post-entry strategies," Strategic Management Journal, Vol.21, pp.549-562.

Mata, J. and P. Portugal. (1994), "Life Duration of New Firms," *Journal of Industrial Economics*, Vol.27, pp.227-246.

Mata, J., and P. Portugal. (2002), "Survival of new domestic and foreign-owned firms," *Strategic Management Journal*, Vol.23, pp.323-343.

Mata, J., Portugal, P. and P. Guimaraes. (1995), "The survival of new plants: Start-up conditions and post entry evolution," *International Journal of Industrial Organization*, Vol.13, pp.459-481.

Matsuo, H. (2000), "Liabilities of foreignness and the uses of expatriates in Japanese multinational corporations in the United States," *Sociol. Inq.*, Vol.70, No.1, pp.88-106.

McDougall, P. P., Covin, J. G., Robinson, R. B., and Herron, L. (1994), "The effects of industry growth and strategic breadth on new venture performance and strategy content," *Strategic Management Journal*, Vol.15, pp.537-554.

McGrathe, R. G. (1999), "Falling forward: Real options reasoning and enterpreneurial failure," *Academy of Management Review*, Vol.24, No.1, pp.13-30.

McKelvey, B. (1982), *Organizational Systematics: Taxonomy, Evolution, and Classification*, Berkeley: University of California Press.

McKelvey, B., and H. Aldrich. (1983), "Populations, natural selection and applied organizational science," *Administrative Science Quarterly*, Vol.28, pp.101-128.

McPherson, J. M. (1990), "Evolution in Communities of Voluntary Organizations," In J. V. Singh (eds.), *Organizational Evolution*, Newbury Park, London, New Delhi: SAGE Publications.

Meyer, M. W. (1990), "Commentary. Notes of a Skeptic: From Organizational Ecology to Organizational Evolution," In J. V. Singh (eds.), *Organizational Evolution*, Newbury Park, London, New Delhi: SAGE Publications.

Meyer, J. W., and W. R. Scott. (1983), *Organizational Environments: Ritual and Rationality*, Beverly Hills, CA: Sage.

Mishra, C. S., and D. H. Gobeli. (1998), "Managerial incentives, internalization, and market valuation of multinational firms," *Journal of International Business Studies*, Vol.29, No.3, pp.583-598.

Mitchell, Will. (1994), "The dynamics of evolving markets: The effects of business sales and age on dissolutions and divestitures," *Administrative Science Quarterly*, Vol.39, No.4, pp.575-602.

Mitchell. Will, J. Myles Shaver, and Bernard Yeung. (1994), "Foreign entrant survival and foreign market share: Canadian companies' experience in United States medical sector markets," *Strategic Management Journal*, Vol.15, pp.555-567.

Mitchell. Will, J. Myles Shaver, and Bernard Yeung. (1992), "Getting there in a global industry: impacts on performance of changing international presence," *Strategic Management Journal*, Vol.13, pp.419-432.

Mitchell, W., and K. Singh. (1993), "Death of the lethargic: Effects of expansion into new technical subfields on performance in a firm's base business," *Organization Science*, Vol.4, No.2, pp.152-180.

Monica A. Zimmerman and Gerald J. Zeitz. (2002), "Beyond Survival: Achieving New Venture Growth by Building Legitimacy," *Academy of Management Review*, Vol.27, No.3, pp.414-431.

Morck, R., and B. Yeung. (1992), "Internalization: An event study test," *Journal of International Economics*, Vol.33, No.1-2, pp.41-56.

Morck, R., and B. Yeung. (1998), *Why firms diversify: Internalization versus agency behavior*. Ann Arbor, Michigan: University of Michigan Business School.

Nehrt, C. (1993), *Pollution control investment and competitiveness: A multi-country study of the paper industry*, Mimeo, Thesis Doctoral, University of Michigan, Ann Arbor, MI.

Nelson Richard R., and Sidney G. Winter. (1982), *An Evolutionary Theory of Economic Change*, Cambridge, MA: Harvard University Press.

Noriyuki Doi. (1999), "The Determents of Firm Exit in Japanese Manufacturing Industries," *Small Business Economics*, Vol.13, pp.331-337.

Oswald, S. L., and J. S. Jahera. (1991), "The influence of ownership on performance: An empirical study," *Strategic Management Journal*, Vol.12, No.4, pp.321-326.

Park, Y.-R., and S.-W. Park. (2000), "Determinants of FDI Survival: The Case of Korean Manufacturing Firms," *Paper presented at the*

AIB conference in Phoenix, Arizona. November 2000.

Peng M., and P. S. Heath (1996), "The Growth of the Firm in Planned Economies in Transition: Institutions, Organizations, and Strategic Choice," *Academy of Management Review*, Vol.21, No.2, pp.492-528.

Pennings, J. M., Barkema, H. G., and Douma, S. W. (1994), "Organizational learning and diversification," *Academy of Management Journal*, Vol.37, pp.608-640.

Penrose, E. (1959), *The Theory of the Growth of the Firm*. Oxford: Blackwell.

Pfeffer, Jeffrey, and Gerald R. Salancik. (1978), *The External Control of Organizations: A Resource Dependence Perspective*. New York: Harper and Row.

Powell, W. W., and P. J. DiMaggio. (1991), *The new institutionalism in organizational analysis*, Chicago: University of Chicago Press.

Ramanujam V., and P. Varadarajan. (1989), "Research on corporate diversification: a synthesis," *Strategic Management Journal*, Vol.10, pp.523-551.

Ram Mudambi. (1998), "The Role of Duration in Multinational Investment Strategies," *Journal of International Business Studies*, Vol 29. No.2, 2nd Qtr., 1998, pp.239-261.

Ranger-Moore, J. (1997), "Bigger may be better, but is older wiser? Organizational age and size in the New York life insurance industry," *American Sociological Review*, Vol.62, pp.903-921.

Rao, H., and E. H. Neilsen. (1992), "The ecology of agency arrangements: Mortality of savings and loan associations, 1960-1987," *Administrative Science Quarterly*, Vol.37, pp.448-470.

Rivoli, P., and E. Salorio. (1996), "Foreign direct investment under uncertainty," *Journal of International Business Studies*, Second

Quarter, pp.335-357.

Robinson, William T., and C. Fornell. (1985), "The sources of market pioneer advantages in consumer goods industries," *Journal of Marketing Research*, Vol.222, pp.305-317.

Robinson, William T., Fornell, Claes and Sullivan, Mary (1992), "Are Market Pioneers Intrinsically Stronger than Later Entrants?," *Strategic Management Journal*, Vol.13, November, pp.609-624.

Romanelli, E. (1987), "New venture strategies in the minicomputer industry," *California Management Review*, Vol.30, No.1, pp.160-175.

Romaelli, E. (1989), "Organizational Birth and Population Variety: A Community Perspective on Origins," In B. Staw and L. L. Cummings (Eds.), *Research in Organizational Behavior*, Greenwhich, CT: JAI Press.

Romanelli, E. (1991), "The evolution of new organizational forms," *Annual Review of Sociology*, Vol.17, pp.79-103.

Root, F. R. (1987), *Entry Strategies for International Markets*, Lexington, MA: Lexington Books.

Rumelt, R. P. (1986), *Strategy, Structure, and Economic Performance*, Boston, MA: Harvard Business School Press.

Sachdev, J. C. (1976), "Divestment: A New Problem in Multinational Corporation Host Government Interface," *Management International Review*, Vol.16, No.3, p.24.

Shapiro, Daniel M. (1986), "Entry, Exit and the Theory of the Multinational Corporation," In Kindleberger and Audretsch (eds.), *The Multinational Corporation in the 1980s*, MIT Press.

Sharma, A., and I. Kesner. (1996), "Diversifying entry: Some ex ante explanations for post entry survival and growth," *Academy of Management Journal*, Vol.39, No.3, pp.635-677.

Shaver, J. M. (1998), "Accounting for Endogeneity when Assessing

Strategy Performances: Does Entry Mode Choice Affect Survival?," *Management Science,* Vol.44, pp.571-585.

Shaver, J. M., and F. Flyer. (2002), "Agglomeration economics, firm heterogeneity, and foreign direct investment in the United States," *Strategic Management Journal,* Vol.21, pp.1175-1193.

Shaver, J. M., W. Mitchell, and B. Yeung. (1997), "The effect of Own Firm and Other Firm Experience on Foreign Direct Investment Survival in the United States, 1987-1992," *Strategic Management Journal,* Vol.18, No.10, pp.811-824.

Schmalensee, Richard. (1982), "Product Differentiation Advantages of Pioneering Brands," *The American Economic Review.* Vol.72, pp.349-365.

Scott, W. R. (1995), *Institutions and organizations,* Thousand Oaks: Sage.

Shonesy, L. B., and R. D. Gulbro. (1998), "Small business success: A review of the literature," *Presented at the Association of Small Business & Entrepreneurship annual meeting,* Dallas, TX

Shrum, W., and R. Wathnow. (1988), "Reputational Status of Organizations in Technical Systems, *American Journal of Sociology,* Vol.93, No.4, pp.882-912.

Siegfried, J. J., and L. B. Evans. (1994), "Empirical Studies of Entry and Exit: A Survey of the Evidence," *Review of Industrial Organization,* Vol.9, pp.121-156.

Singh, J. V. (1990), "Future Directions in Organizational Evolution," In J. V. Singh (eds.), *Organizational Evolution,* Newbury Park, London, New Delhi: SAGE Publications.

Singh, J. V., House, R. J., and D. J. Tucker. (1986), "Organizational Change and Organizational Mortality," *Administrative Science Quarterly,* Vol.31, pp.587-611.

Singh, J. V., and C. J. Lumsden. (1990), "Theory and Research in Organizational Ecology," *Annual Review of Sociology*, Vol.16, pp.161-195

Singh, J. V., Tucker, D. J., and Meinhard, A. G. (1991), "Institutional Change and Ecological Dynamics," In W. W. Powell and P. J. DiMaggio (eds.), *The New Institutionalism in Organizational Analysis*, Chicago and London: The University of Chicago Press.

Sitkin, S. B. (1992), "Learning through failure: The strategy of small losses," *Research in Organizational Behavior*, Vol.14, pp.231-266.

Stigler, G. J. (1961), "The economics of information," *Journal of Political Economy*, Vol.69, pp.213-225.

Stinchcombe, A. L. (1965), "Organizations and social structure," In J. G. March (ed.), *Handbook of Organizations*, Chicago: Rand-McNally.

Sutton, R. I., and A. L. Callahan. (1987), "The Stigma of Bankruptcy, Spoiled Organizational Image and its Management," *Academy of Management Review*, pp.405-436.

Swaminathan, Anand. (1996), "Environmental conditions at founding and organizational mortality: A trial-by-fire model," *Academy of Management Journal*, Vol.39, No.5, pp.1350-1377.

Tallman, S., and Li, J. (1996), "Effects of international diversity and product diversity on the performance of multinational firms," *Academy of Management Journal*, Vol.39, pp.179-196.

Tan, J. J., and R. T. Litschert. (1994), "Environment-strategy relationship and its performance implications: An empirical study of the Chinese electronics industry," *Strategic Management Journal*, Vol.15, No.1, pp.1-20.

Tucker, D. J., Singh, J. V., and Meinhard, A. G. (1990), "Founding Characteristics, Imprinting, and Organizational Change," In J. V. Singh (eds.), *Organizational Evolution*, Newbury Park, London,

New Delhi: SAGE Publications.

Tucker, D. J., Singh, J. V., and Meinhard, A. G. (1990), "Organizational form, population dynamics, and institutional change: a study of founding patterns of voluntary organizations," *Academy of Management Journal*, Vol.33. No.1, pp.151-178.

Tuma, N. B., and M. T. Hannan. (1984), *Social Dynamics: methods and models*, Orlando: Academic Press.

Urban, G., Johnson, P. L. and J. R. Hauser. (1984), "Testing Competitive Market Structures," *Marketing Science*, Vol.3, Spring, pp.83-112.

Wensley, Robin. (1982), "PIMS and BCG: New Horizons or False Dawn?," *Strategic Management Journal*, Vol.3, April-June, pp.147-158.

Wernerfelt, Birger. (1984), "A Resource-Based View of the Firm," *Strategic Management Journal*. Vol.5, pp.171-180.

Winter, S. G. (1990), "Survival, Selection, and Inheritance in Evolutionary Theories of Organization," In J. V. Singh (eds.), *Organizational Evolution*, Newbury Park, London, New Delhi: SAGE Publications.

Witold J. Henisz and Andrew Delios. (2002), "Organizational Survival in Uncertain Time," *Working Paper*, Oct. 18. 2002.

Woodcock, C. Patrick, Paul W. Beamish, and Shige Makino. (1994), "Ownership-Based Entry Mode Strategies and International Performance," *Journal of International Business Studies*, Vol.25. No.2, pp.253-273.

Woodward, D. P. and Rolfe, R. J. (1993), "The location of export-oriented foreign direct investment in the Caribbean Basin, *Journal of International Business Studies*, Vol.23, First Quarter, pp.121-144.

Yan, A., and B. Gray. (1994), "Bargaining power, management control and performance in States-China joint ventures: a comparative case study," *Academy of Management Journal.* Vol.37, pp.1478-1518.

Yigang Pan and Peter S. K. Chi. (1999), "Financial Performance and Survival of Multinational Corporations in China," *Strategic Management Journal,* Vol.20, 1999, pp.359-374.

Yuji Honjo. (2000), "Business failure of new firms: an empirical analysis using a multiplicative hazard model," *International Journal of Industrial Organization,* Vol. 18, pp.557-574.

Zaheer, S. (1995), "Overcoming the liability of foreignness," *Academy of Management Journal,* Vol.38, No.2, pp.341-363.

Zaheer, S., and E. Mosakowski. (1997), "The dynamics of the liability of foreignness: A global study of survival in financial services," *Strategic Management Journal,* Vol.18, No.6, pp439-464.

· 저자 ·

한병섭
(韓炳燮)

· 약 력 ·

고려대학교 무역학과 졸업
고려대학교 일반대학원 무역학 석사
고려대학교 일반대학원 경영학 박사

산업연구원(KIET) 부연구위원 역임
한국국제경영관리학회 이사
한국국제지역학회 이사
한국경영학회 회원
한국국제경영학회 회원
한국국제통상학회 회원
한국무역학회 회원
국립순천대학교 무역학과 교수

· 주요논저 ·

「한국 조립금속 업체의 대중 후속투자 결정요인 분석」
「해외투자 자회사의 네트워크 구축과정과 조직변화 패턴에 관한 연구」
「네트워크 연계성 관점에서 본 해외투자 자회사 성장과정에 대한 연구」
「중국 투자기업의 철수 결정요인 분석」
「다국적기업의 투자대상국내 거래네트워크 구축 노력과 후속투자간 관계에 관한
  실증분석」
「외국인투자기업의 기업내 거래네트워크 구축·활용성향과 재무성과간 관계에
  관한 연구」
「조직생태학 관점에서 본 해외투자 자회사 사멸요인에 관한 실증연구」
『선진기업과의 전략적 제휴 방안』(공저)
『외환위기 이후 투자부진이 수출산업에 미치는 영향 및 대응방안』(공저)
『컴퓨터산업의 지식경쟁력 강화 방안』
외 다수

조직생태, 기업전략 그리고 투자기업 철수

· 초판 인쇄	2007년 4월 2일
· 초판 발행	2007년 4월 2일
· 지 은 이	한병섭
· 펴 낸 이	채종준
· 펴 낸 곳	한국학술정보㈜
	경기도 파주시 교하읍 문발리 526-2
	파주출판문화정보산업단지
	전화 031) 908-3181(대표)·팩스 031) 908-3189
	홈페이지 http://www.kstudy.com
	e-mail(출판사업부) publish@kstudy.com
· 등 록	제일산-115호(2000. 6. 19)
· 가 격	28,000원

ISBN 978-89-534-6146-8 93320 (Paper Book)
      978-89-534-6147-5 98320 (e-Book)